PENSER

Simon Blackburn

Penser

Une irrésistible introduction à la philosophie

Traduit de l'anglais
par Pierre-Emmanuel Dauzat

Traduit avec le concours
du Centre national du Livre

Champs essais

Titre original :
Think. A Compelling Introduction to Philosophy. Oxford University Press.

ISBN : 978-2-0812-2283-0

Préface

Ce livre est le fruit d'années de lutte pour essayer d'intéresser les gens aux idées. Je m'y suis efforcé en tant qu'enseignant, mais aussi en homme soucieux d'expliquer la valeur des humanités en général, et de la philosophie en particulier, à un public plus large. En vérité, je suis avant tout redevable à l'esprit du temps, dont le scepticisme à l'égard de l'enseignement supérieur et de sa valeur m'a fait mesurer l'urgence de la tâche. J'ai contracté une deuxième dette, plus sérieuse, au fil des ans, envers mes nombreux étudiants, dont les hochements de tête et les froncements de sourcils ont finalement façonné le livre. Je suis aussi redevable aux assistants de l'université de Caroline du Nord, qui ont suivi, aux premières loges, les étudiants aux prises avec des versions antérieures de ce travail. Jamais je ne me serais lancé dans l'aventure, toutefois, sans les généreux encouragements de Catherine Clarke et d'Angus Philips, d'Oxford University Press. Angus a suivi de près la progression de mon travail. Je dois beaucoup à son soutien et à ses conseils.

Huw Price et Ralph Walker ont tous deux lu des versions préliminaires et m'ont fait part de leurs précieuses suggestions. Yuri Balashov et Dan Ryder m'ont aidé sur des points précis. Par souci de brièveté, je n'ai pas inclus ici de glossaire des termes philosophiques, qui eût en tout état de cause fait écho aux définitions que l'on trouvera dans mon *Oxford Dictionary of Philosophy*.

Le magnifique travail éditorial de Maura High et d'Angela Blackburn m'a fait douloureusement prendre conscience de mes insuffisances d'écrivain, tout en les masquant fort heureusement au grand public. Angela, bien entendu, a dû aussi supporter l'habituel fardeau d'avoir un mari qui écrit. Sans son aide, rien n'eût été possible.

Simon Blackburn

Introduction

Ce livre s'adresse à ceux qui veulent réfléchir aux grandes questions – connaissance, raison, vérité, esprit, liberté, destin, identité, Dieu, bonté, justice – qui ne sont pas la chasse gardée des spécialistes. Ce sont des choses sur lesquelles hommes et femmes s'interrogent naturellement, car elles structurent leur façon de penser sur le monde et la place que nous y occupons. Ce sont aussi des thèmes sur lesquels des penseurs ont eu des choses à dire. J'essaie d'introduire ici des façons d'aborder ces grands thèmes, ainsi que certaines choses que les penseurs ont pu dire à leur propos. Les lecteurs qui assimileraient ce livre devraient être en meilleurs termes avec ces grandes questions. Et ils devraient pouvoir lire bien d'autres penseurs autrement déroutants avec plaisir, mais aussi avec une compréhension raisonnable.

Le mot même de « philosophie » est porteur de connotations malheureuses : dénuée de sens pratique, détachée de ce monde, bizarre. Je soupçonne que tous les philosophes et étudiants en philosophie connaissent cet instant de silence embarrassé quand quelqu'un nous demande ingénument ce que nous faisons. Pour ma part, je préférerais dire que je m'occupe de « génie conceptuel ». Car de même que l'ingénieur étudie la structure des matériaux, le philosophe étudie la structure de la pensée. Comprendre la structure implique de voir comment fonctionnent les parties, comment elles s'agencent les unes aux autres. Mais c'est aussi savoir ce qui s'améliorerait ou empirerait si l'on introduisait des changements. Tel est précisément notre objectif quand nous étudions les structures qui façonnent notre vision du monde. Nos concepts ou idées sont le logement mental dans lequel nous vivons. Nous pouvons, tout compte fait, être fiers des édifices que nous avons bâtis. Ou, au contraire, croire qu'il faut les démanteler et repartir à neuf. Mais, pour commencer, il nous faut savoir ce qu'ils sont.

Ce livre se suffit à lui-même. Il ne suppose aucune autre ressource de la part du lecteur. En revanche, il pourrait être augmenté. Par exemple, on pourrait lire en parallèle les œuvres originales que je cite fréquemment. Ce sont des classiques faciles d'accès tels que les *Méditations* de Descartes, les *Trois dialogues* de Berkeley, l'*Enquête sur l'entendement humain* de Hume ou ses *Dialogues sur la religion naturelle*. Mais on peut le lire aussi tout seul, sans les textes sous la main. Sa lecture achevée, il ne restera plus au lecteur qu'à prendre les classiques et d'autres choses – les textes de logique ou les écrits sur l'éthique – avec l'esprit préparé.

SUR QUOI ALLONS-NOUS RÉFLÉCHIR ?

Voici quelques questions qu'on pourrait se poser sur soi-même : Que suis-je ? Qu'est-ce que la conscience ? Pourrais-je survivre à ma mort physique ? Comment puis-je être sûr que les expériences et les sensations des autres sont pareilles aux miennes ? Si je ne puis partager l'expérience d'autrui, puis-je communiquer avec lui ? Agissons-nous toujours par intérêt ? Se pourrait-il que je sois un pantin, programmé pour faire les choses que je crois faire de mon plein gré ?

Voici quelques questions sur le monde : Pourquoi y a-t-il quelque chose plutôt que rien ? Quelle différence y a-t-il entre le passé et l'avenir ? Pourquoi la causation va-t-elle toujours du passé vers l'avenir ? Est-il sensé de croire que l'avenir pourrait influencer le passé ? Pourquoi la nature suit-elle un cours régulier ? Le monde présuppose-t-il un Créateur ? Et si oui, pouvons-nous comprendre pourquoi il – ou elle – l'a créé ?

Pour finir, voici quelques questions sur nous-mêmes *et* le monde : comment pouvons-nous être sûrs que le monde est vraiment tel que nous le croyons ? Qu'est-ce que la connaissance ? Jusqu'où va-t-elle ? Qu'est-ce qui fait d'un domaine d'investigation une science ? (La psychanalyse est-elle une science ? Et l'économie ?) Que savons-nous des objets abstraits tels que les nombres ? Que savons-nous des valeurs et des devoirs ? Comment savoir si nos opinions sont objectives ou simplement subjectives ?

Toutes ces questions sont singulières en ce que non seulement elles sont déroutantes à première vue, mais qu'elles n'admettent pas non plus de réponses toutes simples. Si quelqu'un me demande l'heure de la marée haute, je sais comment trouver la réponse. Il existe des tables officielles des marées. Il me suffit de les consulter. Je peux avoir une vague idée de la manière dont elles sont établies. Et, à défaut d'autre chose, je pourrais toujours aller sur place prendre moi-même des mesures. Une question de cette espèce est affaire d'expérience : c'est une question *empirique*. On peut la trancher par des procédures convenues qui supposent d'observer et de voir, de prendre des mesures ou d'appliquer des règles consacrées par l'expérience. Les questions des derniers paragraphes sont d'une autre nature. Elles semblent requérir davantage de réflexion. Nous ne savons pas tout de suite où tourner nos regards. Peut-être même avons-nous le sentiment de ne pas savoir tout à fait ce que nous voulons dire quand nous les posons, et ce qui pourrait fairc office de solution. Qu'est-ce qui me prouverait, par exemple, que, tout compte fait, je ne suis pas un fantoche, programmé pour faire les choses que je crois accomplir librement ? Devrions-nous interroger les hommes de science spécialistes du cerveau ? Mais comment sauraient-ils quoi chercher ? Comment sauraient-ils qu'ils ont trouvé ? J'imagine la manchette des journaux : « Des spécialistes des neurosciences découvrent que les hommes ne sont pas des marionnettes. » Comment ?

D'où vient que l'on se pose des questions aussi déconcertantes ?

En deux mots, de la réflexion sur soi. Les êtres humains font preuve d'une infinie capacité de réfléchir sur eux-mêmes. Nous pourrions faire quelque chose par habitude, mais nous pouvons ensuite nous mettre à réfléchir sur l'habitude en question. Nous pouvons penser des choses par habitude, puis réfléchir à ce que nous pensons. Nous pouvons nous demander (à moins que d'autres, à l'occasion, ne nous posent la question) si nous savons de quoi nous parlons. Y répondre nous oblige à réfléchir à nos propres positions, à notre intelligence de ce que nous disons, à nos sources d'autorité. Nous pourrions commencer à nous demander si nous savons ce que nous voulons dire. Nous pourrions nous demander si ce que nous disons est « objectivement » vrai, ou simplement le fruit de notre perspective, de notre « prise » sur une situation donnée. En y réfléchissant, nous nous heurtons à des catégories telles que la connaissance, l'objectivité et la vérité, sur lesquelles nous aurons peut-être envie de réfléchir. À ce stade, nous *réfléchissons* à des concepts, des procédures et des croyances qu'en temps ordinaire nous nous contentons d'*utiliser*. Examinant l'échafaudage de notre pensée, nous faisons du génie conceptuel.

Ce point de réflexion pourrait surgir au cours d'une discussion tout à fait normale. À un moment ou à un autre, l'historien, par exemple, se demandera forcément ce qu'il faut entendre par « objectivité », « preuve » ou même vérité en histoire. Le cosmologiste doit s'arrêter un instant de résoudre des équations comportant la lettre *t* et se demander ce qu'il faut entendre par le flux, la direction ou le commencement du temps. À ce stade, et qu'ils en aient conscience ou non, ils deviennent des philosophes. Ils se mettent à faire quelque chose qui peut se faire bien ou mal. L'essentiel est de le faire bien.

Comment s'apprend la philosophie ? Une meilleure question serait : comment s'acquièrent les techniques de pensée ? La pensée en question implique de s'intéresser aux structures fondamentales de la pensée. Cela peut se faire bien ou mal, de manière intelligente ou inepte. Mais le faire bien n'est pas essentiellement affaire d'acquisition d'un corps de connaissances. C'est plutôt comme savoir jouer du piano. Il s'agit autant de « savoir comment » que de « savoir ceci ou cela ». Le personnage de philosophe le plus célèbre du monde antique, le Socrate des dialogues de Platon, ne se targuait pas de l'ampleur de ses connaissances. Bien au contraire, il se vantait d'être le seul qui sût à quel point il savait peu (de nouveau, la réflexion). Ce en quoi il excellait – ce ne sont là que suppositions, car les avis divergent sur sa réussite –, c'était à démasquer les failles des prétentions des autres au savoir. Bien traiter les pensées, c'est être capable d'éviter la confusion, de détecter les ambiguïtés, de rassembler ses idées, de formuler des raisonnements fiables, de prendre conscience des alternatives, et ainsi de suite.

Bref, on peut comparer nos idées et nos concepts aux lentilles à travers lesquelles nous voyons le monde. En philosophie, le thème d'étude, c'est la lentille elle-même. La réussite ne dépendra pas tant du bagage de connaissances finalement accumulé, que de ce dont on est capable en cas d'avis de tempête : quand les mers de la discussion montent et que la confusion fait irruption. Réussir signifiera prendre au sérieux les implications des idées.

À QUOI ÇA RIME ?

Fort bien, mais pourquoi se tracasser ? À quoi ça rime ? La réflexion ne fait pas tourner le monde. Elle ne fait pas cuire le pain ni voler les avions. Pourquoi ne pas laisser de côté les questions de réflexion et s'occuper d'autres choses ? J'esquisserai trois types de réponses, de la plus noble à la plus prosaïque.

Au plus haut niveau, la réponse consiste à mettre en question la question : stratégie typique de philosophe, parce qu'elle oblige à se hisser à un niveau de réflexion. Que voulons-nous dire quand nous demandons à quoi ça rime ? La réflexion ne cuit pas le pain ? L'architecture pas davantage, pas plus que la musique, l'art, l'histoire ou la littérature. C'est simplement que nous désirons nous comprendre. Comprendre pour comprendre, de même qu'un homme de science ou un mathématicien pur peut désirer comprendre le début de l'univers, ou la théorie des ensembles, pour elle-même, ou qu'un musicien pourrait souhaiter résoudre un problème d'harmonie ou de contrepoint pour le plaisir de le résoudre. Il n'est pas question alors de quelque application pratique que ce soit. En vérité, la vie consiste bien souvent à élever plus de porcs, acheter davantage de terre, alors élevons plus de porcs, achetons de la terre... Le temps que nous prenons pour nous distraire, que ce soit pour faire des mathématiques ou de la musique, lire Platon ou Jane Austen, est un temps à chérir. C'est le temps où nous soignons notre santé mentale. Et notre santé mentale est une chose bonne en soi, tout comme notre santé physique. De surcroît, il y a tout compte fait un bénéfice en termes de plaisir. Quand notre santé physique est bonne, nous trouvons du plaisir à faire de l'exercice ; quand notre santé mentale est bonne, nous trouvons du plaisir à exercer notre esprit.

C'est là la réponse d'un esprit très pur. Le problème n'est pas qu'elle est fausse. C'est juste qu'elle ne séduira probablement que les gens qui sont déjà à moitié convaincus – les gens qui n'ont pas posé la question sur un ton très agressif.

Voici donc une réponse intermédiaire. La réflexion importe parce qu'elle est en *continuité* avec la pratique. Ce que l'on pense de ce que l'on fait affecte la manière de le faire – et même la décision de le faire ou pas. Ce que l'on en pense peut orienter notre recherche, nous dicter notre attitude envers les gens qui font les choses autrement, ou même toute notre vie. Prenons un exemple simple : si vos réflexions vous amènent à croire qu'il y a une vie après la mort, vous pouvez être disposé à affronter des persécutions – ce qui ne serait pas le cas si vous étiez convaincu – comme beaucoup de philosophes le sont – que l'idée est absurde. Le fatalisme, ou la conviction que l'avenir est écrit quoi que nous fassions, est une croyance purement philosophique, mais de nature à paralyser l'action. Pour dire les choses en termes plus politiques, ce peut être aussi une manière d'acquiescer à la piètre condition faite à certaines couches de la société, et il peut être avantageux aux gens de la haute de l'encourager.

Prenons quelques exemples plus répandus en Occident. Beaucoup de gens qui réfléchissent sur la nature humaine pensent que nous sommes foncièrement égoïstes. Nous ne cherchons jamais que notre propre avantage, sans jamais réellement nous soucier des autres. Le souci apparent masque l'espoir d'un bénéfice futur. Le paradigme dominant des sciences sociales est l'*homo economicus* : l'homme économique ne pense qu'à lui, il est toujours en compétition avec les autres. Or, si les gens en viennent à penser que nous sommes tous, toujours, ainsi, leurs relations les uns avec les autres deviennent différentes. Elles deviennent moins confiantes, moins coopératives, plus soupçonneuses. Cela change la façon d'agir les uns avec les autres. Il y aura assurément des coûts à payer. Ils trouveront plus difficiles, et dans certaines circonstances impossibles, d'œuvrer en coopération : ils peuvent bien se fourrer dans ce que le philosophe Thomas Hobbes (1588-1679) a appelé d'une formule mémorable « la guerre de tous contre tous ». Sur le marché, parce qu'ils craindront toujours de se faire avoir, ils subiront des coûts de transaction élevés. Si mon attitude est qu'« un contrat verbal ne vaut pas le papier sur lequel il est écrit », je devrai payer des juristes pour mettre au point des contrats avec des sanctions, et si je ne fais pas confiance à ces derniers pour autre chose que pour empocher leurs honoraires, je devrai faire vérifier les contrats par d'autres avocats, et ainsi de suite. Mais tout cela pourrait bien reposer sur une méprise philosophique consistant à regarder une motivation humaine à travers le mauvais ensemble de catégories au risque de se méprendre sur sa nature. Peut-être les gens peuvent-ils se soucier les uns des autres, ou tout au moins de faire ce qui leur revient ou de tenir leurs promesses. Pour peu que l'on mette sur la table une image de soi plus optimiste, peut-être les gens peuvent-ils être à la hauteur. Dès lors, leurs vies s'amélioreront. Aussi ce travail de réflexion, consistant à dégager les bonnes catégories pour comprendre la motivation humaine, est-il une tâche *pratique* importante. Loin d'être confinée à l'étude, celle-ci va bien au-delà.

Mais voici un exemple très différent. L'astronome polonais Nicolas Copernic (1473-1543) s'interrogea sur la manière dont nous *connaissons* le mouvement. Il s'aperçut que notre façon de le percevoir est *perspective* : autrement dit, le fait que nous voyons les choses bouger tient à la façon dont nous sommes placés et, notamment, au fait que nous soyons mobiles ou non. (Probablement avons-nous tous été sujets à cette illusion dans des trains ou à l'aéroport ; le train ou l'avion d'à côté paraît s'en aller, puis, soudain, nous comprenons que c'est nous qui partons. Mais il y avait beaucoup moins d'exemples quotidiens du temps de Copernic.) Les mouvements apparents des étoiles et des planètes pouvaient se produire parce qu'elles ne bougent pas comme elles semblent le faire : c'est nous, observateurs, qui bougeons. De fait, il apparut qu'il en allait bien ainsi. Ici, la réflexion sur la nature de la connaissance – ce que les philosophes appellent une enquête *épistémologique*, du grec *épistêmê*, c'est-à-dire « savoir » – engendra le premier bond spectaculaire de la science moderne. Les réflexions d'Einstein sur la manière dont nous savons si deux événements sont simultanés possédaient la même structure. Il s'aperçut que les résultats de nos mesures dépendaient de la manière dont nous voyageons en comparaison des événements que nous chronométrons. Ce qui le conduisit à la théorie de la relativité restreinte (et Einstein lui-même reconnaît combien les philosophes précédents l'avaient sensibilisé aux complexités épistémologiques de cette mesure).

En guise de dernier exemple, considérons un problème philosophique que beaucoup rencontrent quand ils réfléchissent à l'esprit et au corps. Beaucoup de gens envisagent une stricte séparation entre l'esprit, d'un côté, le corps, de l'autre. Alors que cette vision peut sembler relever du simple bon sens, elle peut se mettre à infecter la pratique de manière très insidieuse. Par exemple, il devient difficile de voir comment les deux interagissent. Des médecins pourraient alors trouver presque *inévitable* que les traitements de problèmes physiques qui s'attaquent à des causes mentales ou psychologiques échouent. Il pourrait leur sembler presque impossible de voir comment, en se mêlant de l'esprit de quelqu'un, on pourrait provoquer des changements dans le système physique complexe qu'est leur corps. Après tout, la bonne science nous dit que seules des causes physiques ou chimiques ont des causes physiques ou chimiques. On pourrait donc en arriver à une certitude *a priori*, confortable : la certitude qu'une forme de traitement (des médicaments ou des électrochocs) doit être « bon » (traitement humain des patients, conseils, analyses) et que les autres sont « mauvais » : peu scientifiques, malsains, voués à l'échec. Or cette certitude repose non pas sur la science, mais sur une *fausse* philosophie. Elle ne résiste pas à une conception philosophique plus fine de la relation entre corps et esprit. Celle-ci devrait nous aider à voir pourquoi il n'y a rien de *surprenant* dans l'interaction corps-esprit. C'est là un fait des plus communs : le simple fait de penser à certaines choses (mental) peut en faire rougir d'autres (physique). Penser à un danger futur peut provoquer toutes sortes de changements physiques : battements de cœur, poings serrés, estomac noué. Par extrapolation, il ne devrait pas être très difficile de comprendre qu'un état mental comme l'optimisme et l'allégresse puisse affecter le physique au point de faire disparaître des taches, voire provoquer la rémission d'un cancer. Que de telles choses se produisent devient un fait purement *empirique.* La certitude de café du commerce que ce sont des choses impossibles se révèle tributaire d'une mésintelligence des structures de la pensée, autrement dit d'une mauvaise philosophie ; en ce sens, elle n'a rien de scientifique. Et ce constat peut changer des attitudes et des pratiques médicales et les améliorer.

La réponse intermédiaire nous rappelle donc quc la réflexion est continue avec la pratique, et notre pratique peut empirer ou s'améliorer suivant la valeur de nos réflexions. On habite un système de pensée comme on habite une maison ; si notre maison intellectuelle est encombrée et confinée, il nous faut savoir quelles meilleures constructions sont possibles.

La réponse de base se contente de donner un peu de relief à cette idée, non pas en rapport avec des sujets nobles et propres comme l'économie ou la physique, mais au niveau des offices où la vie humaine est un peu moins policée. L'une des séries d'eaux-fortes satiriques de Goya est intitulée « Le sommeil de la raison engendre des monstres ».

Pour lui, maintes folies de l'humanité résultaient du « sommeil de la raison ». Il y a toujours des gens pour nous dire ce que nous voulons, comment ils vont nous l'apporter, ce que nous devrions croire. Les convictions sont contagieuses, et des gens peuvent en convaincre d'autres de tout et de n'importe quoi. Nous sommes typiquement prêts à croire que *nos* mœurs, *notre* religion, *notre* politique valent mieux que les leurs, ou que *nos* droits donnés par Dieu priment sur les leurs, ou encore que *nos* intérêts requièrent des frappes défensives ou préventives contre elles. Finalement, c'est pour les idées que les gens s'entretuent. C'est à cause d'idées sur ce à quoi ressemblent les autres, qui nous sommes, ce que nos intérêts ou nos droits requièrent, que nous partons en guerre, que nous en opprimons d'autres en toute bonne conscience, voire que nous acquiesçons à notre propre oppression. Quand ces croyances impliquent le sommeil de la raison, l'antidote est l'éveil critique. La réflexion nous permet de prendre du recul, de nous rendre compte que notre perspective sur une situation est peut-être gauchie ou aveugle, à tout le moins de voir s'il y a une raison de préférer nos usages, ou si c'est purement subjectif. Le faire convenablement est encore un exercice de génie conceptuel.

Comme on ne saurait dire à l'avance où elle peut conduire, la réflexion peut paraître dangereuse. Il y a toujours des pensées qui s'y opposent. Les questions philosophiques en déconcertent, voire en choquent plus d'un. Certains redoutent que leurs idées ne fassent pas aussi bonne figure pour peu qu'ils se mettent à y réfléchir. D'autres peuvent s'accrocher à une « politique identitaire » ou, en d'autres termes, au genre d'identification à une tradition particulière, à un groupe, à une identité nationale ou ethnique qui les invite à tourner le dos aux profanes qui contestent les usages du groupe. Ils repousseront la critique d'un haussement d'épaules : leurs valeurs sont « incommensurables ». Elles ne doivent être comprises que des seuls frères et sœurs au sein du cercle. Les gens aiment à s'abriter derrière un ensemble confortable et traditionnel d'usages populaires, et ne pas s'inquiéter outre mesure de leur structure, de leurs origines, voire des critiques que, peut-être, ils méritent. La réflexion ouvre la voie à la critique et les usages consacrés n'aiment guère la critique. Ainsi les idéologies deviennent-elles des cercles fermés, prompts à s'indigner face au moindre esprit qui s'interroge.

Depuis deux mille ans, la tradition philosophique a été l'ennemie de ce genre de complaisance. Pour elle, une vie qui refuse l'examen ne vaut pas d'être vécue. Elle a insisté sur le pouvoir de la réflexion rationnelle de passer au crible les mauvais éléments de nos pratiques et de les remplacer par de meilleures. Elle a identifié la réflexion critique sur soi à la liberté, l'idée étant qu'on ne saurait contrôler la direction dans laquelle on souhaite aller que si l'on commence par se voir convenablement. Il faut voir notre condition avec fermeté et dans sa totalité pour commencer à réfléchir à ce qu'on peut en faire. Les philosophes avaient cherché à comprendre le monde, disait Marx, il s'agissait désormais de le changer : c'est l'une des observations les plus sottes de tous les temps (et formellement démentie par sa propre pratique intellectuelle). Il aurait mieux fait d'ajouter que, sans comprendre le monde, on ne saura pas grand-chose des moyens de le changer, à tout le moins en mieux. Rosencrantz et Guildenstern reconnaissent qu'ils ne savent pas jouer de la flûte, mais ils cherchent à manipuler Hamlet. Quand nous agissons sans comprendre, le monde est mûr pour faire écho à la réponse de Hamlet : « Morbleu, croyez-vous plus aisé de jouer de moi que d'une flûte [1] ? »

Il y a, à notre époque, des courants universitaires qui vont contre ces idées. Des gens qui contestent la notion même de vérité, de raison, ou la possibilité d'une réflexion désintéressée. Pour la plupart, ils font de la mauvaise philosophie, souvent sans même savoir que c'est ce qu'ils font : des ingénieurs ès concepts qui ne savent tracer un plan, encore moins dessiner un édifice. Nous y revenons en divers points du livre, mais, en attendant, je puis vous assurer que ce livre s'inscrit sans vergogne dans la tradition et contre tout scepticisme moderne, ou postmoderne, sur la valeur de la réflexion.

Telle est la devise complète de l'eau-forte de Goya : « L'imagination abandonnée par la raison produit des monstres impossibles : unie à elle, elle est la mère des arts et la source de ses prodiges. » C'est ainsi qu'il faut l'aborder.

Chapitre premier

Connaissance

La pensée peut-être la plus troublante qui vienne à l'esprit de beaucoup d'entre nous, souvent très tôt dans l'enfance, est que le monde entier pourrait bien n'être qu'un rêve ; que les scènes et objets ordinaires de la vie quotidienne pourraient bien être des chimères. La réalité dans laquelle nous vivons peut être une réalité virtuelle, jaillie de notre esprit, à moins qu'elle n'y ait été injectée par quelque Autre sinistre. Bien entendu, ce sont des pensées qui vont et viennent. La plupart d'entre nous s'en défont. Mais pourquoi avons-nous raison de le faire ? Comment savoir que le monde tel que nous le prenons est le monde tel qu'il est ? Comment commencer à réfléchir à la relation entre apparence et réalité : les choses telles que nous les prenons par opposition aux choses telles qu'elles sont ?

PERDRE LE MONDE

Tout a commencé, pourrait-on dire, le 10 novembre 1619.

Ce jour-là, à Ulm, dans le sud de l'Allemagne, le mathématicien et philosophe René Descartes (1596-1650) s'enferma dans une chambre chauffée par un poêle, et eut une vision suivie de rêves, dont il pensa qu'elle lui indiquait l'œuvre de sa vie : mettre en évidence la seule vraie voie d'accès à la connaissance. Cette vraie voie exigeait de balayer tout ce que l'on avait tenu jusque-là pour acquis, et de partir des fondations.

Bien entendu, tout n'a pas vraiment commencé en 1619, car Descartes ne fut pas le premier. Les problèmes qu'il se posa sont aussi vieux que la pensée humaine. Ce sont les problèmes du moi, de sa mortalité, de sa connaissance, et de la nature du monde qu'il habite ; des problèmes de réalité et d'illusion. Ils sont tous abordés dans les textes philosophiques les plus anciens que nous possédions, les Veda indiens, qui remontent à environ 1 500 avant J.-C. Dans la génération précédant Descartes figurait Montaigne, dont la devise, « Que sais-je ? », servit de titre à l'un de ses grands essais.

Descartes ne s'est pas non plus lancé dans l'entreprise avec un esprit totalement innocent : lui-même était passé entre les mains des Jésuites et avait reçu une solide formation aux philosophies dominantes du temps. Mais, au temps de Descartes, les choses changeaient. L'astronome polonais Copernic avait découvert le modèle héliocentrique du système solaire. Galilée et d'autres jetaient les fondements d'une science « mécanique » de la nature. Dans ce tableau, les seules substances de l'espace seraient matérielles, composées d'« atomes » et mises en mouvement par les seules forces mécaniques que la science finirait par découvrir. Copernic et Galilée se mirent tous deux en délicatesse avec les gardiens de l'orthodoxie catholique, autrement dit l'Inquisition, car cette image semblait à beaucoup menacer la place des êtres humains dans le cosmos. Si la science nous dit tout ce qu'il y a, que deviennent l'âme de l'homme, sa liberté et notre relation avec Dieu ?

Descartes était un grand esprit. Il inventa la notation algébrique standard ; et les coordonnées cartésiennes, qui nous permettent de donner des équations algébriques aux figures géométriques, ont été nommées d'après lui. Lui-même fut l'un des chefs de file de la révolution scientifique, réalisant des progrès fondamentaux en mathématiques, mais aussi en physique, et notamment en optique. Mais il était aussi un catholique fervent et il lui importait donc au plus haut point de montrer que ce monde scientifique déployé – immense, froid, inhumain et mécanique – n'en laissait pas moins une place à Dieu et à la liberté, ainsi qu'à l'esprit humain.

D'où l'œuvre de sa vie, dont l'apogée sera la publication en 1641 des *Méditations* « dans lesquelles, indique le sous-titre, sont démontrées l'existence de Dieu, et la distinction réelle entre l'âme et le corps de l'homme ». Mais le sous-entendu est que Descartes entend aussi sauver la vision du monde moderne de l'accusation d'athéisme et de matérialisme. Le monde scientifique doit être moins menaçant qu'on ne le redoutait. Il faut le rendre sûr pour les êtres humains. Et la manière de le rendre sûr est de réfléchir aux fondements du savoir. Aussi commençons-nous par

Descartes, parce qu'il fut le premier grand philosophe aux prises avec les implications de la vision du monde scientifique moderne. Commencer par les penseurs du Moyen Âge ou par les Grecs oblige à remonter si loin d'où nous sommes aujourd'hui que l'effort d'imagination nécessaire pour penser dans leurs souliers est probablement trop grand. Descartes est, relativement, des nôtres. Du moins pouvons-nous l'espérer.

Paraphraser un philosophe n'est pas sans danger, surtout quand il est aussi concis que Descartes. Je vais présenter ici quelques thèmes centraux des *Méditations*, en le faisant dans l'esprit d'un reportage sportif ne montrant que les moments forts de la partie. Une connaissance plus approfondie du texte mettrait en évidence d'autres moments forts ; d'autres encore surgiraient à la faveur d'une meilleure intelligence du contexte historique. Mais ils suffiront à éclairer la plupart des questions centrales de la philosophie ultérieure.

LE MAUVAIS GÉNIE

Il y a six *Méditations*. Dans la première, Descartes introduit la « méthode du doute ». Il résout que, pour établir quoi que ce soit dans les sciences « de ferme et de constant », il faut démolir toutes ses opinions ordinaires et repartir depuis les fondements.

Car il a découvert que ses sens eux-mêmes le trompent, « et il est de la prudence de ne se fier jamais entièrement à ceux qui nous ont une fois trompés ». Il s'adresse l'objection que seuls les fous (assurant « qu'ils sont vêtus d'or et de pourpre, lorsqu'ils sont tout nus, ou s'imaginent être des cruches ou avoir un corps de verre [2] » – les fous étaient manifestement gens hauts en couleur au XVIIe siècle) nient l'évidence même de leurs sens.

En guise de réponse, il nous rappelle des rêves, dans lesquels nous pouvons nous représenter des choses tout aussi convaincantes que nos sens, mais sans relation avec la réalité.

Reste, continue-t-il à s'objecter, que les rêves sont comme des peintures. Un peintre peut réarranger des scènes, mais, en fin de compte, il dépeint des choses tirées des choses « réelles », ne serait-ce que de vraies couleurs. Par un semblable raisonnement, explique Descartes, même si les choses familières (nos yeux, notre tête, nos mains, et ainsi de suite) sont imaginaires, elles doivent dépendre de choses « plus simples et plus universelles » qui sont réelles.

Mais quelles choses ? « De toutes les opinions que j'avais autrefois reçues en ma créance pour véritables, pense Descartes, il n'y en a pas une de laquelle je ne puisse maintenant douter. » Et, à ce stade,

> *je supposerai donc qu'il y a, non point un vrai Dieu, qui est la souveraine source de vérité, mais un certain mauvais génie non moins rusé et trompeur que puissant, qui a employé toute son industrie à me tromper. Je penserai que le Ciel, l'air, la terre, les couleurs, les figures, les sons, et toutes les choses extérieures que nous voyons, ne sont que des illusions et tromperies, dont il se sert pour surprendre ma crédulité* [3].

C'est le Mauvais Génie. Sitôt cette effroyable possibilité soulevée, sa seule défense est de se garder résolument de croire à la moindre fausseté. C'est difficile, il le reconnaît, et « une certaine paresse » le ramène à la vie normale, mais, intellectuellement, sa seule voie est d'œuvrer dans « les ténèbres des difficultés » soulevées. Ainsi s'achève la première *Méditation.*

COGITO, ERGO SUM

La deuxième *Méditation* commence avec un Descartes terrassé par le doute. Pour les besoins de l'enquête, il pense qu'il n'a « aucun sens », que son corps est une fiction. Mais,

> *ne me suis-je donc pas aussi persuadé que je n'étais point ? Non certes, j'étais sans doute si je me suis persuadé [...] ; mais il y a un je ne sais quel trompeur très puissant et très rusé, qui emploie toute son industrie à me tromper toujours ; il n'y a donc point de doute que je suis, s'il me trompe ; et qu'il me trompe tant qu'il voudra, il ne saurait jamais faire que je ne sois rien, tant que je penserai être quelque chose. De sorte qu'après y avoir bien pensé, et avoir soigneusement examiné toutes choses, enfin il faut conclure, et tenir pour constant, que cette proposition, Je suis, j'existe, est nécessairement vraie, toutes les fois que je la prononce, ou que je la conçois en mon esprit*[4].

C'est le fameux *Cogito, ergo sum*, « Je pense, donc je suis ».

Ayant sauvé son « moi » de l'océan général du scepticisme, Descartes demande maintenant ce qu'*est* ce moi. Tandis qu'autrefois il croyait savoir ce qu'était son corps et se pensait à travers celui-ci, force lui est maintenant de reconnaître que la connaissance qu'il a de son moi ne repose pas sur la connaissance de son existence corporelle. En particulier, il va se heurter à des problèmes quand il essaie de *l'imaginer.* L'imagination consiste à contempler la forme ou l'image d'une chose corporelle (un corps, une chose étendue dans l'espace). Mais, à ce stade, nous ne savons rien des choses corporelles. « Imaginer » donc le moi comme un être corporel doué de poids, mince ou pansu, grand ou petit, tel que je me vois dans le miroir, est donc insuffisant.

Quelle est donc la base de cette connaissance de soi ? Le fait de penser ?

> *Je trouve ici que la pensée est un attribut qui m'appartient. Elle seule ne peut être détachée de moi, je suis, j'existe, cela est certain ; mais combien de temps ? forte à savoir autant de temps que je pense ; car peut-être se pourrait-il faire si je cessais de penser, que je cesserais en même temps d'être ou d'exister. [...] Je ne suis donc précisément parlant qu'une chose qui pense*[5].

L'enquête suit maintenant un cours légèrement différent. Descartes reconnaît qu'une conception de soi comme chose incarnée, vivant dans un vaste monde spatial d'objets physiques, reviendra de manière presque irrésistible. Et il s'aperçoit que le « je » qui lui reste est extrêmement fragile : cette

« je ne sais quelle partie de moi-même qui ne tombe point sous l'imagination ». Aussi, reprend-il, « commençons par la considération des choses les plus communes, et que nous croyons comprendre le plus distinctement, à savoir les corps que nous touchons et que nous voyons ». Il considère une boule de cire : elle a du goût et une odeur, une couleur, une forme et une grandeur qui « sont apparentes ». Frappez le morceau de cire, il rendra un son. Mais voici qu'il l'approche du feu et observe :

> *[...] Ce qui restait de saveur s'exhale, l'odeur s'évanouit, sa couleur se change, sa figure se perd, sa grandeur augmente, il devient liquide, il s'échauffe, à peine le peut-on toucher, et quoiqu'on le frappe il ne rendra plus aucun son : la même cire demeure-t-elle après ce changement ? Il faut avouer qu'elle demeure, et personne ne le peut nier. Qu'est-ce donc que l'on connaissait en ce morceau de cire avec tant de distinction ? Certes ce ne peut être rien de tout ce que j'y ai remarqué par l'entremise des sens, puisque toutes les choses qui tombaient sous le goût, ou l'odorat, ou la vue, ou l'attouchement, ou l'ouïe se trouvent changées, et cependant la même cire demeure*[6].

Commentant le résultat de cette expérience, Descartes en conclut qu'elle montre qu'il existe une perception de la cire qui est « seulement une inspection de l'esprit », laquelle peut être « claire et distincte [...], selon que mon attention se porte plus ou moins aux choses qui sont en elle, et dont elle est composée ». À la fin de la deuxième *Méditation*, il conclut :

> *[...] Puisque [...] à proprement parler nous ne concevons les corps que par la faculté d'entendre qui est en nous, et non point par l'imagination ni par les sens, et [...] nous ne les connaissons pas de ce que nous les voyons, ou que nous les touchons, mais seulement de ce que nous les concevons par la pensée, je connais évidemment qu'il n'y a rien qui me soit plus facile à connaître que mon esprit*[7].

MOTIVATIONS, QUESTIONS

Comment devons-nous lire un morceau de philosophie comme celui-ci ? Nous voyons d'abord un Descartes s'efforçant de motiver sa méthode du doute extrême (également connu sous le nom de « doute cartésien » ou « hyperbolique », comme il le dit lui-même, c'est-à-dire excessif, exagéré). Mais la motivation est-elle satisfaisante ? Que pense-t-il au juste ? Peut-être ceci :

> Il arrive que les sens nous trompent. Donc, à ce que nous savons, ils nous trompent toujours.

Or c'est un raisonnement spécieux, un sophisme. Voyez donc.

> Il arrive que les journaux fassent des erreurs. Donc, à ce que nous savons, ils font toujours des erreurs.

Le point de départ, ou prémisse, est vrai, mais la conclusion paraît en vérité fort peu probable. Et il est même des exemples de forme de raisonnement où la prémisse est vraie, tandis que la conclusion *ne saurait* être vraie :

> Certains billets de banque sont des faux. Donc, d'après ce que nous savons, ce sont tous des faux.

La conclusion est ici impossible puisque la notion même de faux présuppose des billets et des pièces valables. Les faux parasitent les vrais. Les faussaires ont besoin de billets et de pièces authentiques pour les copier.

Un raisonnement est *valable* quand il n'y a pas moyen – aucun moyen *possible* – que les prémisses soient vraies sans que la conclusion le soit (nous y reviendrons au chapitre 6). Il est *sain* s'il est valable et a des prémisses vraies, auquel cas sa conclusion est également vraie. L'argument identifié à l'instant est clairement invalide, puisqu'il ne vaut pas mieux que d'autres exemples qui nous conduisent du vrai au faux. Mais cela suggère à son tour qu'il est peu charitable d'imaginer que Descartes nous apporte une aussi triste contribution. On pourrait imaginer plutôt qu'il avait autre chose à l'esprit, que malheureusement il n'explicite pas. C'est ce qu'on appelle se mettre en quête d'une *prémisse refoulée* – quelque chose de nécessaire pour étayer un argument, et que son auteur aurait pu présupposer, mais qu'il ne déclare pas. Inversement, nous pourrions *réinterpréter* Descartes en imaginant qu'il vise une conclusion plus faible. Ou peut-être pouvons-nous faire les deux. L'argument pourrait être :

> Il arrive que les sens nous trompent. Nous ne saurions dire quand ils le font et quand ils ne le font pas. Donc, pour autant que nous le sachions, toute expérience sensorielle particulière peut nous tromper.

Cela paraît être un meilleur candidat à la validité. Si nous l'essayons avec des billets de banque et des faux, nous constaterons que la conclusion paraît suivre. Mais la conclusion est une conclusion sur *un exemple particulier*. Ce n'est plus la conclusion que toute notre expérience (en bloc, pour ainsi dire) peut nous tromper. C'est toute la différence entre « pour autant que nous le sachions, tout billet peut être un faux » et « pour autant que nous le sachions, tous sont des faux ». La première affirmation peut être vraie, la seconde ne l'est pas.

À ce stade des *Méditations*, peut-être Descartes ne cherche-t-il pas à aller au-delà de cette conclusion plus faible. Mais nous pourrions aussi nous intéresser à la seconde prémisse de ce raisonnement raffiné. Est-elle vraie ? Est-il vrai que nous ne puissions distinguer les occasions d'erreur – des choses comme les illusions, les hallucinations les mauvaises interprétations de ce que nous voyons – des autres ? Pour y réfléchir, il serait bon d'introduire une distinction. Sans doute est-il exact que nous ne pouvons détecter les occasions d'illusion et d'erreur *au premier coup d'œil*. C'est ce qui en fait des illusions. Mais est-il vrai que nous ne puissions le faire *si le temps nous est donné* ? Il semble, au contraire, que nous puissions le faire : nous pouvons apprendre, par exemple, à nous méfier des images d'eau miroitante dans le désert, à y voir des illusions typiquement trompeuses, des mirages : des tours que nous joue la lumière. Mais il y a pire : le fait que nous puissions détecter les occasions de tromperie est certainement *présupposé* par l'argument de Descartes. Pourquoi cela ? Parce que Descartes présente la première prémisse comme un point de départ : une vérité connue. Or nous *savons* uniquement que les sens nous trompent parfois parce que d'autres investigations – avec exactement les mêmes sens – *montrent* qu'ils l'ont fait. Nous découvrons, par exemple, que la vision rapide d'eaux miroitantes nous a fait croire, à tort, qu'il y avait de l'eau. Mais nous nous apercevons de l'erreur en approchant de plus près, en regardant mieux, et si nécessaire, en touchant, en tâtant, voire en écoutant. De même, nous savons seulement qu'une opinion rapide, impromptue, sur la taille du Soleil serait fausse parce que d'autres observations patientes nous montrent que le soleil est en fait de plusieurs fois la taille de la Terre. La seconde prémisse ne semble donc vraie qu'au sens où « nous ne saurions distinguer *au premier coup d'œil* si nos sens nous trompent ». Tandis que, pour ouvrir la voie aux grands doutes de Descartes, il semblerait qu'il ait besoin d'une proposition plus forte : « nous ne saurions distinguer *même avec le temps et en y mettant du soin* si nos sens nous trompent ». Et cette dernière proposition ne semble pas vraie. Nous pourrions risquer l'idée que les sens « se corrigent d'eux-mêmes » : une nouvelle expérience sensorielle nous dit quand une expérience donnée des sens nous a induits en erreur.

Anticipant peut-être ce type de critique, Descartes introduit le thème des rêves. « Dans » un rêve, nous avons des expériences qui ne sont pas sans ressemblance à celles de la vie ordinaire, et pourtant rien de réel ne correspond au rêve. L'idée de Descartes est-elle ici que toute l'expérience peut être un rêve ? Si tel est le cas, on pourrait une fois encore recourir à une distinction semblable à celle qu'on vient de faire : peut-être ne pouvons-nous distinguer sur-le-champ ou « à première vue » si nous rêvons, mais en utilisant notre mémoire, nous n'avons apparemment aucun mal à distinguer les rêves passés des rencontres passées avec la réalité.

Toujours est-il que l'idée que toute expérience pourrait n'être que rêve ne laisse pas d'être troublante. Car comment entreprendre alors de déterminer ce qui est vrai ? Parfois, on « se pince » pour s'assurer qu'on ne rêve pas. Mais est-ce vraiment un bon test ? Ne pourrait-on simplement rêver que le pincement fait mal ? On pourrait essayer de l'intérieur d'un rêve de découvrir si c'est un rêve. Et même si nous jouons d'astuce pour déterminer ce qu'il en est, comment savoir si nous ne rêvons pas que nous menons cette expérience, que le rêve nous fait croire que nous sommes éveillés ?

On pourrait objecter que les événements de la vie quotidienne témoignent d'une échelle et d'une cohérence qu'on ne retrouve pas dans les rêves. Les rêves sont décousus et spasmodiques. Ils sont le plus souvent sans rime ni raison. L'expérience, en revanche, est grande, spacieuse et majestueuse. Elle suit un cours régulier – du moins le croyons-nous. Mais libre à Descartes de se demander si cette échelle et cette cohérence même ne sont pas trompeuses. Ce qui le conduit au Mauvais Génie, l'une des expériences de pensée les plus célèbres de toute l'histoire de la philosophie. C'est une expérience de pensée destinée à attirer notre attention sur une idée : pour ce qui est de la vérité, toute notre expérience pourrait bien n'être qu'un rêve totalement déconnecté du monde.

D'emblée, il importe de bien saisir deux choses. Premièrement, Descartes sait parfaitement que, en tant qu'agents humains actifs et vivants, nous ne nous préoccupons guère d'une possibilité aussi incongrue. En vérité, nous ne saurions le faire. Maints philosophes en ont fait la remarque. Il est psychologiquement impossible de cultiver le doute sur le monde extérieur hors de l'étude. Mais peu importe. Le doute vaut la peine qu'on s'en inquiète en raison de la tâche dans laquelle il est engagé. Il s'agit de découvrir les fondements de la connaissance, de veiller que ses croyances reposent sur des bases saines. Descartes lance son enquête pour des raisons purement intellectuelles. Deuxièmement, Descartes ne vous demande pas de *croire* à la possibilité du Mauvais Génie. Il demande simplement de le prendre en considération – afin de mieux voir comment s'en débarrasser. Autrement dit, il croit (ce qui n'est pas déraisonnable, n'est-ce pas ?) que, sauf à pouvoir écarter cette possibilité, le *scepticisme* demeure un défi : la possibilité que nous ne sachions rien, que toutes nos croyances soient illusoires.

Nous pouvons apprécier l'expérience de pensée en nous rappelant à quel point une réalité virtuelle peut devenir « très réaliste ». En voici une variante actualisée. Imaginez un progrès scientifique qui permette à un savant fou de vous extraire le cerveau, puis de le conserver dans un bain chimique qui assure son fonctionnement normal[8]. Imaginez qu'il puisse alimenter en intrants (*inputs*) les circuits d'information normaux (le nerf optique, les nerfs qui transmettent les sensations auditives, tactiles et gustatives). Accommodant, le savant fournit des informations *comme si* le cerveau était logé dans un corps normal et menait une vie raisonnable : mangeait, jouait au golf, regardait la télévision. Il y aurait un effet de rétroaction : par exemple si vous livrez un extrant (*output*) équivalent à lever la main, vous obtenez un « feedback » comme si votre main était levée. Le savant vous a plongé dans une réalité virtuelle, si bien que votre main virtuelle se lève. Et, semble-t-il, vous n'auriez aucune façon de savoir que cela s'est produit, puisque pour vous la vie suivrait apparemment son cours comme à l'ordinaire.

La version cartésienne de l'expérience de pensée ne comporte ni cerveau ni bain chimique. De fait, à y bien réfléchir, il n'en a aucun besoin. Nos croyances sur le cerveau et son rôle dans la génération d'une expérience consciente sont des croyances relatives à la marche du monde. Peut-être sont-elles donc aussi le fruit des intrants apportés par le Mauvais Génie. Peut-être celui-ci n'a-t-il aucunement besoin d'y mettre la main (?), de tripatouiller les bains chimiques. Il se contente d'alimenter en expériences de toutes les façons rendues appropriées par la réalité *vraie*. Les cerveaux et les nerfs eux-mêmes appartiennent à la réalité *virtuelle*.

Cette expérience de pensée n'invoque pas d'illusions sensorielles ni de vrais rêves. Elle oppose simplement l'expérience dans son ensemble à une réalité très différente et potentiellement troublante. Remarquez également qu'il n'est pas très utile de contrer l'hypothèse du Mauvais génie en invoquant la cohérence et l'échelle de l'expérience quotidienne. Car on voit mal pourquoi le Génie en question ne pourrait entrer dans une expérience aussi cohérente ou ample qu'il le souhaite.

Comment donc écarter l'hypothèse du Mauvais génie ? Sitôt qu'elle est évoquée, nous paraissons démunis.

Pourtant, dans cet océan de doute, précisément au moment où les choses sont au plus noir, Descartes trouve un rocher sur lequel se jucher : *Cogito, ergo sum*, « Je pense, donc je suis » (ou mieux, « je suis en train de penser, donc je suis ». La prémisse de Descartes n'est pas « je pense » au sens de « je skie », ce qui peut être vrai même si au moment où je le dis je ne skie pas. Sa formule est parallèle à « je suis en train de skier »).

Même si c'est d'une réalité virtuelle que je fais l'expérience, c'est moi qui en fais l'expérience ! Et, apparemment, je sais que c'est moi qui ai ces expériences ou ces pensées (pour Descartes, « expérimenter » est compris dans le « penser »).

Pourquoi cette certitude subsiste-t-elle ? Voyons-la du point de vue du génie. Son projet était de *me* duper en tout. Mais il ne lui est logiquement pas possible de *me* tromper en me faisant croire que j'existe si je n'existe pas. Il ne peut rendre simultanément vraies ces deux choses :

> Je crois que j'existe.
> Je me trompe sur le fait que j'existe.

Parce que si la première affirmation est vraie, j'existe pour formuler la pensée. Donc, je dois avoir raison sur le fait que j'existe. Donc, du moment que je le crois (ou même crois que je le crois), c'est que j'existe.

Je peux croire que je fais du ski quand je n'en fais pas, car je peux rêver ou me laisser abuser par le Génie. En revanche, je ne puis croire que je pense quand je ne pense pas. Car en ce cas (et en ce cas seulement) le simple fait que je pense être en train de penser *garantit* que je pense. C'est en soi un exemple de penser.

LE « JE » INSAISISSABLE

Hors du contexte du doute, le « je » qui pense est une personne qu'on peut décrire de diverses manières. Dans mon cas, je suis un professeur de philosophie d'âge mûr, avec une certaine personnalité, une histoire, un réseau de relations sociales, une famille et ainsi de suite. Mais, dans le contexte du doute, tout est balayé : simple partie de la réalité virtuelle. Qu'en est-il donc du « je » qui reste ? Il semble très nébuleux : un pur sujet de pensée. Il pourrait même ne pas avoir de corps ! Ce qui nous amène au second infléchissement.

Vous pourriez essayer de scruter votre esprit,

pour ainsi dire, afin de saisir le « vous » essentiel. Mais, en se souvenant que le « vous » (ou le « je », de votre point de vue) est ici séparé des marques normales d'identité (votre position dans l'espace, votre corps, vos relations sociales, votre histoire), il semble qu'il n'y ait *rien à saisir*. Vous pouvez devenir conscients de vos expériences, mais jamais, semble-t-il, du « je » qui est le sujet de ces expériences. Ou on peut essayer d'imaginer le soi, pour en concevoir une image, en quelque sorte. Mais, ainsi que l'observe Descartes, l'imagination paraît exceller à concevoir des images de choses qui ont une forme et une taille, et que l'on trouve dans l'espace (des « choses étendues »). Le soi qui reste comme le rocher dans un océan de doute *n'est* pas forcément une chose étendue. Car on peut en être certain quand on est encore incertain des choses étendues, puisque nous prenons au sérieux la possibilité du Mauvais Génie.

Une reconstruction de ce point de l'argument présente ainsi la pensée de Descartes :

> Je ne puis douter que j'existe. Je peux douter que les choses étendues dans l'espace (« les « corps ») existent. *Donc*, je ne suis pas un corps.

Bref, les âmes sont certaines, les corps sont douteux, si bien que l'âme est distincte du corps. Si c'est l'argument de Descartes, il est superficiellement vraisemblable, mais on voit aussi en quoi il pèche. Car voyez le parallèle :

> Je ne puis douter que je suis ici dans cette pièce. Je peux douter qu'une personne recevant

> des mauvaises nouvelles demain soit dans la pièce. *Donc*, je ne suis pas une personne qui recevra des mauvaises nouvelles demain.

Une jolie preuve avec un résultat bienvenu ! On parle souvent à ce propos de « sophisme de l'homme masqué » : je ne sais qui est mon père ; je ne sais qui est l'homme masqué ; *donc*, mon père n'est pas l'homme masqué.

Pour ma part, je doute que Descartes ait succombé à ce sophisme, tout au moins dans cette *Méditation*. À ce stade, il se préoccupe davantage de la manière dont nous savons *quelque chose* des âmes et des corps. Il se soucie non pas de prouver qu'ils sont distincts, mais bien davantage de montrer que la connaissance de soi n'est pas tributaire de la connaissance des corps. Parce que l'une peut être certaine, même quand l'autre ne l'est pas. Mais que nous reste-t-il vraiment à savoir du soi ?

Au siècle suivant, le philosophe allemand Georg Christoph Lichtenberg (1742-1799) observa[9] : « On devrait dire : *ça pense* comme on dit : *ça éclaire*. Dire *cogito* est déjà trop dire, sitôt qu'on le traduit par : je pense[10]. » (Lichtenberg aimait les aphorismes lapidaires, et eut une influence importante sur une figure ultérieure : Friedrich Nietzsche, 1844-1900.)

L'idée est que la référence apparente à un « je » comme à une « chose » ou sujet de pensée est en soi une illusion. Il n'y a pas de « il » qui « éclaire » : nous pourrions dire tout aussi bien que la lumière continue. De la même façon, Lichtenberg suggère, tout au moins dans le contexte du doute, que Descartes n'a pas droit à un « je » qui pense.

La seule chose qu'il puisse prétendre convenablement, c'est qu'« il y a une pensée en cours ».

L'affirmation semble pour le moins bizarre. Car, assurément, il ne saurait y avoir de pensée sans quelqu'un qui pense. On ne saurait avoir de pensée qui flotte autour d'une pièce en attendant, pour ainsi dire, que quelqu'un s'en saisisse, pas plus qu'il ne peut y avoir des bosselures flottant alentour en attendant de s'emparer d'une surface à bosseler. Nous y revenons dans le chapitre 4. Mais alors, pourquoi Lichtenberg n'a-t-il pas raison ? Si Descartes ne peut affronter un moi qui fait la pensée, ne peut en faire l'expérience, ne peut l'imaginer, d'où lui vient la certitude qu'il existe ?

Descartes esquive adroitement le problème en soulevant une difficulté parallèle à propos des choses que les gens croient ordinairement comprendre avec la plus grande clarté : les corps ordinaires, ou des objets qu'ils rencontrent dans l'espace. C'est ce qui est visé dans l'exemple de la boule de cire. Voici une reconstruction possible de l'argument :

> À un moment donné, mes sens me renseignent sur une forme, une couleur, une dureté, un goût qui appartiennent à la cire. Mais, une autre fois, mes sens m'indiquent une forme différente, etc., appartenant à la cire. Mes sens ne me montrent *rien que* ces diverses qualités (que nous pouvons appeler « qualités sensorielles », puisque nos sens les enregistrent). Je n'en porte pas moins un jugement d'identité : c'est le même morceau de cire dans les deux cas. Donc, il est dans la nature de la boule de cire de pouvoir posséder des qualités

> sensorielles différentes à des moments différents. Donc, pour comprendre ce qu'*est* la cire, je dois me servir de mon entendement, non pas de mes sens.

Si c'est une bonne reconstruction, il nous faut noter que Descartes ne nie pas que c'est par les sens que je sais, de prime abord, que la cire est là (à supposer que nous nous soyons débarrassés du Mauvais Génie et que nous fassions à nouveau confiance à nos sens). En fait, il va bien jusque-là. Il suggère plutôt que les sens sont comme des *messagers* qui délivrent une information qui a besoin d'être *interprétée*. Et cette interprétation – qui consiste à identifier l'unique objet par-delà ses multiples apparences successives – est l'œuvre de l'entendement. Il s'agit d'employer des principes de classification, ou des catégories, dont nous pouvons aussi étudier les titres de créances.

Par cire, nous entendons donc seulement que c'est une « chose » insaisissable qui peut revêtir des propriétés physiques différentes, comme la forme, la taille, la couleur et le goût. Et par le soi, ou le « je », juste quelque « chose » également insaisissable qui, à différents moments, pense des pensées différentes. Aussi, peut-être ne faut-il pas juger le soi particulièrement mystérieux ; en comparaison de choses quotidiennes comme une boule de cire. Peut-être les « moi » ne sont-ils pas plus difficiles à comprendre que les corps. C'est sous l'effet d'un préjugé que nous pensons autrement. Nous retrouverons la cire dans le chapitre 7.

IDÉES CLAIRES ET DISTINCTES

Les deux premières *Méditations* méritent leur place parmi les classiques de la philosophie. S'y mêlent la profondeur, l'imagination et la rigueur à un point très rarement égalé. On est en haleine, impatient de connaître la suite de l'histoire. Ici, Descartes est juché sur son infime rocher, entouré d'un océan de doute. Mais il me semble s'être privé de toute possibilité de s'en tirer. La vie peut encore être un rêve. Pour employer la métaphore des fondations : il est au soubassement, mais il n'a pas de matériaux de construction. Car les normes mêmes qu'il se fixe, d'une connaissance « à l'épreuve du démon », paraissent lui interdire jusqu'aux formes de raisonnement « évidentes » ou naturelles pour plaider qu'il en sait davantage que le *Cogito*. Rien de plus facile pour le Génie de nous duper et de nous faire croire à des raisonnements spéciaux. Nos raisonnements sont plus faillibles encore que nos sens.

Curieusement, il ne voit pas tout à fait les choses ainsi. Ce qu'il fait, c'est qu'il réfléchit sur le *Cogito* et se demande ce qui le rend si particulièrement certain. Et il se fait sa conviction : parce qu'il a une perception « claire et distincte », particulièrement transparente, de sa vérité. On admet généralement que le mathématicien Descartes avait à l'esprit un modèle de clarté mathématique. Supposez, par exemple, que vous pensiez à un cercle. Imaginez un diamètre, et tirez des cordes des extrémités opposées jusqu'à un point de la circonférence. Elles se croisent à angles droits. Recommencez : apparemment, il en va toujours de même. À ce stade, vous pourriez peut-être soupçonner vaguement qu'il y a une raison à cela. Mais maintenant, supposez que vous passiez par une preuve (en traçant la ligne depuis le centre du cercle vers le sommet du triangle, et en résolvant les deux triangles que vous créez). Après cela, vous *voyez* juste que le théorème *doit* tenir. Cela peut arriver comme un « flash » : une certitude aveuglante, ou l'intuition de cette vérité géométrique particulière. Ce n'est là qu'un exemple géométrique choisi au hasard d'un procédé qui peut vous faire « voir » quelque chose que vous n'auriez autrement que vaguement saisi. Mais si seulement on pouvait voir le reste de la réalité, l'esprit, le corps, Dieu, la liberté, la vie humaine avec autant de clarté et d'intelligence spontanées ! Suivant un idéal philosophique, nous le pouvons. C'est l'idéal du *rationalisme* : le pouvoir de la raison pure sans assistance. Car le rationaliste peut voir depuis son fauteuil que les choses doivent être ainsi et pas autrement, comme l'angle dans le demi-cercle. La connaissance acquise par cette espèce d'intuition rationnelle est connue comme *a priori* : elle peut être jugée vraie immédiatement, sans aucune expérience de la marche du monde.

L'ARGUMENT DE LA MARQUE DE FABRIQUE

Se fiant à ce qui est clair et distinct, Descartes se laisse aller à un petit raisonnement. Scrutant son « moi », qui est tout ce qu'il a à sa disposition, Descartes découvre qu'il a une idée de la perfection. Il soutient alors qu'une telle idée implique une cause. Cependant, ce qui l'a causée doit avoir autant de « réalité » – ce qui inclut la perfection – que l'idée elle-même. En conséquence, seule une cause parfaite, autrement dit Dieu, fera l'affaire. Donc, Dieu existe et a laissé l'idée de perfection comme signe inné de son ouvrage dans nos esprits, tel un artisan marquant son ouvrage de son estampille[11].

Sitôt que Descartes a découvert Dieu, l'océan du doute recule brusquement. Car puisque Dieu est parfait, il ne trompe pas : tromper est clairement un manquement à la bonté, pour ne rien dire de la perfection. Dès lors, si nous nous y prenons bien, nous pouvons être certains que nous ne serons pas victimes d'une illusion. Le monde sera bien tel que nous le comprenons. Bien s'y prendre signifie surtout s'en remettre à des idées claires et distinctes.

Quel sort devons-nous faire à cet argument de la « marque de fabrique » ? En voici une reconstruction :

> J'ai l'idée d'un être parfait. Cette idée doit avoir une cause. Une cause doit être au moins aussi parfaite que son effet. C'est donc quelque chose d'au moins aussi parfait que mon idée qui l'a causée. Donc, une telle chose existe. Or cette chose doit être parfaite, autrement dit, Dieu.

Supposez que nous accordions à Descartes l'idée mentionnée dans la première prémisse. (Il est des traditions théologiques qui n'iraient même pas jusque-là. Elles diraient que la perfection de Dieu défie l'entendement, si bien que nous n'en avons aucune idée.) Mais qu'est-ce qui l'autorise à supposer que son idée doit avoir une cause ? Ne pourrait-il y avoir des événements simplement dépourvus de cause ? Des événements qui, pour ainsi dire, se contenteraient d'arriver ? Après tout, assis sur son rocher, Descartes ne saurait invoquer aucune expérience scientifique normale. Dans le dépouillement de sa solitude métaphysique, comment nier que des événements puissent simplement arriver ? Et s'il pense le contraire, ne doit-il pas s'inquiéter que le Génie puisse le manœuvrer, le lui faire croire bien que ce ne soit pas vrai ?

Toutefois, les choses empirent quand on arrive à l'étape suivante. Prenez mon idée de quelqu'un de parfaitement ponctuel. Celui-ci a-t-il besoin d'une cause parfaitement ponctuelle ? Mieux vaudrait assurément penser à ceci. Je peux simplement définir ce qu'être parfaitement ponctuel signifie. Cela veut dire n'arriver jamais en retard – ou, peut-être, ni trop tôt ni trop tard. Pour comprendre ce qu'est quelqu'un de ponctuel, je n'ai pas besoin de tomber sur une personne de ce genre. Je peux le décrire à l'avance. Je comprends à quelle condition il doit satisfaire sans connaître quiconque qui lui corresponde, et même si je ne rencontre jamais personne de ce genre.

Descartes rejetterait probablement l'analogie. Peut-être pense-t-il davantage ainsi. Ai-je l'idée d'un mathématicien parfait ? Eh bien, je puis commencer de penser à un mathématicien comme à quelqu'un qui ne commet jamais d'erreur. Mais cela ne suffit guère. Un mathématicien parfait serait aussi imaginatif qu'inventif. Or, avec ma connaissance fort limitée des mathématiques, je n'ai qu'une intelligence très confuse de ce à quoi cela ressemblerait. D'une manière générale, je ne puis saisir ni comprendre clairement des inventions avant qu'elles ne se produisent – sans quoi j'en ferais moi-même ! Peut-être faudrait-il donc un mathématicien parfait pour me donner une bonne idée (une idée « claire et distincte) de ce que serait un mathématicien parfait.

Peut-être bien, mais il devient désormais douteux que j'aie une idée claire et distincte d'un mathématicien parfait et, de manière analogue, d'un être parfait. En règle générale, ce qui se passe si je conçois cette idée, c'est que j'y pense davantage comme je l'ai fait en imaginant une personne parfaitement ponctuelle. Je l'imagine comme un agent qui ne fait jamais d'erreur, ne se conduit jamais méchamment, ne trouve jamais de choses qu'il ne saurait trouver et ainsi de suite. Je pourrais ajouter en imagination quelque chose comme un genre de rayonnement, mais, de toute évidence, ça ne me servira pas à grand-chose. Il paraît assurément présomptueux, voire blasphématoire, de m'autoriser une compréhension claire et complète des attributs de Dieu.

En fait, ailleurs dans ses écrits, Descartes propose une analogie assez plaisante, mais qui menace de miner l'argument de la marque de fabrique :

> *Nous pouvons bien toucher avec les mains une montagne, et non pas l'embrasser comme nous ferions un arbre, ou quelque autre chose que ce soit, qui n'excédât point la grandeur de nos bras : car comprendre c'est embrasser de la pensée, mais pour savoir une chose, il suffit de la toucher de la pensée*[12].

Peut-être ne pouvons-nous toucher les qualités supposées de Dieu que par définition, mais ne saurions-nous les comprendre. Auquel cas, nous ne pouvons invoquer un idéal ou un archétype qui nous a permis de les comprendre.

Pour la plupart d'entre nous, l'argument de la marque de fabrique nous paraît loin d'être soustrait au Mauvais Génie – si loin, en fait, qu'il paraît assez facile de résister même si nous ne sommes pas du tout en proie au doute extrême. À ce stade, on peut utiliser certaines prémisses refoulées que suggère l'histoire des idées afin d'excuser Descartes. Il était sans conteste plus optimiste au sujet de l'argument de l'estampille que nous ne pouvons l'être parce qu'il hérita des traditions philosophiques antérieures un certain nombre d'idées. L'une de ces idées très importantes est que la causation vraie est affaire de cause *transmettant* quelque chose à un effet. La causation est semblable au bâton qu'on se passe dans une course de relais. Par exemple, il faut de la chaleur pour rendre quelque chose chaud, du mouvement pour le mettre en branle. C'est un principe qui ne cesse de resurgir dans l'histoire de la philosophie, et que nous retrouverons encore plus d'une fois. Ici, il disposa Descartes à penser que la « perfection » dans son idée avait besoin d'être sécrétée en elle, pour ainsi dire, par une cause parfaite.

Or ce principe de la causation n'est guère à l'abri du Mauvais Génie. En fait, il n'est même pas vrai. Nous sommes devenus familiers de causes qui n'ont aucune ressemblance avec leurs effets. Le mouvement d'un bout de fer dans un champ magnétique n'a aucune ressemblance avec le courant électrique, qui en est cependant la cause. En fait, tout se passe comme si Descartes (une fois de plus influencé par des traditions philosophiques antérieures) a pu se laisser aller à penser qu'une idée de X participe en fait de X. Une idée de l'infini serait donc une idée infinie. (L'idée d'une chose solide serait-elle une idée solide ?) De même, une idée de la perfection serait une idée parfaite et exigerait une idée parfaite. Mais, une fois encore, il se pourrait bien que le démon vous fasse penser une chose de ce genre, et de nouveau il n'est aucune bonne raison de le suivre.

LE CERCLE CARTÉSIEN

Descartes se persuada que le raisonnement était bon : chacune de ses étapes était « claire et distincte ». Il a maintenant Dieu de son côté, et Dieu ne trompe pas. N'oubliez pas, pourtant, que pour ce faire, il a dû se fier à ses idées claires et distinctes comme à ses sources de vérité. Mais ce procédé ne souffre-t-il pas d'une brèche terrible ? Qu'est-il arrivé au Génie ? Ne pourrait-il même dévoyer nos idées claires et distinctes ? Pour en finir avec cette possibilité, semble-t-il, Descartes fait demi-tour et se sert de Dieu – le Dieu dont il vient de prouver l'existence – comme d'un garant : ce que nous percevons clairement et distinctement doit être vrai.

C'est Antoine Arnaud (1612-1694), l'un de ses contemporains, qui se récria le plus fort sur ce point, reprochant à Descartes d'avoir un raisonnement circulaire : le tristement célèbre « cercle cartésien [13] ». Descartes paraît attaché à deux priorités différentes. Soit l'idée que, si nous percevons clairement et distinctement une proposition *p*, il est vrai que *p*. Abrégeons ceci en $(\mathrm{CD}p \rightarrow \mathrm{V}p)$, qui se lit ainsi : si *p* est claire et distincte (« CD »), elle est vraie (« V »). Et supposons que nous symbolisions par « *D* » « Dieu existe et ne nous trompe pas ». Il y a cercle du fait qu'à certains points Descartes soutient : je ne puis savoir que $(\mathrm{CD}p \rightarrow \mathrm{V}p)$ uniquement si je sais *d'abord G*. En d'autres points, cependant, il soutient au contraire : je ne peux savoir que *G* seulement si je sais d'abord $(\mathrm{CD}p \rightarrow \mathrm{V}p)$. La situation est semblable à l'impasse familière du matin : vous avez besoin d'un café pour sauter du lit, mais il vous faut sauter du lit pour vous préparer un café.

Il faut commencer par l'un ou par l'autre. Il existe toute une masse d'études pour essayer de comprendre si Descartes tombe effectivement dans ce piège. Certains commentateurs citent des passages où il semble qu'il ne défende pas réellement la première proposition. La suggestion majeure est que *D* est nécessaire uniquement pour valider la *mémoire* des preuves. Donc, du moment que vous percevez en fait clairement et distinctement quelque chose, il n'est pas nécessaire de se fier à quoi que ce soit, pas même à *D*, pour être en droit d'affirmer sa vérité. Mais, par la suite, quand vous avez oublié la preuve, seul *D* fonde votre droit à dire que, puisque vous l'avez prouvé une fois, ce doit être vrai.

D'autres commentateurs suggèrent que Descartes n'a pas besoin de la seconde. Il voit que Dieu existe, clairement et distinctement, mais il n'a aucunement besoin d'une règle générale du type

(CD*p* → V*p*) pour étayer sa perception. Il peut être certain de cet exemple de la règle sans être certain de la règle elle-même. C'est en soi une forme de suggestion intéressante et elle introduit une vérité très importante, à savoir que, très souvent, nous sommes plus certains de verdicts particuliers que nous ne le sommes des principes que nous pourrions citer quand nous essayons de les défendre. Par exemple, je pourrais savoir qu'une phrase particulière est grammaticale, sans être sûr de quelque règle de grammaire générale qui l'autorise. Les philosophes ont souvent été assez durs sur cette possibilité. Le personnage admiré de Socrate, dans les *Dialogues* de Platon, se fait un malin plaisir d'amener ses souffre-douleur à dire quelque chose, puis de montrer qu'ils sont incapables de le défendre par des principes généraux articulés, puis de conclure qu'ils n'ont pas vraiment le droit de soutenir ce qu'ils ont soutenu. L'exemple de la connaissance grammaticale donne cependant à penser que l'inférence est bancale. Prenons l'exemple de la perception : je puis reconnaître un Poméranien, un membre des Rolling Stones ou ma femme sans connaître le moindre principe général qui « justifie » le verdict. Mon système perceptif peut opérer suivant des principes généraux ou des « algorithmes » pour traduire l'*input* visuel en verdicts, mais je n'ai aucune idée de ce qu'ils sont. Je ne saurais donc répondre à un Socrate s'enquérant des principes généraux justifiant ma reconnaissance. Je ne pourrais que m'empêtrer et bafouiller. Ce qui ne m'empêche pas de reconnaître le Poméranien, le Rolling Stones ou ma femme. Le procédé de

Socrate ne sert qu'à entretenir la mauvaise réputation des philosophes.

Reste que nous sommes tenus de demander *pourquoi* Descartes croit pouvoir être certain de cet exemple de la règle. Pourquoi le fait qu'il « voit » que Dieu existe clairement et distinctement est aussi une illustration claire et distincte de la vision de la vérité ? Certains d'entre nous ne pourront se défendre d'un noir soupçon : la simple mention de Dieu embrume l'esprit plutôt qu'elle ne l'éclaire.

Aux fins qui sont les nôtres, nous pouvons en rester là. Ce qui demeure clair, c'est qu'on a ici un parfum très reconnaissable de double étalon. Le type de problème sceptique qu'incarne le Mauvais Génie est tranquillement oublié tandis que Descartes essaie de se retirer du rocher isolé du *Cogito*. Et cela pourrait bien suggérer qu'il s'est installé sur une île déserte sans échappatoire.

FONDEMENTS ET TOILES

Le grand penseur écossais David Hume (1711-1776) critiqua Descartes en ces termes :

> *Il y a une espèce de scepticisme, antérieure à toute étude ou toute philosophie, que Descartes et d'autres prônent comme un préservatif souverain contre l'erreur et la précipitation du jugement. Elle recommande le doute universel, non seulement à l'égard de toutes nos opinions et de tous nos principes antérieurs, mais aussi à l'égard de nos facultés mêmes ; il faut, disent-ils, nous assurer nous-mêmes de leur véracité par une chaîne*

> *de raisonnements, déduite d'un principe primitif qui ne peut-être trompeur ni douteux. Mais il n'y a pas de tel principe primitif qui ait une prérogative sur les autres principes évidents d'eux-mêmes et convaincants ; ou, s'il y en avait, pourrions-nous avancer d'un seul pas au-delà de ce principe, sinon en usant de ces facultés mêmes dont, suppose-t-on, nous nous défions déjà. Donc le doute cartésien, si une créature humaine pouvait jamais y atteindre (et manifestement c'est impossible), serait entièrement incurable ; aucun raisonnement ne pourrait jamais nous conduire à un état d'assurance et de conviction sur aucun sujet*[14].

Si le projet de Descartes est d'utiliser la raison afin de parer le doute universel sur la véracité de la raison, il doit échouer.

Le défi de Hume semble convaincant. Tout se passe comme si Descartes était voué à l'échec. Quelle devrait donc être l'issue ? Le scepticisme général, c'est-à-dire le pessimisme quant à l'existence de quelque harmonie que ce soit entre la manière dont nous croyons les choses et la manière dont elles sont ? Ou autre chose ? D'autres possibilités méritent d'être introduites.

Une façon de penser – celle de Hume – accepte l'idée que notre système de croyance ait besoin d'une sorte de fondement. Mais elle nie que le fondement pourrait avoir le genre de statut rationnel que voulait Descartes. La véracité de nos sens et de nos raisonnements fait elle-même partie du fondement. Elle ne saurait être démontrée en s'en remettant à quelque *autre* « principe originel ». Pour nous tous, hors de l'étude philosophique, cela revient naturellement à se fier à notre expérience commune. Nous mûrissons en le faisant et, mûrissant, nous apprenons à reconnaître les zones de danger (illusions, mirages) sur la toile de fond des croyances naturelles que nous formons tous. La nature autocorrectrice de nos systèmes de croyance, mentionnée plus haut, est tout ce dont nous avons besoin. Nous pourrions baptiser cette approche du nom de fondationalisme non rationnel ou *naturel*. (Ce qui n'implique pas, bien entendu, qu'il y ait quoi que ce soit *d'irrationnel* en elle. Le fait est simplement que les choses du fondement ne sont pas à l'égard de la raison dans la position qu'espérait Descartes, c'est-à-dire protégées du Mauvais Génie.) Hume lui-même avança divers arguments pour se passer de tout appel à la rationalité, et nous aurons l'occasion d'en croiser certains.

L'insistance sur la formation naturelle des croyances s'harmonise avec un autre fil de la pensée de Hume et d'autres philosophes britanniques des XVIIe et XVIIIe siècles, qui est leur méfiance envers le pouvoir d'une raison livrée à elle-même. Pour ces philosophes, le meilleur contact entre l'esprit et le monde n'est pas le point auquel se cristallise une preuve mathématique, mais le point auquel on voit et touche un objet familier. Leur paradigme était la connaissance par l'expérience des sens plutôt que par la raison : d'où leur nom d'*empiristes*, quand Descartes est un *rationaliste* patenté. Les étiquettes dissimulent cependant une masse de détails importants. Par exemple, en certains points, quand il est sous pression, Descartes lui-même semble dire que les idées claires et distinctes ont ceci de vraiment bien qu'on ne saurait douter d'elles une fois qu'on les a. C'est moins une certification par la raison qu'une puissance naturelle comme celle que Hume lui-même attache aux croyances empiriques fondamentales. Et nous en arrivons bientôt à un domaine où le champion de l'empirisme britannique, John Locke (1632-1704), est aussi rationaliste que le meilleur d'entre eux. Les grands philosophes ont la fâcheuse habitude de se dérober aux étiquettes.

Dans cette optique, le problème de Descartes est qu'il se fiait beaucoup trop aux pouvoirs de la raison. Nous pouvons plutôt en appeler à la nature, par quoi nous entendons ici nos propensions naturelles à former des croyances et à les corriger. Et qu'en est-il du Mauvais Génie ? Sur ce chapitre, la vraie morale des luttes de Descartes est que si nous posons la question de savoir si notre expérience et notre raisonnement (en bloc) s'accordent avec la manière dont est le monde (en bloc), il faudra un acte de foi pour la trancher. « Dieu » n'est jamais que l'étiquette de ce qui assure cette harmonie entre la croyance et le monde. Mais, comme dit Hume dans le passage cité plus haut, nous n'éprouvons nul besoin de poser cette question dans la vie normale. Le doute hyperbolique, et la réponse qui lui est apportée, est en ce sens irréel.

Cela peut paraître sensé ou, simplement, complaisant. Mais, pour repousser cette dernière accusation, on peut au moins remarquer ceci. Juger le doute irréel ne veut pas dire simplement tourner le dos au problème de l'harmonie entre apparence et réalité : comment nous pensons et comment sont les choses. Nous pouvons l'aborder *du sein* de notre cadre normal de croyances. En fait, quand

Hume lui-même approcha les choses ainsi, il fut terrassé par les difficultés propres à nos façons ordinaires d'envisager les choses : des difficultés assez fortes pour réintroduire le scepticisme quant à notre capacité de tout savoir du monde. Tel est le thème du chapitre 7.

Deux siècles plus tard, cependant, surgit un nouveau motif d'optimisme. Nous pourrions ainsi supposer que l'évolution, qui est vraisemblablement responsable du fait que nous ayons nos sens et nos facultés de raisonnement, ne les aurait pas sélectionnés (sous la forme qui est la leur) s'ils n'avaient pas *marché.* Si notre vue, par exemple, ne nous informait pas des prédateurs, des vivres ou des comparses quand ils sont dans les parages, elle ne nous serait d'aucune utilité. Elle est donc faite pour que tout se passe bien. L'harmonie entre nos esprits et le monde tient au fait que le monde est responsable de nos esprits. Leur fonction est de le représenter afin que nous puissions satisfaire nos besoins ; s'ils étaient faits pour le représenter autrement que de manière fidèle, nous ne pourrions survivre. ce n'est pas un argument fait pour se passer du Mauvais Génie, mais qui en appelle à des choses dont nous nous servons pour connaître le monde. Malheureusement, il nous faut visiter le moment venu la zone des doutes de Hume où les choses mêmes qui nous servent à connaître le monde nous servent aussi à faire paraître ce savoir douteux.

Une réponse assez différente écarte la nécessité de toute espèce de « fondations », certifiées ou non par la raison, comme l'espérait Descartes, ou simplement naturelles, comme chez Hume. Cette approche revient à souligner plutôt la *structure cohérente* de notre système de croyances quotidien : la façon dont elles s'agencent, tandis que les expériences ou croyances sporadiques que nous avons en rêves sont fragmentaires et incohérentes. Elle fait valoir un trait intéressant des structures cohérentes, à savoir qu'elles n'ont pas besoin de fondements. Un navire ou une toile peut être composé d'un tissu de parties interdépendantes, et elle tire précisément sa force de ces interconnexions. Il n'a pas besoin d'une « base », d'un « point de départ » ou d'un « fondement ». Dans une structure de ce genre, chaque élément peut être soutenu par d'autres éléments sans qu'il y ait un élément supportant tous les autres sans être lui-même supporté. De même, si une croyance quelconque est contestée, d'autres peuvent l'étayer, à moins qu'il n'apparaisse, bien entendu, que rien d'autre ne puisse l'étayer – auquel cas il faut la laisser tomber. Le philosophe autrichien Otto Neurath (1881-1945) a trouvé une charmante métaphore pour évoquer notre corps de connaissances :

> *Nous sommes tels des matelots en pleine mer qui doivent reconstruire leur navire sans jamais pouvoir recommencer par le fond*[15].

N'importe quelle partie peut être remplacée, à condition qu'il en reste assez pour supporter le reste. Mais on ne saurait contester toute la structure en bloc ; essayons de le faire, et nous nous retrouvons sur le rocher solitaire de Descartes.

Cette approche est généralement connue sous le nom de « cohérentisme ». Sa devise est que, si tout argument a besoin de prémisses, il n'y a rien qui soit la prémisse de chaque argument. Il n'est point de fondement sur quoi tout repose. Le cohérentisme est bien commode et insatisfaisant à la fois. Commode par ce qu'il élimine, à savoir les insaisissables fondements. Mais on ne voit pas très bien s'il offre suffisamment pour les remplacer. C'est parce que nous semblions capables de comprendre la possibilité que représentait le Mauvais Génie que notre système de croyance doit être étendu, cohérent et interdépendant, mais complètement faux. Comme je l'ai dit dans l'introduction à ce chapitre, c'est tout naturellement qu'enfants nous en venons à nous demander si toute expérience ne serait pas un rêve. Nos sympathies pourraient aller à la pensée de Descartes : si les options sont le cohérentisme et le scepticisme, la solution la plus honnête serait le scepticisme.

Aussi est-il bon de rappeler les quatre options de l'épistémologie (la théorie de la connaissance). Il y a le fondationalisme rationnel tel que l'a essayé Descartes ; le fondationalisme naturel tenté par Hume ; le cohérentisme. Et ruminant à leur sujet, le scepticisme, ou l'idée qu'il n'y a point de savoir. Chacune de ces options a eu ses éminents défenseurs. Quelles que soient les préférences du lecteur, il sera philosophiquement en bonne compagnie. On pourrait penser que Descartes a eu raison – ou tort – sur presque toute la ligne. Ce qui est déroutant, c'est de défendre toute réponse qui se recommande.

SCEPTICISMES LOCAUX

Le scepticisme peut être évoqué dans des domaines particuliers, aussi bien qu'à la façon globale de Descartes. Quelqu'un pourrait être convaincu que nous avons un savoir scientifique, tout en étant très sceptique à l'égard d'une connaissance en éthique, en politique ou en critique littéraire. Nous verrons sous peu des domaines particuliers où nul n'est besoin d'un doute hyperbolique, mais juste d'un peu de prudence pour que nous perdions notre assurance. Il est cependant d'autres jolis exemples de domaines hautement généraux où le scepticisme est déconcertant. Le philosophe Bertrand Russell (1872-1970) a pris l'exemple du temps[16]. Comment est-ce que je sais que le monde n'a pas vu le jour il y a juste quelques instants, avec des traces trompeuses d'une époque beaucoup plus ancienne ? Ces traces incluraient, bien entendu, les modifications du cerveau qui nous donnent ce que nous prenons pour des souvenirs, mais aussi toutes les autres choses que nous interprétons comme des signes d'ancienneté. En fait, les penseurs victoriens s'efforçant de concilier le récit biblique de l'histoire du monde avec les fossiles avaient déjà fait la même suggestion en matière de géologie. Dans cette version, il y a environ 4 000 ans Dieu déposa toutes les preuves trompeuses que la terre est vieille d'environ quatre milliards d'années (et, pouvons-nous maintenant ajouter, des signes trompeurs que l'univers est vieux de 13 milliards d'années). Ça n'a jamais été une démarche populaire, probablement parce que si l'on est sceptique sur le temps, on devient vite sceptique sur tout, ou peut-être parce que cela revient à présenter Dieu comme un farceur sur grande échelle. La possibilité qu'envisage Russell paraît presque aussi tirée par les cheveux que le Mauvais Génie de Descartes.

Dans le scénario de Russell, cependant, il est une chose qui ne laisse pas d'intriguer. C'est qu'on peut en fait soutenir qu'elle est scientifiquement plus *probable* que l'autre solution à laquelle nous croyons tous ! Tout simplement parce que la science nous explique que la « faible entropie » ou, autrement dit, les systèmes très ordonnés sont plus improbables[17]. En outre, tandis que les systèmes physiques comme l'univers évoluent, l'entropie ou le désordre augmente. La fumée ne redevient jamais cigarette ; le dentifrice ne réintègre jamais le tube. Ce qui est extraordinaire, c'est qu'il y ait jamais eu *assez* d'ordre pour que la fumée soit au départ dans la cigarette et le dentifrice dans le tube. Ainsi, pourrait-on soutenir, il est « plus facile » à un monde modérément désordonné, tel que le monde actuel, de voir le jour qu'il ne l'est à quelque ancêtre de plus faible entropie, plus ordonné. Intuitivement, tout se passe comme s'il y avait plus de façons que cela arrive, de même qu'il a plus de façons d'obtenir des mots de quatre ou cinq lettres quand on pioche sept lettres au Scrabble qu'il n'y en a d'obtenir un mot de sept lettres. De même, poursuit le raisonnement, tout se passe comme si Dieu ou la Nature avait moins à faire pour fabriquer le monde tel qu'il est à partir de rien, que pour faire un monde de moindre entropie censé avoir vu le jour il y a treize milliards d'années à partir de rien. Il est donc plus probable que ça se soit passé ainsi. En termes de probabilité, dans la lutte directe qui oppose le bon sens à l'hypothèse incongrue de Russell, c'est ce dernier qui triomphe. Je laisse le lecteur y réfléchir.

MORALE

Comment donc considérer le savoir ? Qui dit savoir, dit *autorité* : les gens qui savent sont ceux qu'on doit écouter. Mais savoir suppose aussi fiabilité : les gens qui savent sont ceux qui sont fiables pour enregistrer la vérité, comme de bons instruments. *Prétendre* au savoir suppose de faire valoir sa propre fiabilité. Et *accorder* une autorité à quelqu'un ou à une méthode implique qu'on les croit fiables. Les scénarios troublants d'un Descartes ou d'un Russell nous bousculent dans le sentiment que nous avons de notre propre fiabilité. Sitôt qu'on a évoqué des possibilités extravagantes, s'amenuise notre sentiment d'un lien fiable entre ce que sont les choses et la perception que nous en avons. Nous pourrions le retrouver, si nous pouvions soutenir que les scénarios sont impossibles ou, tout au moins, qu'il y a peu de chances que les choses soient ainsi. La difficulté vient de ce qu'il est difficile de démontrer leur impossibilité, et, dans ces domaines abstraits, nous n'avons pas vraiment de sens des probabilités ou des chances. On peut donc difficilement soutenir qu'ils n'ont aucune chance d'être vrais sans s'en remettre aux opinions mêmes qu'ils contestent. Aussi le scepticisme ne cesse-t-il de nous faire signe, de nous menacer. *Peut-être* pouvons-nous suivre le monde de manière fiable ;

peut-être pas. Pour en revenir à l'analogie du génie technique que j'ai utilisée dans l'Introduction, la structure de notre pensée paraît enjamber de grands vides : en l'occurrence, l'écart entre l'apparence des choses et ce qu'elles pourraient être. Nous nous arrogeons le droit de franchir ces vides. Mais si nous le faisons sans un sens très sûr de notre fiabilité et de notre harmonie avec la vérité, ce droit paraît mal fondé. Tel est le point sur lequel insiste le sceptique. Toute confiance dans l'harmonie entre ce que nous croyons des choses et ce qu'elles sont apparaîtra comme un pur acte de foi.

Descartes nous a donc laissé un problème de connaissance. Il nous a aussi laissé en proie à de graves problèmes pour comprendre la place de notre esprit dans la nature. Enfin, toute la révolution scientifique dont il a été un père éminent nous a laissé assaillis de problèmes profonds pour comprendre le monde dans lequel nous sommes placés. Nous avons entrevu le problème de la connaissance. Le chapitre suivant aborde les problèmes de l'esprit.

Chapitre 2

Esprit

Supposons que nous laissions de côté le problème général de l'harmonie entre notre perception du monde et ce qu'il est. Nous croiserons les doigts en supposant que nous savons vraiment ce que nous croyons naturellement savoir. Mais comment nos vues s'agencent-elles ? Avec Descartes, notre moi et notre esprit sont devenus les objets intimes et particuliers d'un savoir immédiat. Car même si je puis m'extraire d'un océan de doute pour grimper sur le rocher du *Cogito*, je ne puis me hisser sur la nature de *votre* esprit. Comment puis-je donc savoir quoi que ce soit de votre vie mentale ? Comment puis-je savoir, par exemple, que vous voyez la couleur bleue comme moi ? Se pourrait-il que certains d'entre nous ressentent la douleur avec plus d'acuité, mais en parlent moins, quand d'autres la ressentent moins mais en font tout un fromage ? Comment nous mettre à réfléchir à l'esprit et au corps, au cerveau et au comportement ?

LE FANTÔME DANS LA MACHINE

Nous avons vu comment la stratégie de Descartes l'a conduit à juger la connaissance de nos esprits plus sûre et certaine que la connaissance du reste du monde. Mais Descartes était aussi un homme de science. On lui doit des découvertes fondamentales en optique. Il pratiqua la dissection et en savait long sur la transmission des impulsions au cerveau à travers les nerfs[18]. Il savait qu'elle passait par un moyen de transmission physique, une « traction » ou un « mouvement violent » des nerfs, ou comme nous dirions aujourd'hui, une impulsion électrochimique transmise par le système nerveux. Les sens ordinaires de la vue, du toucher, du goût, de l'odorat et de l'ouïe activent le système nerveux, qui transmet des messages au cerveau. Bien entendu, celui-ci n'est pas un bloc indifférencié. Des secteurs du cerveau transmettent des signaux à d'autres secteurs, qui les répercutent au corps : des systèmes entiers d'activation se mettent en place. Tout cela relève de la neurophysiologie. En principe, tous ces phénomènes sont visibles en public : avec les bons instruments, on peut faire une démonstration des systèmes d'activation en salle de cours.

Et après ?

Eh bien, vient ensuite le moment magique. L'« esprit » (la chose pensante, la *res cogitans*) en est également affecté, et c'est tout l'univers de l'expérience qui s'ouvre. Le sujet voit des couleurs, entend des sons, sent des textures ou des températures, a des sensations gustatives ou olfactives. Ce monde de l'expérience se compose d'événements mentaux ou d'événements au sein de la conscience subjective, qui, eux, ne sauraient être vus en public. Ce sont des événements privés. Les élèves d'une classe ne peuvent voir la mise à feu de certains neurones : seul le peut celui qui ressent la douleur. Descartes localisa effectivement l'endroit où se produit l'événement magique. Pour de fort raisonnables raisons neurophysiologiques, il crut que la glande pinéale, structure nichée au centre du cerveau, devait être le lieu où les messages passaient du champ du physique à celui du mental.

Pour Descartes, les événements mentaux ne sont pas seulement distincts des événements physiques. Ils relèvent aussi d'un autre type de substance – d'une substance immatérielle – un genre de matériau spectral ou d'ectoplasme. À rigoureusement parler, si je dis « J'ai pensé à la reine et j'ai salué », il y a une ambiguïté : le « je » qui est le sujet de la pensée n'est pas le « je », le corps, qui salue. Les pensées et les expériences sont des modifications d'un genre de matériau ; mouvement et position appartiennent à un autre. Cette partie de sa doctrine fait de Descartes un « dualiste de la substance ». Il y a non seulement deux types de propriétés (mentales et physiques) que peuvent avoir les personnes, mais aussi deux types de porteurs des dites propriétés. Bien entendu, c'est théologiquement commode : cela ouvre la voie à l'immortalité de l'âme, puisqu'il n'y a aucune raison pour que le matériau de l'âme ait la même durée de vie que tout ce qui ressemble au corps physique. Mais le dualisme de la substance n'a rien d'obligatoire. On pourrait soutenir que les propriétés mentales et physiques sont très différentes, mais que l'unique corps organisé possède les deux : après tout, masse et vitesse sont deux types de propriété très différents, mais les projectiles les possèdent toutes deux. On appelle dualistes des propriétés les gens qui pensent qu'existent deux sortes de propriétés (mentales et physiques), mais qu'elles appartiennent à une seule espèce de matériau (de quoi que puissent être faits les gros animaux).

Descartes nous conduit au point de vue qu'a bien résumé Gilbert Ryle (1900-1976) en parlant de l'être humain comme d'un « spectre dans une machine[19] ». Les événements qui se produisent dans la machine, dans le corps physique, sont comme d'autres événements du monde physique. Ils consistent en interactions de types de matériaux familiers : molécules et atomes, champs et forces électriques. Les événements de la partie spectrale, l'esprit, sont complètement différents. Peut-être sont-ils des événements dans une sorte de matière spectrale – d'ectoplasme ou de cette substance non physique dont sont faits les esprits et les anges. Dans l'esprit populaire, en effet, ceux-ci se passent de toute incarnation. Chez l'être humain normal, en revanche, existe une étroite corrélation entre les événements d'une espèce et ceux de l'autre : piquer quelqu'un avec une aiguille induit des changements physiques, mais crée aussi un événement mental sous forme de douleur. Inversement, l'événement mental qu'est le souvenir d'une bévue peut susciter gémissement et rougissement, c'est-à-dire des événements physiques. Les événements d'un domaine peuvent donc affecter ceux d'un autre. En principe, cependant, les deux champs sont entièrement distincts.

ZOMBIES ET MUTANTS

Bien entendu, ce point de vue n'est pas propre à Descartes. Nombreuses sont les grandes religions du monde qui le présupposent : il est présent dans toute doctrine soutenant que nous pouvons survivre à la mort physique, ou que notre âme peut suivre un chemin, et notre corps un autre. Mais c'est un point de vue qui se heurte à des problèmes énormes, sinon insurmontables.

La première famille de problèmes est épistémologique. Chez l'être humain normal, je viens de le dire, existe une corrélation étroite entre les deux sortes d'événements. Mais qu'est-ce qui nous autorise à le croire ? Voici l'une des possibilités :

Le zombie. Les zombies sont comme vous et moi et se conduisent comme vous et moi. Leurs natures physiques sont identiques. Ouvrez le cerveau d'un zombie, vous découvrirez qu'il marche exactement comme le vôtre ou le mien. Piquez un zombie, il fera « aïe », toujours comme vous et moi. Mais les zombies ne sont pas conscients. Il n'y a aucun spectre en eux.

Parce que les zombies sont pareils à nous et se conduisent comme nous, il n'y a pas moyen de dire qui est un zombie et qui est conscient comme vous et moi. En tout cas, comme moi. Car maintenant que j'ai soulevé la possibilité des zombies, je vois bien que je ne puis vraiment être sûr de vous ni de personne d'autre. Peut-être la conscience est-elle le corrélat extrêmement rare d'un système complexe corps-cerveau. Peut-être en suis-je le seul exemple : peut-être êtes-vous tous des zombies, vous autres.

Mais voici une autre possibilité :

Le mutant. Les mutants sont comme vous et moi et se conduisent comme vous et moi. Leurs natures physiques sont identiques. Ouvrez le cerveau d'un mutant, vous découvrirez qu'il marche exactement comme le vôtre ou le mien. Piquez un mutant, il fera « aïe », toujours comme vous et moi.

Contrairement aux zombies, les mutants sont conscients. Il y a un spectre en eux. Mais les événements à l'intérieur du mutant ne sont pas ce qu'on attendrait. Un mutant que l'on pique, par exemple, peut expérimenter un événement mental pareil à l'audition d'un do sur une clarinette. Il n'en fait pas moins « aïe » parce que son cerveau fonctionne comme le nôtre et qu'il se conduit comme nous : le fait d'être piqué avec une aiguille amorce des processus produisant des changements qui l'amènent à faire « aïe », exactement comme nous. Peut-être ressent-il une affreuse douleur lorsqu'il entend un do à la clarinette, mais cela lui arrache alors un sourire béat. Un mutant voyant des boîtes aux lettres les voit sans doute roses ; voit-il des lauriers roses, ils seront jaunes. Les événements qui se produisent dans la conscience du mutant sont sans rapport avec les événements qui se produisent dans votre esprit ou le mien. En tout cas, sans lien aucun avec les événements de mon esprit. Car maintenant que j'ai évoqué la possibilité du mutant je vois bien que je ne puis vraiment être sûr de vous ni de personne d'autre. Peut-être êtes-vous tous des mutants, vous autres, par rapport à moi.

Ce qui distingue ces possibilités, c'est qu'elles paraissent grandes ouvertes en vertu de l'explication cartésienne dualiste du corps et de l'esprit. Ce sont des possibilités déroutantes, de celles qu'on ne considère pas d'ordinaire, même si je soupçonne qu'elles nous traversent l'esprit *plus* souvent que les extravagantes possibilités du chapitre premier.

Une des réactions consiste à mordre la balle et à dire : très bien, supposons que ce sont des possibilités grandes ouvertes. Peut-être ne puis-je pas vraiment savoir ce qu'il y a dans la tête d'une autre personne comme moi, les événements mentaux qui se produisent en elle, ou même s'il s'y déroule la moindre vie mentale. Mais ne puis-je tout de même *supposer* que la vie mentale des autres ressemble beaucoup à la mienne ? Ne puis-je me prendre pour modèle de tous les autres ? Il s'agirait moins de *connaissance* que d'hypothèse ou de *conjecture*, mais peut-être est-ce une conjecture *raisonnable*. C'est ce qu'on appelle l'argument par analogie avec l'existence d'autres esprits.

Le problème de cet argument est qu'il paraît incroyablement faible. « Et comment puis-je généraliser ce cas *unique* de manière aussi irréfléchie[20] ? » demandait avec humeur le grand philosophe autrichien, Ludwig Wittgenstein (1889-1951). Le simple fait que dans *un* cas – le mien – comme par hasard il y ait une vie mentale d'un type particulier, bien défini, associée à un cerveau et à un corps, paraît être une raison très fragile de supposer la même association dans toutes les autres cas. Si j'ai une boîte avec un coléoptère à l'intérieur, j'ai bien peu de raisons de supposer que tous ceux qui ont une boîte ont aussi un scarabée à l'intérieur.

Pis encore, cela me donne de très piètres raisons

de nier qu'il y ait des coléoptères ailleurs que dans des boîtes. Dès lors, peut-être des choses qui sont très *différentes* de vous et de moi physiquement sont-elles conscientes exactement comme je le suis : les cailloux et les fleurs, par exemple.

Peut-être serez-vous tenté d'écarter d'un haussement d'épaules l'hypothèse du zombie ou du mutant, de n'y voir que pure fantaisie philosophique, irréelle et en tout état de cause invérifiable. Les neurophysiologistes, par exemple, ne trouvent pas d'expérience consciente comme ils trouvent des neurones, des synapses et des structures d'activité cérébrale : ou comme on dit, ils ne peuvent la projeter à leurs étudiants sur l'écran de leur amphithéâtre. Mais alors, suivant le dualisme cartésien, les possibilités auxquelles nous croyons tous naturellement, à savoir que les autres ne sont *pas* des zombies *ni* des mutants sont elles-mêmes invérifiables ! Ce sont de purs articles de foi. Quelqu'un qui croit à la possibilité des zombies n'est pas logé à plus mauvaise enseigne que nous de ce point de vue.

En fait, si notre conception de l'esprit admet les possibilités du zombie et du mutant, nous pourrions même les supposer fort probables ou, tout au moins, aussi probables que toute autre possibilité. Car s'il n'est pas faux *a priori* que les autres soient des zombies, pourquoi serait-il *a priori* moins probable qu'ils sont conscients comme moi ?

Pourquoi les philosophes parlent-ils tant de possibilités bizarres que les autres se font un bonheur d'ignorer (l'une de ces choses qui donnent à la discipline des airs intimidants et assurent sa mauvaise réputation) ? La raison en est que les possibilités en question servent à tester une conception des choses. Ici, elles servent à tester la conception de l'esprit et de la matière qui leur a donné naissance. Le raisonnement est que, *si* l'esprit et la matière sont envisagés de manière cartésienne, il y aurait des possibilités grandes ouvertes de nature bizarre, sur lesquelles nous ne pourrions rien savoir. *Donc*, puisque c'est intolérable, nous devons repenser la conception des choses (c'est ce qu'on appelle la métaphysique). Une meilleure conception de l'esprit et de sa place dans la nature devrait exclure ces possibilités. Nous dirons : selon le dualisme cartésien, la possibilité du zombie et celle du mutant demeurent toutes deux grandes ouvertes, mais cela montre simplement que quelque chose ne va pas dans le dualisme cartésien. Le mental et le physique ne sont pas aussi distincts qu'il l'assure. Parce qu'il n'est tout simplement *pas* possible que quelqu'un qui vient de se cogner le pied et hurle de douleur le fasse *parce qu*'il est dans le même état mental que moi quand une clarinette fait entendre un do. *Cet* état mental-là ne saurait s'exprimer par un hurlement ou un grognement. Le lien entre la nature intrinsèque de l'état mental – ce qu'il ressent – et son expression est plus proche que cela. Nous *savons* que quelqu'un qui vient de se cogner le pied *ne* hurle *pas* parce que son expérience est la même que la mienne quand j'entends un do sur une clarinette. On sait qu'il exprime une chose très proche de la mienne quand je me cogne le pied.

L'argument de l'analogie avec les autres esprits était la cible de Wittgenstein. Sa principale objection ne tient pas seulement à sa faiblesse. Il essaie de montrer que, si tout notre savoir des états mentaux nous venait de notre propre cas, il serait impossible ne serait-ce que de penser en termes de conscience des autres. Comme si, laissant tomber une brique sur votre pied, il n'y avait aucune douleur, puis que je n'en éprouvais aucune, et que l'affaire était ainsi entendue. Mais puisque nous pensons bel et bien en termes d'autres esprits et de leurs expériences, il nous faut les conceptualiser d'une autre façon.

De ce point de vue, l'issue consiste à rejeter l'image de l'esprit et du corps que nous donne le dualisme cartésien. Et des pressions aussi bien *métaphysiques* qu'*épistémologiques* doivent nous encourager à rejeter le dualisme cartésien. Peut-on réellement obtenir une image possible du monde à partir du dualisme cartésien, peu importe que nous sachions ou non comment il est ? Prenons de nouveau le cas du zombie. Son fonctionnement physique est identique au nôtre. Il répond au monde de la même façon. Ses projets réussissent ou échouent de la même façon ; sa santé dépend des mêmes variables que la nôtre. Il peut rire aux bons moments et pleurer aux tragédies appropriées. Il peut être de bonne compagnie. Que *fait* donc l'absence de conscience ? Ou, pour dire les choses autrement, qu'est-ce que la conscience est censée *faire* pour nous ? Devons-nous en conclure que chez nous, qui ne sommes pas des zombies, les événements mentaux existent, mais ne *font* rien ? La conscience est-elle comme le sifflet du moteur, qu'elle n'est pas une partie de la machine qui fait arriver les choses ? (C'est la doctrine connue sous le nom d'« épiphénoménalisme ».) Mais si les esprits ne font rien, pourquoi ont-ils évolué ? Pourquoi la nature les a-t-elle sélectionnés ? Et si les état mentaux ne font vraiment rien, comment, par exemple, entrent-ils dans la mémoire ?

C'est tout le problème de l'interaction cerveau-esprit tel qu'il se présente pour le dualisme cartésien.

LOCKE, LEIBNIZ ET LE BON PLAISIR DE DIEU

Le problème est bien résumé dans le débat qui opposa John Locke et son contemporain, le grand mathématicien et philosophe Gottfried Wilhelm Leibniz (1646-1716). Locke est un autre penseur du XVIIe siècle à s'être inquiété des implications de la vision scientifique moderne du monde. En particulier, il s'est préoccupé du point de causation, auquel les mouvements des particules dans le cerveau donnent naissance aux idées, comme celles de couleur, dans l'esprit. Dans le passage suivant, il parle de la façon dont les bombardements de particules atomiques donnent naissance à des choses telles que des odeurs, des goûts, des sons et des couleurs :

> *Cela étant, nous sommes en droit de supposer que ces sortes de particules, différentes en mouvement, en figure, en grosseur et en nombre, venant à frapper les différents organes de nos sens, produisent en nous ces différentes sensations qui nous causent les couleurs et les odeurs des corps ; qu'une violette, par exemple, produit en nous les idées de la couleur bleuâtre, et de la*

> *douce odeur de cette fleur, par l'impulsion de ces sortes de particules insensibles, d'une figure et d'une sorte de grosseur particulière, qui diversement agitées viennent à frapper les organes de la vue et de l'odorat. Car il n'est pas plus difficile de concevoir que Dieu peut attacher de telles idées à des mouvements avec lesquels elles n'ont aucune ressemblance, qu'il est difficile de concevoir qu'il a attaché l'idée de la douleur au mouvement d'un morceau de fer qui divise notre chair, auquel mouvement la douleur ne ressemble en aucune manière*[21].

Locke partageait l'idée que nous avons déjà rencontrée chez Newton et Descartes, à savoir que certains processus causaux étaient relativement intelligibles, notamment ceux dans lesquels une qualité, comme le mouvement, se transmet par impact d'une particule à l'autre. Mais le moment de la causation du corps vers l'esprit, dans lequel les mouvements du cerveau produisent quelque chose d'entièrement différent, les sensations olfactives, les couleurs, ou la douleur, demeurait totalement obscur. Il est tout à fait stupéfiant que les événements mentaux se produisent quand ils le font. C'est dû à ce que Locke appelle ailleurs la « volonté arbitraire et le bon plaisir » de Dieu, « le sage architecte » qui « annexe » des modifications particulières de la conscience à des événements physiques particuliers. Dans la terminologie de Descartes, Locke pense que nous n'avons pas d'idée « claire et distincte » des types de système que Dieu a pu choisir comme lieux adéquats pour surajouter la conscience. Que l'univers soit organisé en sorte que certains systèmes possèdent une conscience et d'autres pas ne serait qu'un fait brut. De même qu'est simplement un fait brut que leur conscience change et acquière des propriétés définies au moment où leurs moi physiques changent et acquièrent des propriétés particulières. Le contraste est entre une connexion rationnelle et intelligible, telle que nous la trouvons dans la discipline *a priori* des mathématiques, et le fait que certains « mouvements » produisent en nous les sensations qu'ils produisent. Tel est le fait brut, conséquence du bon plaisir de Dieu.

En fait, Locke, ici, n'est pas loin de la doctrine connue sous le nom d'*occasionnalisme*, que devait embrasser un autre contemporain, Nicolas Malebranche (1638-1715). D'après celle-ci, les événements physiques ne causent ni ne produisent, à rigoureusement parler, des événements mentaux, mais ménagent des occasions pour Dieu d'insérer dans nos biographies des événements mentaux de nature appropriée. À rigoureusement parler, nos corps n'affectent pas nos esprits, mais ménagent simplement des occasions où Dieu le fait. Locke lui-même ne le dit pas, mais nous pourrions songer que la différence est mince mais précieuse entre, d'un côté, un Dieu qui intervient selon son bon plaisir pour que le découpage de la chair par le fer procure une sensation de douleur et, de l'autre, un Dieu qui injecte une sensation de douleur dans l'âme chaque fois que le fer incise la chair.

La doctrine de Locke troubla profondément Leibniz. Dans ce passage de ses *Nouveaux Essais*, qui sont un commentaire serré de Locke, Philalèthe est le porte-parole de Locke, et Théophile celui de

Leibniz. Remarquez la citation directe du passage de Locke reproduit plus haut :

> PHILALÈTHE. Maintenant certaines particules, frappant nos organes d'une certaine façon, causent en nous certains sentiments de couleurs ou de saveurs ou d'autres qualités secondes, qui ont la puissance de produire ces sentiments. Et il n'est pas plus difficile de concevoir que Dieu peut attacher telles idées *comme celle de chaleur* à des mouvements, avec lesquelles elles n'ont aucune ressemblance, qu'il est difficile de concevoir qu'il a attaché l'idée de la douleur au mouvement d'un morceau de fer qui divise notre chair, auquel mouvement la douleur ne ressemble en aucune manière.
>
> THÉOPHILE. Il ne faut point s'imaginer que ces idées comme de la couleur ou de la douleur soient arbitraires et sans rapport ou connexion naturelle avec leurs causes : ce n'est pas l'usage de Dieu d'agir avec si peu d'ordre et de raison. Je dirais plutôt qu'il y a une manière de ressemblance, non pas entière et pour ainsi dire *in terminis*, mais expressive, ou de rapport d'ordre, comme une ellipse et même une parabole ou hyperbole ressemblent en quelque façon au cercle dont elles sont la projection sur le plan, puisqu'il y a un certain rapport exact et naturel entre ce qui est projeté et la projection qui s'en fait, chaque point de l'un répondant suivant une certaine relation à chaque point de l'autre. C'est ce que les cartésiens ne considèrent pas assez et cette fois vous leur avez plus déféré, Monsieur, que vous n'avez coutume et que vous n'aviez sujet de faire. [...]
>
> Il est vrai que la douleur ne ressemble pas au mouvement d'une épingle, mais elle peut ressem-

> bler fort bien à des mouvements que cette épingle cause dans notre corps, et représenter ces mouvements dans l'âme, comme je ne doute nullement qu'elle ne fasse[22].

Où Locke ne voit que « bon plaisir de Dieu », Leibniz paraît insister qu'il doit y avoir une connexion rationnelle. Les événements de l'âme doivent entretenir une relation quasi mathématique avec les « mouvements » du cerveau et du corps qui les produisent.

Nous pouvons poser le problème ainsi. Imaginez Dieu créant l'univers. Comment doit-il faire ? La doctrine suivante ne manquerait pas d'attrait : il doit créer le matériau physique et les lois de la physique, puis tout le reste s'ensuit. Dans cette optique, en fixant l'état *physique* de l'univers en tous temps, un Dieu créateur fixe tout à toutes les époques. S'il avait voulu faire un monde avec quelque chose de différent – où les piqûres d'épingle ne feraient pas mal –, il aurait tripatouillé les faits *physiques* pour que cela ne se produise pas. Il aurait dû organiser des nerfs et des circuits différents dans le corps et dans le cerveau. Il n'est pas de variation *indépendante* en vertu de laquelle le physique pourrait rester identique tandis que le mental serait différent. Telle est la position de Leibniz, du moins telle qu'elle apparaît dans ce passage. (Selon une autre interprétation, Leibniz pense qu'il y a une variation indépendante, mais que Dieu a, naturellement, choisi la *meilleure* manière d'associer les événements mentaux et physiques.)

Locke, en revanche, croit que Dieu a deux

choses différentes à faire. Premièrement, établir la physique et les lois de la physique. Mais ensuite décider comment « annexer » des événements mentaux aux événements physiques en fixant des relations psychophysiques. Tout se passe comme si le monde avait deux biographies – une d'événements physiques, une autre d'événements mentaux – et que Dieu avait dû décider comment les rattacher. De ce point de vue, il pourrait y avoir variation indépendante. Dieu aurait pu garder la physique en l'état, mais décider de ne pas annexer la douleur aux piqûres d'épingle.

Considérez maintenant une personne (vous) et un double physique de celle-ci (un jumeau). Si Locke a raison, il est en principe possible que le jumeau soit un zombie ou un mutant. Bien que son moi physique soit pareil au vôtre, il faudrait un exercice arbitraire de la bonté divine pour que leur vie mentale soit également semblable. C'est particulièrement évident dans la version « occasionnaliste » : pour des raisons impénétrables qui lui appartiennent, peut-être Dieu profite-t-il de l'occasion de mon orteil écrasé pour insérer la douleur dans ma biographie mentale, mais pas pour vous. Par ailleurs, si Leibniz a raison, cette possibilité est exclue. Si vous et votre jumeau vous cognez le pied avec la même force, et réagissez physiquement de la même façon, l'« expression » des événements physiques dans vos esprits doit être aussi la même, de même que les figures projetées par deux formes identiques sur un plan à un angle donné doivent être les mêmes.

Que Leibniz emploie une analogie mathématique ne manque pas d'intérêt. Le fait n'est pas simplement qu'il fut meilleur mathématicien encore que Descartes et, entre autres choses, inventa le calcul différentiel. Il est plutôt que, pour Leibniz, tout l'ordre naturel doit finalement être transparent à la raison. Que les choses se passent de telle ou telle façon n'est pas fortuit. Si seulement on pouvait voir assez loin, il doit bien y avoir une raison à cela. Les choses doivent avoir un sens. Quand Leibniz dit que Dieu ne fait rien arbitrairement ni sans principe, il n'exprime pas tant son optimisme théologique qu'il insiste que nous devrions êtres capables de voir *pourquoi* les choses sont comme elles *doivent* être. C'est cette confiance dans ce qui devrait être possible à la raison qui fait de Leibniz, comme de Descartes, un « rationaliste ».

Dans la philosophie de l'esprit, le leibnizien doit nier la possibilité des zombies et des mutants. Si la biographie physique est fixée, la biographie mentale l'est aussi *ipso facto*. Il n'y a pas de variation indépendante réelle ni possible. Tout le problème *philosophique* est de comprendre pourquoi il en va ainsi. Il s'agit en fait de comprendre de quelle *manière* toute l'histoire physique rend l'histoire mentale vraie.

Locke croyait pouvoir laisser ouverte la question de savoir si c'est une « chose » immatérielle (un spectre) en nous qui pense ou si c'est le système physique lui-même puisque Dieu peut surajouter à tout ce qu'il lui plaît. Or il est on ne peut plus clair qu'il faut un esprit pour faire un esprit. Il faut une dispensation spéciale : la pensée ne saurait naître naturellement (ou, comme dit Leibniz, de façon rationnellement explicable) de la matière.

> *Car des parties de matière qui ne pensent point ont beau être étroitement jointes ensemble, elles ne peuvent acquérir par là qu'une nouvelle relation locale, qui consiste dans une nouvelle position de ces différentes parties ; et il n'est pas possible que cela seul puisse leur communiquer la pensée et la connaissance*[23].

C'est ce genre de certitude *a priori* sur ce qui peut ou non causer d'autres choses qui fait foncièrement de Locke, comme tous les autres esprits de son temps, un rationaliste, même s'il est moins assuré des pouvoirs de la raison qu'un Descartes ou un Leibniz.

Les penseurs qui se sont intéressés à l'esprit et à la matière ne sont pas allés beaucoup plus loin que Locke et Leibniz. Aujourd'hui aussi il est des penseurs (parfois appelés les « nouveaux mystériens ») convaincus qu'on ne comprendra jamais la relation entre l'esprit et la matière. Le problème reste en l'état où Locke l'avait laissé : une question rationnellement inexplicable, au bon plaisir de Dieu. Il est même des philosophes pour croire vraie une sorte de dualisme cartésien et penser que l'esprit est réellement un épiphénomène, qu'il ne cause jamais le moindre événement physique. Et cela parce que le physique est, pour eux, un *système fermé*. S'il existe un processus qui commence par une épingle qui vous pique et finit par une grimace, il y a, de l'épingle à la grimace, toute une chaîne physique qui explique celle-ci. Pour eux, il doit donc être *faux* que vous grimaciez parce que vous avez mal. Il faut en finir avec ce bon sens. Vous grimacez du fait de circuits physiques, non pas en raison d'un mental surajouté. Ces penseurs sont en fait confrontés au même problème d'interaction que rencontre Locke. Nous y reviendrons dans le chapitre suivant.

Mais il est d'autres penseurs pour qui il est possible de mettre en évidence une relation rationnelle. J'introduirai deux grandes approches. La première essaie de donner une « analyse » du mental en des termes qui nous permettent d'y voir une expression leibnizienne du physique. La seconde vise une sorte de réduction scientifique du mental au physique, voire une identité entre les deux.

ANALYSE

L'analyse, telle que l'entendent les philosophes, essaie de dire ce qui rend vraies des propositions de nature mystérieuse en employant des termes d'une classe moins mystérieuse. On peut l'illustrer par un exemple familier. Supposez que quelqu'un soit dérouté par cette icône de la vie occidentale qu'est l'homme moyen, avec ses 2,4 enfants et 1,8 automobile. Comme ce chiffre qui tient de la plaisanterie peut-il avoir le moindre intérêt ? La réponse est donnée en montrant ce qui fait la vérité des propositions ainsi exprimées : en l'espèce, que le nombre d'enfants divisé par le nombre de familles est de 2,4, et le nombre d'automobiles par le nombre de propriétaires de 1,8. Cette information est succinctement présentée en termes d'homme moyen. Il est ce que Russell appelait une « construction logique » à partir d'un agrégat de faits. (Ce qui ne signifie pas que toutes les propositions sur la moyenne soient censées ou utiles : comme on l'a dit, la personne moyenne a un seul testicule ou un seul sein.) Les philosophes parlent aussi de *réduction* d'un type de proposition à un autre. L'analyse pourvoit aux réductions[24].

L'analyse nous dit ce qu'il faut entendre par des propositions exprimées verbalement d'une certaine façon par des propositions exprimées en d'autres termes. Ses mérites, en tant qu'outil intellectuel, ont eux-mêmes suscité une vive controverse philosophique, et son statut a varié au fil des cent dernières années. D'aucuns, comme B. Russell et G.E. Moore (1873-1958), y ont vu l'objectif essentiel de la philosophie. Puis ses perspectives ont été contestées par le principal penseur américain du milieu du XXe siècle, W.V.O. Quine (1908-2000), et par d'autres, dont le pessimisme a donné quelque crédibilité au fait déprimant que fort rares étaient les analyses philosophiques apparemment couronnées de succès. À l'heure actuelle, l'analyse jouit d'un timide renouveau. Mais, aux fins qui sont les nôtres, on peut laisser de côté ces questions méthodologiques. Le fait est que, si nous pouvons analyser les imputations mentales en termes physiques, se trouve ainsi justifié le rêve leibnizien qu'il y aurait une manière rationnelle ou *a priori* de voir *comment* le physique donne naissance au mental.

Prenons la douleur comme exemple d'état mental. Supposez que nous essayons d'analyser ce que signifie pour quelqu'un avoir mal. Nous identifions essentiellement la douleur en fonction de ce qu'elle *nous* fait (mais aussi de ce *à quoi* elle sert en termes d'évolution). La douleur nous fait faire diverses choses. Elle requiert l'attention, elle nous fait immobiliser des parties du corps, nous détourne d'autres choses et, bien entendu, elle est désagréable. Supposez que nous puissions résumer ces conséquences en termes de tendances ou de dispositions. D'où la suggestion qu'avoir mal, c'est simplement être disposé de certaines façons. Telle est l'analyse de ce que veut dire la proposition que quelqu'un a mal, qui la rend vraie. Ce résultat serait un exercice *a priori* de la raison, produit par la réflexion sur ce que l'on entend vraiment par des propositions sur ce type d'événement mental. Ainsi se dissipe le mystère de la conscience. Puisque vous partagez les mêmes dispositions (on peut vérifier que vous avez tendance à vous conduire de la même façon), votre jumeau et vous partagez vos sensations, parce que les sensations se résument précisément à cela.

Cette doctrine a reçu le nom de « béhaviorisme logique ». Il y a, à mon sens, un fond de vérité, même si elle ne va pas sans difficulté. Ainsi pourrait-on objecter : nous savons bien que les gens peuvent partager la même sensation mais réagir un peu différemment. On peut se cogner le pied un jour et en faire toute une histoire, le refaire un autre jour, ressentir la même douleur mais sourire courageusement et suivre son chemin. Le comportement n'est pas un guide transparent des sensations, des pensées et des sentiments. (Tel est le sens de la blague sur deux béhavioristes au lit : « Pour toi, c'était super ! Et pour moi ? ») Il faut donc, à tout le moins, introduire des complications. Peut-être pourrions-nous sauver l'analyse en termes de dispositions au comportement en faisant valoir que si vous souriez vaillamment et continuez, vous êtes encore en un sens *disposé* à des démonstrations plus expressives de douleur que vous réprimez pour une raison ou pour une autre. Il est presque impossible de supprimer entièrement les tendances comportementales dictées par la douleur, et certains excellent à faire la différence entre un enfant qui ne s'est pas fait mal et un enfant qui s'est fait mal mais fait bonne figure. Que la douleur dispose ainsi paraît être un de ses traits essentiels. Mais cela même est remis en cause par les cas de personnes victimes de certaines lésions cérébrales, et qui apparemment disent en toute sincérité que la douleur reste présente, mais qu'elles n'y prêtent plus attention. Il nous faut cependant observer qu'il est très dur de dégager le sens de ce constat. Soit un exemple de douleur carabinée : vous touchez une plaque chauffante ou vous vous cognez le pied dans le mur, il est très difficile d'imaginer *ce* même état mental sans imaginer qu'il est terriblement désagréable. Et il est difficile de l'imaginer sans sa propension à causer des manifestations comportementales typiques.

Les penseurs contemporains ont tendance à ne pas faire trop de crédit à ce type de béhaviorisme. Ils préfèrent une doctrine légèrement plus élaborée connue sous le nom de « fonctionnalisme ». Celui-ci aussi attache une grande attention à la fonction de l'état mental. Mais il identifie cette fonction d'une manière légèrement plus détendue. Il fait place à tout un réseau de relations physiques : non seulement des dispositions à se conduire de telle ou telle façon, mais aussi des causes typiques, voire des effets sur d'autres états mentaux – sous réserve que ceux-ci soient à leur tour convenablement exprimés sous forme de dispositions physiques. Mais l'idée est foncièrement la même.

La douleur est un état mental qui se prête assez facilement au projet analytique, car il possède au moins une expression assez distinctive et naturelle en termes de comportement. D'autres états avec le même type d'expression naturelle pourraient comporter des émotions (tristesse, peur, colère et joie ont toutes des manifestations typiques en termes de comportement). Mais d'autres états mentaux ne se rattachent que très indirectement au comportement : voyez le goût du café, par exemple. Goûter le café procure une expérience singulière. Goûter le café ressemble pour nous à quelque chose (mais pas pour le zombie). Mais, typiquement, ça ne nous fait pas grand-chose. Les penseurs contemporains aiment à le constater en disant qu'il y a des *qualia*, des sensations brutes associées au café que l'on goûte. Et les amis des *qualia* sont assez sombres quant aux chances de réduire lesdits *qualia* à des dispositions comportementales. En fait, ils en reviennent à Locke. Ces *qualia* se surajoutent à divers événements physiques – dans mon cas, sinon dans le vôtre –, mais il aurait pu en aller autrement. Mais alors le scepticisme – peut-être êtes-vous un zombie ou un mutant – menace encore.

UN MODÈLE SCIENTIFIQUE

Il est important de remarquer une distinction dont le débat contemporain est friand. Jusqu'ici, nous avons présenté un Leibniz hostile à l'élément de fortuité brute chez Locke au nom d'une relation rationnelle quasi mathématique entre le corps et l'esprit. On peut suggérer une voie médiane, qui s'oppose à la fortuité sans aller pour autant à une relation mathématique ou rationnellement transparente. On la formule habituellement en disant qu'il y a peut-être une identité *métaphysique* entre des faits ou événements mentaux et physiques, mais que ce n'en est pas forcément une qu'on puisse connaître *a priori*.

En voici une analogie courante. La physique classique identifie la température d'un gaz aux énergies cinétiques moyennes des molécules qui le composent. Ainsi, pour faire des gaz chauds, Dieu n'a qu'*une* chose à fixer : fixer le gaz et l'énergie cinétique moyenne de ses molécules, et ce faisant fixer la température. Il n'y a pas de variation indépendante. Il ne saurait y avoir de gaz zombie ou mutant, dans lequel l'énergie cinétique des molécules ne produit aucune température ou produit des températures différentes de celles associées à la même énergie dans d'autres gaz.

D'un autre côté, ce n'est pas *simplement* la raison, la pensée ou les mathématiques qui ont permis aux scientifiques d'assimiler la température à l'énergie cinétique moyenne. Il ne s'agit pas d'une percée *a priori*, d'une analyse en chambre de ce qu'on entend par température, mais du fruit d'expériences et d'observations ainsi que de considérations *théoriques* générales. Loin d'être purement *a priori*, ce résultat est au moins pour l'essentiel *a posteriori*. La relation n'est pas de celle qui pourrait être mise en évidence à l'avance par les mathématiques ou par des « idées claires et distinctes », comme le fait qu'un cercle sur un plan incliné projette une ellipse.

En général, dans les sciences, quand un terme ou une propriété théorique comme la température est identifié à un autre (ici l'énergie cinétique moyenne des molécules qui composent le gaz), le lien est assuré par des principes « passerelles » qui font partie des théories des sciences en question. Ainsi, par exemple, l'identification actuelle de gènes à des morceaux d'ADN se fait parce que, dans la biologie classique, les gènes sont définis par leur fonction dans l'héritabilité des caractères, et que la biologie moléculaire montre aujourd'hui que ce sont précisément les brins d'ADN qui ont cette fonction. Observez que l'analyse n'est pas *entièrement* absente. Il nous faut savoir ce que les gènes sont censés faire avant de pouvoir poser l'équation. Mais la grande découverte est la découverte scientifique contingente de ce qui fait ce qu'ils sont censés faire par définition.

Si, dans notre approche du problème esprit-cerveau, nous prenions modèle sur le type de réductions scientifiques décrit à l'instant, nous trouverions un état physique caractéristique des personnes partageant quelque état mental. Ainsi, par exemple, pourrions-nous découvrir que tous les gens qui ont mal, et eux seulement, partagent un état cérébral donné (on dit, d'une formule vague, qu'on a les fibres C à vif). Et l'on proposerait ensuite que c'est cela avoir mal, de même que certains bouts d'ADN sont des gènes. Une fois encore, on aurait une réduction complète du mental au physique.

Ce serait ce qu'on appelle une théorie de l'identité psychophysique.

Ses détracteurs affirment parfois qu'on ne peut croire cette théorie qu'en feignant une anesthésie permanente. Ils déplorent que soit laissé de côté tout ce qui est proprement mental. La bonne réfutation consiste à demander au contestataire ce qui, à son avis, a été négligé et de l'observer ensuite aux prises avec les difficultés du dualisme. Mais ce type de théorie de l'identité psychophysique crée d'autres difficultés. L'une est que, dans le cas des événements mentaux, c'est sa propre conscience qui tranche de la façon suivante. Dans la perspective du sujet, tout ce qui est ressenti comme douleur est douleur. Peu importe que ce soient les extrémités nerveuses ou tout autre chose. Si quelqu'un a subi une transplantation, où des fibres C organiques ont été remplacées par du silicium, lequel produit néanmoins les mêmes résultats, c'est encore de la douleur. Notre connaissance de la douleur n'est pas tributaire de la présence en nous de fibres C ou d'autres systèmes de génie biologique. Il existe une autorité de la première personne. De même, bien que nous ne puissions savoir si des candidats marginaux à l'expérience de la douleur, tels que la crevette, possèdent ou non des fibres C, nous pourrions être gênés de dire que, pour cette seule raison, ils ressentent ou non la douleur. L'identité ne paraît donc pas tout à fait aussi directe que dans d'autres cas scientifiques (ce qui pourrait être contesté).

Nous serions assez satisfaits si nous pouvions voir la relation entre les événements mentaux et les événements du cerveau et du corps aussi clairement que nous pouvons voir la relation entre la température et l'énergie cinétique moyenne des gaz. Peut-être ne serait-il pas très important pour nous que le résultat ait été obtenu par la « pensée pure » davantage que par l'expérience. Nous pouvons donc apprécier l'objection de Leibniz à Locke sans partager totalement son rationalisme. Reste que, quand nous réfléchissons sérieusement à la relation entre le cerveau et le corps, d'un côté, l'esprit, de l'autre, il apparaît généralement que c'est moins notre pensée que notre simple ignorance scientifique qui nous laisse tomber. Dernièrement, de nombreux hommes de science se sont penchés sur la conscience et ont identifié toutes sortes d'états cérébraux impliqués dans le fonctionnement normal de la conscience. Par exemple, on a estimé vitales les ondes électromagnétiques d'une fréquence particulièrement basse dans le cerveau. Mais on ne voit pas très bien comment ce type de vérité peut contribuer à résoudre le problème – à nous permettre de prendre le parti de Leibniz contre Locke. Du point de vue lockéen, tout ce que l'homme de science a pu découvrir c'est que, *quand* le cerveau est dans un état spécifique, nous avons des symptômes de conscience. Mais *cela* pourrait tout aussi bien nous dire ce à quoi la conscience est annexée, de manière purement fortuite. La combinaison n'en devient pas intelligible pour autant. Et cela présuppose aussi le droit d'écarter de notre champ de préoccupation les possibilités du zombie et du mutant, sans quoi l'homme de science ne pourrait jamais établir la corrélation, si ce n'est, au mieux, dans son propre cas. Or, selon les « nouveaux mystériens », ni la philosophie ni la science ne nous conduiront jamais plus loin. Jamais nous ne serons en mesure de nous ranger sans réserve avec Leibniz contre Locke.

SPECTRES INVERSÉS : LANGAGES PRIVÉS

Le cas de la couleur paraît spécialement laisser grande ouverte la possibilité au moins de mutants : de gens physiquement identiques, mais qui n'en perçoivent pas moins les couleurs tout autrement. Il pourrait même y avoir des mutants dont les spectres de couleur sont entièrement inversés les uns par rapport aux autres, au point que l'expérience que procure à l'un la lumière à l'extrémité rouge du spectre est l'expérience même que fait l'autre à l'extrémité bleue. Et il n'y aurait rien pour leur indiquer que c'est ainsi.

Le dualisme cartésien ouvre la possibilité de zombies et de mutants. Mais peut-être ouvre-t-il aussi une possibilité plus effrayante encore. Si nous croyons à la voie dualiste, nous pouvons être assurés au moins de savoir ce à quoi ressemble notre expérience *propre*. Sans doute l'esprit des autres est-il un peu conjectural, mais notre esprit nous est bien connu. Mais est-ce bien vrai ? Considérez non pas l'esprit des autres, mais *votre propre expérience passée*. Êtes-vous sûr que le monde vous paraît de la même couleur qu'hier ? Êtes-vous sûr qu'il vous semblait hier d'une couleur quelconque – autrement dit, que vous ayez bien fait l'expérience consciente que vous vous souvenez avoir faite ?

En posant ces questions, vous appliquez les possibilités du zombie et du mutant à votre propre passé. À première vue, bien entendu, les possibilités sont encore plus incongrues et absurdes qu'appliquées à d'autres esprits. Et nous sommes enclins à répondre que, bien entendu, nous savons parfaitement que les couleurs étaient largement les mêmes hier qu'aujourd'hui. Si, au réveil, le ciel avait aujourd'hui la couleur de l'herbe hier et inversement, nous ne manquerions pas de le remarquer.

J'accorde, naturellement, que nous remarquerions le changement. Mais, compte tenu du dualisme cartésien, cette sécurité est-elle garantie ? Tout dépend de notre façon d'envisager la mémoire et les événements mentaux. D'où vient notre certitude que les événements mentaux – jugés entièrement distincts, ne l'oublions pas, de tout ce qui est physique – laissent des traces fiables dans la mémoire ? Je puis *vérifier* que ma mémoire du monde physique est assez fiable. Je me souviens d'avoir mis la voiture au garage et le fait est que, lorsque je descends, elle y est. Je me souviens du chemin de la cuisine et, de fait, je m'y rends sans effort et sans la moindre erreur. Mais qu'est-ce qui vérifierait que ma mémoire du monde mental est exacte ? Dans les termes de Locke, pourquoi le « bon plaisir de Dieu » ne serait-il pas de m'annexer aujourd'hui certaines modifications mentales, en même temps que le souvenir trompeur que de semblables souvenirs m'étaient annexés hier ? Telle était la suggestion de Wittgenstein :

> *Débarrassez-vous toujours de l'idée d'un objet privé en supposant qu'il change constamment ;*

ce que vous ne remarquez point, parce que votre mémoire vous abuse constamment[25].

C'est là le cœur de l'argument « anti-langue privée » de ses *Investigations philosophiques* (publiées à titre posthume en 1953) – l'un des arguments les plus célèbres de la philosophie du XXe siècle. Wittgenstein essayait de montrer qu'il ne saurait y avoir de *pensée* significative sur la nature de sa vie mentale passée (ou future) si cette vie mentale est dissociée du monde physique ainsi que le propose le dualisme cartésien. Elle devient, pour ainsi dire, trop glissante ou même spectrale pour être un objet de nos souvenirs ou de nos intentions.

Appliquées à nos passés, les possibilités du mutant et du zombie sont certainement déroutantes. Mais, en vérité, elles ne devraient nous dérouter qu'à propos de l'image dualiste. Une fois de plus, pouvons-nous reculer de Locke vers quelque version leibnizienne ? Leibniz, rappelons-le, veut qu'il y ait une relation « rationnelle » entre le physique et le mental en sorte que l'événement mental qu'est la vision d'une couleur est une sorte d'*expression* de ce qui se passe physiquement, non pas une annexion accidentelle. Comment cela pourrait-il marcher dans le cas des couleurs ? L'idée leibnizienne est que si moi et mon jumeau (qui pourrait bien être moi-même tel que j'étais hier) fonctionnons physiquement de la même manière, il n'y a aucune possibilité que nos vies mentales soient différentes. Comment étayer cette suggestion ? Voici une esquisse de réponse.

Nombre des changements physiques sous-jacents à la perception de la couleur sont assez bien compris[26]. La perception de la couleur est le résultat de la stimulation des cônes qui remplissent la partie centrale de la rétine. La meilleure théorie actuelle suggère qu'il en est trois sortes, les cônes L, M et S (à longueur d'ondes longue, moyenne et courte). Les cônes L se « hérissent » ou envoient des message au nerf optique d'autant plus facilement qu'ils sont touchés par une lumière de longueur d'onde plus longue ; les cônes M sont davantage excités avec une lumière de longueur d'ondes moyenne ; et les cônes S avec une longueur courte. La couleur que nous percevons dépend donc d'abord d'une comparaison entre les niveaux d'excitation de ces trois sortes de cônes. Ainsi, par exemple, si S est beaucoup plus excité que L, c'est le code du bleu, la couleur située à l'extrémité des ondes courtes du spectre. Si L est plus excité que M, nous avons le rouge, et si M est plus excité que L, nous avons du vert. Tout se passe comme si les circuits étaient des « adversaires » et que le résultat dépendait de celui d'entre eux qui l'emporte sur les autres.

Songeons maintenant que les couleurs ont quantité de propriétés intéressantes. En voici quelques-unes : on ne peut avoir une surface qui soit bleue tirant sur le jaune, de même qu'on ne peut en avoir une verte tirant sur le rouge. En revanche, on peut avoir des surfaces vertes tirant sur le bleu ou rouges tirant sur le jaune (orange). On ne peut avoir de brun vif ni de gris vif (il est difficile d'imaginer une flamme grise ou brune). Le jaune est une couleur plus claire que le violet. On peut avoir une gemme rouge, bleue ou verte transparente, mais on ne peut avoir de gemme blanche transparente – le plus proche serait un blanc laiteux, comme une opale. On peut avoir une lumière blanche, mais pas une lumière noire.

Tout cela pourrait faire figure de faits bruts dans le royaume cartésien de l'esprit, où les couleurs sont censées avoir leur résidence. Mais nous pouvons commencer à y voir les expressions de divers faits physiques. On ne saurait voir une surface bleu-jaune, parce que le jaune et le bleu sont produits par des opposés mathématiques : nous avons du jaune quand L > S, et du bleu quand S > L. De même pour le rouge et le vert. On ne peut avoir du brun clair parce que le brun est du jaune assombri. Une surface est vue brune quand elle serait codée pour le jaune, sauf qu'il n'y a qu'un faible niveau énergétique général en comparaison de celui d'autres sources de lumière dans le contexte. De même pour le gris, qui est du blanc assombri. Le jaune est plus clair que le violet parce que la lumière jaune (L > S) est aussi plus proche de la fréquence à laquelle nos systèmes visuels ont leur sensibilité maximale. En comparaison le rouge, à une extrémité du spectre visuel, et le bleu, à l'autre, nous conduisent vers l'obscurité, où nous ne saurions avoir la moindre réponse. On ne saurait avoir de blanc transparent, car on ne voit un objet blanc que quand il diffuse la lumière.

Tout cela, bien entendu, ne fait qu'effleurer la surface de la science des couleurs. Mais au moins a-t-on un aperçu de la manière dont les choses « prennent sens ». Avec suffisamment de faits de ce type devant nous, nous pourrions être moins enchantés par la possibilité du spectre inversé. Commençons par le cas plus simple de la vision monochromatique (noir et blanc). Soit la suggestion qu'un tel pourrait être mon double physique, mais voit foncé quand je vois clair, et inversement. Est-ce possible ? Instantanément, nous pourrions répondre que oui. Peut-être imaginons-nous que le monde lui apparaît tel qu'il apparaît sur un négatif photographique. Mais ça ne marche pas vraiment. Si j'éclaircis un bout de verre gris, je vois mieux à travers ; si je le vois plus foncé, je vois moins bien à travers lui. Puisqu'il est un double physique, cela doit être vrai de mon jumeau. Mais, pour lui, quand nous éclaircissons le verre, il lui « semble » que nous avons ajouté de la suie, puisqu'il devient subjectivement plus sombre. Et, inversement, nous ajoutons de la suie et il lui « semble » qu'il devient plus clair. Mais il nous faut alors imaginer que, pour lui, plus la vitre s'assombrit, mieux il voit à travers elle, tandis qu'il y voit de plus en plus mal à mesure qu'elle devient plus claire. Et c'est précisément cela qui paraît dénué de sens, qui ne marque pas une possibilité cohérente.

Prenons maintenant quelqu'un de physiquement identique à moi, mais qui soi-disant voit jaune quand je vois bleu, et inversement. Il n'est plus tout à fait aussi facile de l'imaginer. Il doit répondre de la même façon que moi, si bien qu'il ne peut claironner que le jaune est une couleur foncée, par exemple. Cette différence de réponse et de comportement serait une différence physique. Il nous faut donc demander *comment* il voit le bleu comme une couleur vive et le jaune comme une couleur foncée. S'il voit vraiment le jaune ainsi, comme moi je vois le bleu, comment voit-il le brun ? Et l'orange ? Le brun est un jaune foncé, mais pour lui le jaune est déjà sombre. Il est donc difficile d'imaginer comment ses discriminations physiques pourraient s'accorder aux miennes, compte tenu de cette totale disparité d'expérience mentale.

Bref, la possibilité devient beaucoup moins claire et nous pouvons nous sentir habilités à nier que ce soit une possibilité. Nous pourrions concocter une conception de l'esprit qui comble la brèche entre le physique et le mental, c'est-à-dire entre le système visuel du cerveau qui fonctionne et réagit parfaitement et les *qualia* « subjectifs » apparemment surajoutés de l'expérience des couleurs. Cette construction serait une justification de la position de Leibniz. L'expérience subjective de la couleur devient non pas un simple ajout bizarre, mais *l'expression* inévitable, rationnellement explicable des types de fonctionnement physique des créatures que nous sommes. Si on peut en faire autant pour tous les éléments de notre conscience, le problème est résolu.

PENSÉE

Nous en arrivons maintenant à un aspect légèrement différent de la conscience. Ce chapitre s'est concentré sur les sensations et les *qualia*. Or notre conscience se compose largement de pensées. Étranges choses que les « pensées ». Elles ont des pouvoirs de « représentation » : une pensée représente typiquement le monde comme étant d'une manière ou d'une autre. Une sensation, en revanche, paraît simplement se trouver là. Apparemment, elle n'indique rien au-delà d'elle-même

– un fait, par exemple, ou un fait présumé. (Il est des penseurs qui le nient. Ils croient, par exemple, qu'une sensation de douleur est une perception de blessure corporelle, et que cette perception représente le corps blessé, tout comme la pensée que demain c'est vendredi représente demain comme étant vendredi. Je laisse au lecteur le soin de réfléchir à la vraisemblance de cette idée.) La nature représentative des pensées – leur intentionnalité ou le caractère dirigé, comme on dit parfois – est en soi très déroutante. Si nous imaginons les pensées comme des sortes de « choses » présentes dans la conscience, la question devient : comment une « chose » peut en elle-même et d'elle-même indiquer autre chose (un fait ou un état de choses). Un panneau de signalisation, par exemple, peut assurément indiquer un village. Mais, c'est apparemment une question de chemin à suivre. Un panneau ne représente pas en soi et de lui-même la route du village. Encore faut-il savoir la prendre. Nous pourrions imaginer une culture dans laquelle le même objet physique qu'est pour nous un panneau de signalisation aurait une fonction toute différente : un panneau d'affichage, un totem, ou une œuvre d'art abstraite. C'est ce que nous voyons avec les animaux : si vous montrez du doigt quelque chose, le chien, typiquement, ne prête attention qu'au doigt tendu, à la plus grande irritation de son propriétaire. En revanche, il paraît incohérent d'imaginer une créature avec les mêmes *pensées* que nous, mais qui n'a pas appris à « prendre » ces pensées de la même façon que nous. C'est précisément ce « prendre » qui *fait* la pensée.

Probablement la bonne réaction consiste-t-elle à

nier que les pensées soient des choses. On donne parfois le nom de *réification* à l'erreur consistant à supposer qu'à chaque nom correspond une « chose ». Les penseurs s'accusent souvent les uns les autres de réification déplacée. Ce sont les gens qui pensent, et qu'ils le fassent n'est pas l'affaire d'une sorte de tache présente dans le cerveau ou dans l'esprit. C'est vrai même si la tache en question est conçue comme une petite phrase écrite dans le cerveau. La pensée consiste à prendre le monde d'une manière ou d'une autre, et la manière dont on le prend dépend de nos dispositions, plutôt que de l'agencement des choses en nous.

Que nous puissions penser à des états de choses absents – des états lointains, des états passés ou futurs – ne devrait peut-être pas nous dérouter davantage que le fait de pouvoir prêter attention au monde. C'est pourtant un tour de force qui nous sépare des autres animaux. Vraisemblablement peuvent-ils percevoir le monde, mais nous avons du mal à concevoir qu'ils puissent se représenter des états de choses lointains, passés et futurs. Nous, pourtant, nous en sommes certainement capables.

L'approche actuelle la plus populaire consiste à se concentrer sur la manière dont nous pouvons attribuer des pensées à la personne qui fonctionne bien. Quelque chose dans la conduite d'une personne doit nous permettre d'en déduire qu'elle pense à hier ou se concentre sur le temps prédit pour le week-end. Les pensées s'expriment dans un comportement tant linguistique que non linguistique, et peut-être pouvons-nous espérer une sorte de réduction : « X pense que *p* » si et seulement si les plans, les désirs ou le comportement de X sont *d'une certaine façon en accord* avec le monde étant tel que *p*. Tout le problème serait de donner un contenu à ce « d'une certaine façon en accord ». On peut dire en toute justice que personne n'y est parvenu. Mais il est des suggestions sur la manière de s'y prendre. Nous disons qu'un système intelligent, un missile guidé par exemple, pense qu'il y a un avion à un mille de distance et à deux cents pieds de haut si ses systèmes le dirigent dans une direction *appropriée* à la présence d'un avion à cet endroit – compte tenu de son but, ou de sa fonction, qui est d'abattre les avions. De même pourrions-nous dire d'une personne qu'elle pense qu'il fera beau ce week-end si son comportement est approprié, compte tenu de ses buts (ou de ses fonctions) au temps de ce week-end. La difficulté serait de donner un contenu à cette pensée sans s'appuyer, par d'autres voies, sur d'autres états mentaux du sujet – ce que, précisément, personne ne sait faire.

Pour l'heure, je laisse de côté la pensée. Dans les deux chapitres qui suivent, j'examine plutôt deux autres éléments de notre vision du monde qui nourrissent également le dualisme cartésien. Le premier est un éventail de pensées sur notre propre liberté. Le second, un éventail de pensées sur notre propre identité.

Chapitre 3

Libre arbitre

Enfin si toujours tous les mouvements sont solidaires, si toujours un mouvement nouveau naît d'un plus ancien suivant un ordre inflexible, si par leur déclinaison les atomes ne prennent pas l'initiative d'un mouvement qui rompe les lois du destin pour empêcher la succession indéfinie des causes, d'où vient cette liberté accordée sur terre à tout ce qui respire [...] ?

Lucrèce, De rerum natura[27]

Ou, sur un ton légèrement moins élevé :

Il était une fois un jeunot qui dit, Dame,
J'en suis toujours plus persuadé
Je suis une créature prédestinée
aux rails tracés dans le macadam
Pas même un bus, mais un tram.

Le dernier chapitre nous avait fait penser à ce que produit le cerveau : des éléments de conscience tels que les pensées, les sensations ou les *qualia*. Mais quand nous pensons à nous, nous sommes aussi conscients d'autres choses. Nous ne nous contentons pas d'enregistrer le monde, tel que nous le percevons. Nous agissons en lui. Nous nous concentrons sur des alternatives. Nous délibérons et faisons des choses. Nous prenons le contrôle. Comment devons-nous aborder tout cela ?

LES LIENS DU DESTIN

Nous nous considérons habituellement comme des agents libres. Nous vivons nos vies dans un espace ouvert de possibles. Nous réfléchissons aux possibilités qui nous sont offertes et, réflexion faite, nous choisissons. Cette année, je suis allé en vacances en montagne, mais j'aurais pu aller sur la côte. Tel était mon choix. Je n'aurais pu aller sur la lune, parce que ce n'était pas possible.

Nous avons conscience de notre liberté. La conscience de la liberté semble être étroitement liée à la conscience elle-même. Quand, dans le chapitre précédent, nous pensions aux zombies, probablement imaginions-nous des robots aux gestes saccadés, des créatures à la Frankenstein, esclaves de programmes particuliers, agissant de manière rigide et inintelligente. Mais nous ne sommes pas ainsi, n'est-ce pas ?

Il nous arrive d'être fiers de notre liberté : nous ne sommes pas de simples créatures d'instinct et de désir. Nous pouvons rassembler nos forces et nous battre pour maîtriser nos obsessions ou nos addictions. Nous méritons des louanges quand nous réussissons. En cas d'échec, nous pouvons mériter et recevons parfois un châtiment. La liberté ne va pas sans responsabilité, et qui en abuse mérite blâme et châtiment. Mais nul ne mérite d'être sanctionné pour n'avoir pas fait quelque chose qu'il *ne pouvait pas faire*. Il serait terriblement injuste de me punir de n'être pas allé sur la lune, ou de punir un détenu qui n'est pas allé à un rendez-vous hors de la prison, par exemple. En l'occurrence, les obstacles échappent à la maîtrise de l'agent. Autrement dit, on ne saurait le blâmer.

Nos réactions morales aussi bien que notre pensée ordinaire paraissent donc présupposer que parfois, même si nous avons mal agi, nous aurions pu faire autrement.

Mais cette conscience de la liberté ne pourrait-elle être une illusion ? Aurions-nous pu véritablement agir autrement que nous l'avons fait ?

À Lucrèce et au jeune homme du début de ce chapitre, on peut faire valoir l'argument suivant :

> Le passé est maître du présent et de l'avenir.
> Vous n'êtes pas maître du passé.
> Vous n'êtes pas non plus maître de la façon dont le passé maîtrise le présent et l'avenir.
> Vous ne pouvez donc maîtriser le présent et l'avenir.

En vérité, vous n'êtes maître de rien, pas plus du passé que du présent ou du futur.

La première prémisse de l'argument est une version abrégée de la doctrine connue sous le nom de déterminisme, suivant laquelle tout événement est le rejeton de causes antécédentes. L'état du monde, à tout moment, est le résultat de son état immédiatement antérieur et évolue à partir de celui-ci conformément à des lois immuables. La deuxième prémisse paraît certaine. La troisième nous rappelle que nous ne sommes pas maîtres des lois de la nature – de la façon dont les événements se donnent naissance les uns aux autres. Et la conclusion a tout l'air d'en découler.

Ceux qui souscrivent à ce raisonnement sont des déterministes *durs*, ou des *incompatibilistes,* parce qu'ils pensent que liberté et déterminisme sont incompatibles.

Pour restaurer la liberté humaine, peut-être devrait-on récuser le déterminisme ? On pourrait le faire avec un certain optimisme parce que, selon l'interprétation classique, la science de la nature la plus en pointe, la physique quantique, postule des événements sans cause. Dans le monde quantique, il est des événements microphysiques qui « surviennent » tout simplement. Suivant ces interprétations, un système peut être *exactement* dans le même état qu'un autre – il n'y a pas de « variables cachées » – et pourtant un événement quantique se produit dans un système et pas dans l'autre. Ces événements n'ont pas de cause : ils surviennent ou non. La physique quantique leur donne une probabilité, mais ne saurait déterminer, à partir de l'état du jeu à un moment, si un événement se produira ou non dans l'avenir immédiat.

Cependant, ce n'est pas tout à fait ce que nous voulions : elle introduit dans les choses une part d'*aléa*, mais pas un élément de maîtrise ou de responsabilité. Pour le voir, pensez à l'état neurophysiologique de votre cerveau et de votre corps. Les événements suivent leurs causes. S'il se produit parfois des à-coups à un niveau micro, vous ne pouvez guère être tenu responsable des différences qui en découlent. On ne saurait maîtriser les sauts des électrons. S'ils sont authentiquement indéterministes, *rien* ne saurait les contrôler. Si l'un saute mal, c'est pure malchance, comme si vos bonnes intentions étaient déjouées par des accidents extérieurs qui échappent à votre contrôle. Situer l'accident dans votre cerveau ne rétablit pas votre responsabilité.

L'indéterminisme physique rend la responsabilité et la justice du blâme, si possible, plus insaisissables encore. On parle parfois à ce propos de dilemme du déterminisme. Si celui-ci prévaut, nous perdons la liberté et la responsabilité. S'il ne tient pas, mais que certains événements « se produisent comme ça », nous y perdons également la liberté et la responsabilité. Le hasard est aussi implacable que la nécessité.

FIGUIERS ET CHUTES D'EAU

Dans l'Évangile de Marc (11,12-14, 20-21), on trouve une étrange histoire :

> *Le lendemain, après qu'ils furent sortis de Béthanie, Jésus eut faim. Apercevant de loin un figuier qui avait des feuilles, il alla voir s'il y trouverait quelque chose ; il ne trouva que des feuilles, car ce n'était pas la saison des figues. Prenant alors la parole, il lui dit : Que jamais personne ne mange de ton fruit ! Et ses disciples l'entendirent. [...]*
>
> *Le matin, en passant, les disciples virent le*

figuier séché jusqu'aux racines. Pierre, se rappelant ce qui s'était passé, dit à Jésus : Rabbi, regarde, le figuier que tu as maudit a séché (trad. L. Segond).

Oublions les troublants problèmes sociaux, économiques et écologiques que pose cet épisode et concentrons-nous sur l'injustice apparente commise envers le figuier. Il est vrai que Jésus ne l'a pas maudit de ne pas donner de pommes ou de prunes. C'étaient des figues qu'il voulait. Et il *arrive* que les figuiers donnent des figues. Sa réaction n'en paraît pas moins injuste envers le figuier. Comme si Jésus disait : « Tu as parfois des figues. Pourquoi pas maintenant ? » Que l'arbre donne des figues en été, et que c'est l'hiver, ou que, de toute façon, « ce n'est pas encore la saison » semble être une réponse parfaitement raisonnable. Pour qu'un figuier donne des figues, il faut que soit réuni tout un concours de circonstances : le meilleur figuier lui-même ne porte pas de fruits hors saison, pas plus qu'il ne peut donner des prunes.

Sans doute le figuier ne saurait-il en avoir conscience. Peut-être un figuier doué de pensée aurait-il été embarrassé, vu qu'il ne connaissait pas très bien les causes nécessaires précises pour donner des figues : peut-être se souvient-il seulement qu'il le fait parfois, et se sent mal de n'en rien faire à cette occasion. Mais c'est pure ignorance. Si le figuier se sent mal de ne pas porter de figues en hiver, c'est qu'il est irrationnel : ce n'était pas la saison, un point c'est tout.

On pourrait penser comme notre figuier imaginaire : je sais simplement que je suis libre. Je suis ici, capable de lever le bras ou non comme il me plaît. Imaginez que je le fasse. Je me suis donc senti maître du déroulement des événements. C'est ma *conscience* qui me révèle ma liberté.

Mais voici le philosophe allemand Schopenhauer (1788-1860) :

> *Nous allons nous figurer un homme, qui, se trouvant par exemple à la rue, dirait : « Il est à présent six heures du soir, ma journée de travail est finie. Je peux maintenant faire une promenade ; ou bien je peux aller au club ; je peux aussi monter sur la tour, pour voir le coucher du soleil ; je peux aussi aller au théâtre, je peux faire une visite à tel ami ou à tel autre ; je peux même m'échapper par la porte de la ville, m'élancer au milieu du vaste univers, et ne jamais revenir... Tout cela ne dépend que de moi, j'ai la pleine liberté d'agir à ma guise ; et cependant je n'en ferai rien, mais je vais rentrer non moins volontairement au logis, auprès de ma femme. » C'est exactement comme si l'eau disait : Je peux m'élever bruyamment en hautes vagues (oui, certes, lorsque la mer est agitée par une tempête !) – je peux descendre d'un cours précipité en emportant tout sur mon passage (oui, dans le lit d'un torrent), – je peux tomber en écumant et en bouillonnant (oui, dans une cascade), – je peux m'élever dans l'air, libre comme un rayon (oui, dans une fontaine), – je peux enfin m'évaporer et disparaître (oui, à 100 degrés de chaleur) : – et cependant je ne fais rien de tout cela, mais je reste de mon plein gré, tranquille et limpide, dans le miroir du lac*[28]*. »*

Dans cette parabole, l'eau n'est pas consciente

des éléments causaux nécessaires pour qu'elle bouille, fasse des vagues et ainsi de suite. Elle se souvient seulement qu'il lui arrive *parfois* de faire ces choses. Aussi pense-t-elle pouvoir les faire. Elle attribue donc son calme à sa décision volontaire. Mais ce faisant elle se trompe : qu'elle « essaie » de bouillir quand ce n'est pas la bonne température, ou de faire des vagues quand il n'y a pas de vent, elle aura tôt fait de découvrir que ces choses ne dépendent pas de sa décision. Dans le même ordre d'idées, Wittgenstein imagine la feuille qui tombe aux vents d'automne et se disant : « Je vais aller de-ci, de-là. »

Schopenhauer nie que l'intelligence que nous avons de nous, notre conscience, atteste notre liberté réelle. Nous pouvons interpréter son propos comme une critique de ce raisonnement :

> Je n'ai pas conscience du contexte causal nécessaire pour que je fasse Y.
>
> Je fais parfois Y, je le sais.
>
> J'ai *donc* conscience qu'aucun contexte causal ne m'est nécessaire pour faire Y.

Pour lui, ce raisonnement ne tient pas. Être *inconscient de quelque chose* ne veut pas dire être *conscient de son absence*. Quand je parle, je n'ai pas conscience de l'incroyable structure causale qui me permet de parler : la musculature, la coordination de la maîtrise des muscles et du souffle, le mouvement de la langue et du palais, la configuration de ma mâchoire. Or tous ces éléments sont nécessaires. L'un d'eux me ferait-il défaut que j'aurais tôt fait de m'en apercevoir.

À ce stade, on pourrait commencer à se dire quelque chose de ce genre :

> Peut-être, si nous limitons nos pensées au monde physique, n'avons-nous apparemment d'autre option que le déterminisme ou les indéterminations aléatoires, et perdons-nous de vue la vraie liberté. Mais supposons qu'existe un autre niveau. Derrière ou au-dessus des évolutions du cerveau et du corps, il y a le Vrai Moi, qui reçoit des informations et, à l'occasion, dirige des opérations. Il est des fois où, livrés à eux-mêmes, le corps et le cerveau iraient dans un sens. Mais, sous la houlette du Vrai Moi, ils iront dans l'autre sens. Je puis prendre les choses en main, interférer dans le cours que les choses auraient suivi autrement. C'est là que réside ma liberté.

La relation qui existe entre moi, d'un côté, mon cerveau et mon corps, de l'autre, est ainsi conceptualisée en termes d'interaction à double sens. Le cerveau et le corps apportent des messages au Vrai Moi qui leur délivre à son tour des instructions. Le Vrai Moi est au poste de commande, et la personne tout entière se conduit librement quand elle est aux commandes. S'il n'est pas aux commandes, le cerveau et le corps suivent leurs évolutions physiques (« sans intelligence »).

On retrouve une fois de plus le dualisme esprit-corps. Le Vrai vous dicte les événements. Des messages arrivent, peut-être *via* la glande pinéale. Un souffle d'âme met les neurones et les synapses en action, et initie de nouvelles chaînes causales. Il y a un spectre dans la machine et la machine se conduit librement quand le spectre est en charge. Or, nous avons déjà eu un aperçu du mystère de l'interaction esprit-cerveau à ce propos. Mais nous pouvons soulever ici une objection différente. Le dualisme s'efforce de comprendre la liberté humaine en introduisant un ingrédient supplémentaire : l'âme aux commandes. Mais comment comprendre la liberté de l'âme ?

Revenons sur le dilemme du déterminisme. Comment un spectre ou une âme dans la machine échappe au même problème ? Existe-t-il des lois qui régissent le comportement de la matière spectrale, en sorte que si un spectre est dans un état donné à un moment particulier, il existe une loi déterminant ce que sera son état suivant ? Sinon, la matière spectrale est-elle sujette à des à-coups ? En quoi cela m'aide-t-il, *moi*, à être libre et responsable ? Ne perdons pas non plus de vue qu'il n'existe pas de corrélation dictée par Dieu entre le fait qu'un événement soit « mental » et le fait que l'événement soit régi par ma libre décision : je ne peux simplement désirer chasser les douleurs, les désirs, les obsessions, les pensées malvenues et les confusions.

L'approche dualiste du libre arbitre commet une erreur philosophique fondamentale. Elle voit un problème et essaie de le résoudre en lançant autre « chose » dans l'arène. Mais elle oublie de se demander comment la nouvelle « chose » échappe aux problèmes qui assaillent les choses ordinaires. Nous retrouverons une erreur de ce type au chapitre 5 consacré à la philosophie de la religion. En fait, si vous y réfléchissez, vous découvrirez que vous concevez subrepticement la liberté d'une âme non matérielle, d'un spectre dans la machine, *sur le modèle de la liberté humaine.* Autrement dit, loin d'aider à comprendre la liberté humaine, l'idée en dépend. Car le spectre est en fait une sorte de petit être humain impalpable, un « homoncule » qui reçoit des informations, délibère, veut des choses sérieuses, est emporté, influencé ou guidé par d'autres informations, et qui à la lumière de tout cela fait quelque chose. Si nous n'arrivons pas à comprendre comment les êtres humains sont libres, nous ne saurions comprendre non plus comment un homoncule peut l'être.

Et, bien entendu, se pose tout le problème de l'interaction esprit-cerveau, qui est donc rebelle compte tenu du dualisme cartésien. Le système physique est un système *clos.* Il faut une cause physique pour produire un effet physique.

Pour essayer de concilier la liberté avec un univers déterministe composé de petits atomes durs et indivisibles en mouvement, le philosophe grec Épicure (341-270 avant J.-C.) avait déjà suggéré que l'esprit d'une personne pouvait s'immiscer et « faire dévier » les atomes. En fait, Lucrèce, qui interprète Épicure dans le passage cité plus haut, parle ensuite d'une « légère déviation des atomes, en un lieu, en un temps que rien ne détermine [29] ». Malheureusement, les lois du mouvement ne sont pas très accueillantes à cette « déviation ». Les lois que nous découvrons effectivement nous indiquent que l'élan linéaire, fonction conjointe du mouvement *et* de la direction, est physiquement conservé. Les lois du mouvement seraient tout aussi gravement ébranlées si le Vrai Moi pouvait par la pensée changer la course de la lune que s'il pouvait l'accélérer ou la ralentir.

Au passage, il vaut cependant la peine d'observer que les atomistes grecs et romains, y compris Épicure et Lucrèce, étaient mieux armés d'un certain point de vue que Descartes. Car ils pensaient, contrairement à lui, que l'esprit lui-même doit être compris en termes *mécaniques*. Pour eux, l'esprit se composait de particules mécaniques subtiles, petites et très mobiles, si bien qu'il n'y a aucune raison de principe pour que celles-ci n'influencent pas les directions ou les vitesses des plus grosses particules du corps. Lucrèce ajoute que cette matière subtile est faite d'« éléments tout petits et se distribue dans les veines, la chair et les nerfs[30] ». L'âme doit être faite de matière fine, car des « rêves de fumée et de brume peuvent la mouvoir ». Et ces rêves sont vraisemblablement faits de particules plus petites encore que la fumée et la brume elles-mêmes. Malheureusement, cependant, Lucrèce ne reprend pas la question de savoir comment les mouvements de particules mêmes infimes peuvent briser les liens du destin et vaincre la chaîne infinie des causes et des effets. Les anciens atomistes aimaient à comparer l'action de l'âme sur le corps à celle du vent sur un navire, mais le vent fait naturellement partie de la chaîne infinie des causes et des effets. Il n'est pas extérieur à elle – pas plus que l'âme, dans ce modèle.

VOUS RESSAISIR

Y a-t-il une meilleure façon de briser l'argument de l'incompatibilisme ?

L'argument du déterminisme dur ne parle pas

des *sortes* d'influence causale en jeu tandis qu'un agent accomplit une action donnée. Or, les routes causales sont parfois totalement indépendantes de ce que nous croyons. La route causale qui mène du fait que je suis irréversiblement sous l'eau à ma noyade est de celles-là. La même issue est inévitable pour Einstein et pour un âne. Mais les routes causales ne passent parfois que par des processus neuraux de haut niveau. Ce qui revient simplement à dire que, souvent, nous bougeons comme nous le faisons parce que nos cerveaux fonctionnent bien.

Essayons donc un modèle primitif. Pensons le cerveau en termes de « logiciel » possédant divers « modules ». L'un (un « scanner ») reçoit l'information sur une situation. Un autre (un « arbre de décision ») propose des options de comportement à la lumière de ce que dit le scanner. Un troisième (un « évaluateur ») classe l'option à la lumière des préoccupations intégrées. Il peut fonctionner en attachant des indicateurs émotionnels tels que la peur ou la joie aux différentes voies. Enfin, un quatrième (un « producteur ») choisit l'option jugée la meilleure au terme du processus précédent et produit des signaux neuraux qui font bouger les muscles et les membres. Voici un diagramme schématique :

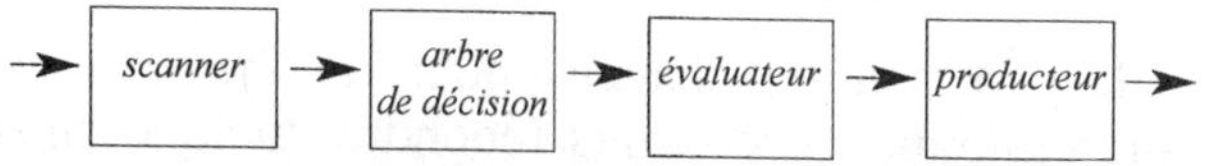

Tout cela, ne l'oublions pas, ne prétend que décrire des parties du cerveau en termes de logiciel. Supposez maintenant qu'une décision soit le fruit du fonctionnement de ces modules. Supposez que ce soit l'une de vos décisions, et que ces parties concourent à la produire comme elles le font d'ordinaire. Si nous appelons ces modules « modules de décision » et s'ils contribuent à produire le résultat, on peut dire que *vous* choisissez le résultat. Il ne vous a pas été imposé, comme la noyade est imposée au nageur pris au piège.

Imaginez que la décision était de faire quelque chose de très mal. Vous entrez dans ma chambre et vous jetez mon paisible vieux chien par la fenêtre. Je suis révolté et porté à vous blâmer. Imaginez que vous cherchiez à vous justifier en invoquant l'argument incompatibiliste.

> Comprenez donc, cette action résulte du « réglage » de mon système scanner/producteur. Peut-être les événements de mon enfance, qui échappent entièrement à mon contrôle, l'ont-ils « réglé » au point de donner la priorité absolue à l'absence de chien dans les parages. Mon arbre de décision m'a indiqué que c'était une solution, après quoi mon scanner m'a fait savoir qu'il y avait un chien et une fenêtre à proximité. Mon évaluateur a aussitôt sélectionné l'option et mon producteur a tout naturellement amorcé l'action consistant à jeter le chien par la fenêtre. Pourquoi me le reprocher ?

Il y a peu de chances pour que je sois très impressionné. Je pourrais répondre quelque chose dans ce goût-là :

> La manière dont vous avez été « réglé » comme vous l'êtes ne m'intéresse pas. Ce qui me

> tracasse, c'est que tel *soit* votre réglage. Je me fiche pas mal de savoir comment il est devenu le vôtre, quelles forces déterministes vous ont conduit à avoir ces systèmes ainsi réglés. Tout ce qui me préoccupe, c'est que maintenant, à la fin du jour, vous êtes un sale lascar et que je m'en vais vous taper dessus. Peut-être que c'était pas de veine d'être comme vous. Et maintenant, c'est une double déveine, parce que je m'en vais vous tabasser pour ça.

Au moins ai-je la consolation que, suivant votre propre raisonnement, vous ne pouvez me reprocher de vous tabasser ! Je suis réglé comme ça, un point c'est tout : quand on fait ce genre de choses à mon pauvre vieux toutou, je fais un malheur.

Vous taper dessus peut bien servir à quelque chose, voire à plusieurs. Ça pourrait bien réajuster votre évaluateur. La prochaine fois, ce module classera peut-être « balancer le chien par la fenêtre » après l'option « s'accommoder » de sa présence. Dans un tableau plus complexe, on pourrait imaginer que cela se produise moyennant divers autres mécanismes, peut-être en attachant un fanion « risque de se faire tabasser » à l'option « balancer le chien ». À moins que ma colère n'ait sur vous un effet de choc et ne vous pousse à une réévaluation plus générale de vos stratégies de comportement. Et même si ce passage à tabac ne suffit pas à vous changer, il est un signal à l'adresse des autres qui seraient tentés de balancer des chiens. Il a aussi le mérite d'apaiser mes nerfs.

C'est très différent du fait de blâmer quelqu'un de se noyer sans le blâmer de s'être fait piéger dans l'eau. En l'occurrence, la route causale passe par la physiologie animale élémentaire que ni l'éducation ni l'attitude des autres ne saurait modifier. L'éloge ni le blâme ne saurait le « re-régler ». La route causale n'emprunte pas des modules *élastiques*, flexibles, dont la colère ou le reproche pourrait changer le réglage. En revanche, on peut dissuader les lanceurs de chien, les changer et les mettre en garde.

Les instituteurs disent parfois des choses de ce genre : « Qu'un élève soit stupide, passe encore, mais qu'il soit paresseux, ah ça, non ! » Sous l'empire d'un déterminisme dur, vous pourriez vous dire que ce n'est qu'un préjugé : certains sont nés idiots et on les plaint ; pourquoi les paresseux n'inspireraient-ils pas une semblable compassion ? Dans les deux cas, c'est la faute à pas de chance. Mais l'attitude de l'instituteur rimera à quelque chose si la paresse réagit à des incitations quand la stupidité ne le fait pas. Si le respect de l'opinion du maître vous fait travailler avec plus d'acharnement, alors qu'il ne saurait vous délier l'esprit, l'asymétrie a donc une justification. C'est le métier du maître de régler votre module d'évaluation. Dans cette mesure les interactions avec les autres, y compris les interactions déplaisantes dans lesquelles ils nous montrent leur colère ou leur mépris, est un fait empirique, un fait d'expérience.

Nous avons ici le début – mais le début seulement – du programme du *compatibilisme*, ou l'effort pour montrer que, bien compris, il n'y a pas d'inconséquence entre le fait du prendre acte du déterminisme et nos pratiques consistant à tenir les gens pour responsables de leurs actions. On qualifie parfois le compatibilisme de déterminisme « doux » par opposition au déterminisme « dur ». Ce n'est pas une très bonne étiquette pour deux raisons. Premièrement, ce n'est pas vraiment un déterminisme d'une espèce différente. Il accepte le déterminisme au même titre que n'importe qui. Il n'y a pas de force spectrale qui interfère dans l'ordre causal naturel des événements. Deuxièmement, en termes moraux et politiques, le déterministe « tendre » peut être en fait très dur, je veux dire très rude. Allez donc le voir avec l'excuse navrante que c'est votre biologie ou votre milieu qui vous fait vous conduire ainsi : il fera la sourde oreille et ne s'en mettra pas moins en colère contre vous. L'équation facile entre le crime et la maladie, ce n'est pas pour lui : les gens peuvent se secouer et, s'il le faut, il vous punira ou prendra toute autre sanction appropriée pour vous mettre dans le droit chemin.

Bien entendu, un compatibiliste peut accepter certains types d'excuse. Si vous vous retrouvez contraint et forcé, de sorte que même si vos « modules » fonctionnent bien, aucun résultat positif n'est possible, on ne saurait vous en blâmer. Tel est le cas du nageur qui se noie : si bon que soit son naturel, qu'y peut-on ? En fait, si une action n'est vraiment « pas du tout dans votre nature », parce que vous avez pris des médicaments qui ont pour effet de vous désorienter ou de vous déprimer, peut-être peut-on vous pardonner quand vous êtes redevenu vous-même.

À ce stade, on pourrait songer : eh bien, la réaction au sale lanceur de chien était assez naturelle. Peut-être même est-elle justifiable au vu de ses *conséquences*. Peut-être blâme et réactions associées ont-ils une fonction, et avons-nous précisément besoin de choses qui aient cette fonction. Mais tout de même, n'est-ce pas un brin injuste ? Parce que nous n'avons rien fait pour montrer que le lanceur de chien *aurait pu faire autrement*. En tout état de cause, en effet, les modules seront réglés d'une manière ou d'une autre, si bien que l'issue est déterminée. Les compatibilistes, jusque-là, paraissent blâmer quelqu'un des événements quand celui-ci aurait pu faire autrement. À quoi ils peuvent répondre en distinguant les divers sens de ce « aurait pu faire autrement ». Si la route causale de l'action de notre agent passe par les modules de décision, il est vrai qu'en un sens elle « aurait pu faire autrement » et peut donc être considérée comme libre. Pour dégager le sens juste de ce « aurait pu faire autrement », nous pourrions formuler ce que j'appellerai la *première définition compatibiliste* :

> Un sujet agit librement s'il aurait pu faire autrement au sens juste. Le sujet aurait pu faire autrement en ce sens dès lors qu'il *aurait* agi différemment *s'il* l'avait choisi.

Et, ajoute le compatibiliste, c'est tout ce dont on a besoin pour justifier nos réactions : tenir les gens pour responsables et, le cas échéant, réagir par le blâme et la colère.

La réponse spectrale au déterminisme postulait un genre d'intervention de *l'extérieur* du domaine de la nature : une liberté « contra-causale », dans laquelle le spectre est distinct de l'ordre causal de la nature, et pourtant mystérieusement capable de modifier cet ordre. Nous pourrions parler à ce propos de contrôle *interventionniste*. Cette conception est parfois connue sous le nom de conception *libertarienne* de la liberté, mais cette appellation est source de confusion puisqu'elle n'a rien à voir avec les libertariens politiques et économiques et leur idéologie de l'économie de marché et de l'État minimal. Pour ma part, je m'en tiendrai à cette appellation de contrôle interventionniste. Le compatibilisme, par ailleurs, substitue une vision de vous comme un être entièrement situé *dans* l'ordre causal de la nature. Votre liberté réside dans la manière dont l'action découle de vos processus cognitifs. Comment le compatibiliste réagit-il donc à l'argument original sur le contrôle ? Il pourrait bien suggérer que l'argument ne vaut pas mieux que celui-ci :

> Le passé régit le présent et l'avenir.
>
> Un thermostat ne saurait maîtriser le passé.
>
> Un thermostat ne saurait maîtriser la façon dont le passé contrôle le présent et le futur.
>
> *Donc,* un thermostat ne saurait maîtriser l'avenir.

Il y a donc quelque chose qui cloche parce qu'un thermostat *peut* bel et bien contrôler l'avenir pour ce qui est de la température. C'est précisément ce que font les thermostats. Un thermostat contrôle la température en faisant *partie de la manière* dont le passé régit le présent et le futur. Et, selon le compatibilisme, c'est ainsi que nous contrôlons les choses. Nous sommes impliqués dans l'ordre causal. Nous sommes partie prenante de la manière dont le passé contrôle l'avenir. Et c'est là que réside notre responsabilité. À propos de cette conception, nous pouvons parler de contrôle *intérieur*, de contrôle depuis la nature intérieure. Quand nous exerçons le contrôle intérieur, affirme le compatibiliste, nous sommes responsables des divers événements. Et si nous exerçons mal ce contrôle, nous pouvons être à juste titre tenus pour responsables du résultat et en être blâmés s'il appelle le blâme.

Mais est-ce bien cette liberté compatibiliste que nous voulions ? Nous n'attribuons pas la moindre liberté au thermostat. Et le compatibilisme peut apparaître comme un rejet du problème de la liberté plutôt qu'une solution. Tel était le point de vue du grand Emmanuel Kant (1724-1804), qui lui a reproché de ne nous donner qu'une « liberté d'horloge » et de n'être qu'un « malheureux subterfuge »[31].

MARIONNETTES ET MARTIENS

Voici une autre manière de partager les inquiétudes de Kant. Les modules et les complexités du traitement de l'information ont compliqué le tableau causal. Mais le changent-ils de fond en comble ? Imaginez que le figuier ait un conseil, faisant valoir qu'on est en hiver, non pas en été. C'est une défense complète de l'arbre. Eh bien, si j'ai mal agi, n'est-ce pas la preuve que c'est aussi l'hiver ? Les modules ont été mal réglés, probablement par des événements appartenant à des chaînes causales qui sont antérieures à ma naissance. Si vous m'en voulez, peut-être cela modifiera-t-il mon système de décision *à l'avenir*, sans prouver pour autant que j'aurais pu agir autrement *dans le passé.*

Tandis que nous découvrons les régularités causales qui se cachent derrière les actions et les autres états mentaux, nous sommes à même de passer à des modes moins moralistes. Nous pourrions blâmer quelqu'un d'être tout le temps déprimé, avant d'apprendre l'histoire chimique qui l'explique. Nous pourrions en vouloir à quelqu'un d'être incapable de se remuer jusqu'au jour où nous apprenons qu'il a une mononucléose. Mais, selon le déterministe, il y a *toujours* des choses de ce genre à apprendre. En dehors même de la masse croissante des données neurophysiologiques, nous pouvons penser à des cas de « lavage de cerveau » ou de « conditionnement ». Des parents peuvent être enclins à blâmer leur fille adolescente de gaspiller son temps, son énergie et ses revenus en produits de beauté sans intérêt ; une meilleure réaction consisterait cependant à comprendre les pressions sociales et mercantiles qui brouillent son jugement et expliquent cet état de choses.

Les choses empirent encore pour le compatibilisme si nous nous prêtons à un petit exercice de science-fiction. Imaginez une invasion de mini-Martiens. Ce sont des êtres incroyablement petits, organisés et pernicieux : assez petits pour s'insinuer dans notre cervelle et s'y promener. S'ils le font, ils ont tout le loisir de régler nos modules. Nous devenons des marionnettes entre leurs mains.

Si ce type d'exemple semble tiré par les cheveux, songez qu'il existe bel et bien un parasite qui vit en colonisant le cerveau des fourmis. Sous son influence, la fourmi grimpe sur les brins d'herbe. Du coup, elle est d'autant plus exposée à se faire avaler par le mouton qui passe, que le parasite infecte alors (l'individu qui se trouve dans le cerveau de la fourmi meurt en cours de route, mais d'autres font l'escalade). Car tout le monde sait que la fourmi se sent libre comme l'air quand elle escalade son brin d'herbe.

Bien entendu, nos mini-Martiens pourraient nous régler pour faire ce que nous aurions fait de toute façon, mais ils pourraient actionner les commutateurs chimiques en sorte que nous fassions des choses terribles. Supposons alors que, par chance, la science invente un scanner qui détecte si les Martiens nous ont envahis. Ne serions-nous pas bienveillants envers quiconque a souffert de cette infortune ? Ne reconnaîtrions-nous pas aussitôt qu'il n'était pas responsable de ses méfaits ?

Mais, objecte l'incompatibiliste, qu'est-ce que ça change qu'on ait affaire à des mini-Martiens ou à des agents causaux d'une espèce plus naturelle ?

Ce genre de réponse s'inscrit donc en faux contre la version compatibiliste du « n'aurait pu faire autrement ». C'est fort bien, objecte-t-elle, de dire que quelqu'un aurait agi autrement si seulement il avait choisi différemment. Supposez qu'au moment d'agir les modules de choix aient été verrouillés par des mini-Martiens, des substances chimiques ou ce qu'il vous plaira. Et après ? Notre compatibiliste évacue la question d'un haussement d'épaules : la manière dont les sujets sont devenus ce qu'ils sont, que le résultat soit bon ou mauvais, ne l'intéresse pas. L'objecteur y attache au contraire de l'importance, et une partie au moins de nos réactions, quand nous en apprenons davantage sur les routes causales, montre que nous donnons raison à l'objecteur.

OBSESSIONS ET TWINKIES

Face à cette contre-attaque, la meilleure stratégie du compatibilisme consiste à contester le mot « régler », quand il est question de modules réglés pour produire certains résultats. La démarche est ici analogue à celle suivie pour distinguer la prise de décision de la noyade. En l'espèce, il avait introduit un certain degré de flexibilité dans les processus causaux en mettant en lumière des modules susceptibles d'être réglés ou accordés différemment. Quand l'objecteur soutient que, en l'occurrence, le sujet est une simple victime si les modules sont mal « réglés », la réponse devrait consister à introduire un nouveau niveau de flexibilité. Certes, pouvons-nous dire, dans le cas d'un adolescent soumis à un lavage de cerveau, ou des mini-Martiens, les modules peuvent réellement être réglés. Nous imaginons les modules mal *fixés* par des produits chimiques ou d'autres processus. Mais ce sont des cas particuliers, précisément parce que, une fois qu'ils sont en eux, les sujets deviennent rigides : insensibles au raisonnement ou à des ajouts ou changements dans le scénario de décision. Mais, d'ordinaire, les agents ne sont pas réglés *ainsi*. Leur liberté réside dans le fait qu'ils sont sensibles à de nouvelles informations et à de nouvelles différences de situation. Ils ne sont pas poussés ou forcés à balancer des chiens par les fenêtres ou à passer leur journée au rayon des produits de beauté.

On pourrait développer l'idée avec ce que j'appellerai la *définition compatibiliste révisée* :

> Le sujet a agi librement s'il avait pu faire autrement au sens exact du terme. Ce qui signifie qu'il aurait agi autrement s'il avait fait un choix différent *et*, sous l'effet d'autres pensées ou considérations, il *aurait* effectivement choisi différemment.

Que les bonnes pensées ne se soient pas manifestées à l'occasion peut bien être un effet de la *malchance*. Eh bien, dit une fois de plus le compatibiliste, c'est en effet de la déveine. Mais peut-être ma colère et le fait que je m'en vais vous rouer de coups empêcheront que ça ne recommence.

Certains philosophes – Baruch Spinoza (1632-1677) en est l'exemple le plus célèbre[32] – aiment associer la liberté à une connaissance et une compréhension accrues. Nous sommes libres disent-ils, pour autant que nous comprenons les choses. C'est une idée séduisante à maints égards : elle lie la liberté de la volonté à des choses telles que les libertés politiques : la liberté de l'information et la liberté d'expression. Nous ne sommes libres que pour autant que des occasions nous soient offertes – ce dont nous prive l'absence d'information. Nous pourrions ajouter cette pensée à la définition compatibiliste en spécifiant que les « autres pensées ou considérations », premièrement, sont des représentations exactes de la situation et des options de l'agent et, deuxièmement, sont *disponibles* à l'agent. Autrement dit, il ne rime pas à grand-chose de dire que, sous l'impact d'autres pensées ou considérations, il aurait choisi autrement, si ces autres pensées et considérations n'étaient tout simplement pas dans le paysage. Ainsi, imaginez que je m'apprête à vous empoisonner et à mettre adroitement de l'arsenic dans votre café. Vous le buvez. Il ne rime pas à grand-chose de dire que vous étiez libre de ne pas le faire. Car, même s'il est vrai que vous auriez évité le café si vous aviez choisi différemment, et que la pensée ou la considération que le café était peut-être mêlé d'arsenic vous aurait fait choisir autrement, il n'y avait aucune raison pour que cette idée vous vienne à l'esprit. Vous êtes donc une victime plutôt qu'un agent libre. Vous pourriez l'incorporer dans une définition compatibiliste encore révisée :

> Le sujet a agi librement s'il aurait pu faire autrement au sens exact du terme. Ce qui signifie qu'il aurait agi autrement s'il avait fait un choix différent *et*, sous l'effet d'autres pensées ou considérations *vraies et disponibles*, il *aurait* effectivement choisi différemment. Les pensées et considérations vraies et disponibles sont celles qui représentent sa situation exactement et dont on pourrait raisonnablement attendre qu'il les prenne en compte.

Qu'en est-il de celui dont l'esprit n'a pas été effleuré par ces pensées et considérations ? Est-il une victime plutôt qu'un agent responsable ? Ce qui donne un nouveau tour aux choses.

Jusque-là, nous avons parlé comme si le « libre choix », soit d'un type interventionniste mystérieux, soit d'un substitut de type « intérieur » ou compatibiliste, était nécessaire à la responsabilité. Mais est-ce bien vrai ? J'ai dit plus haut que ce serait sans doute vraiment de la déveine qu'une considération cruciale ne vienne pas à quelqu'un au moment de la décision. Mais, parfois, nous n'y voyons pas « simple » malchance. Nous disons que la pensée aurait *dû* se manifester. Dans le cas contraire, l'agent est passible d'un blâme. Un homme qui met le feu à des bâtiments pour s'amuser ne saurait sérieusement plaider qu'« il ne lui est jamais venu à l'idée » qu'il pouvait faire du tort à quelqu'un – à moins qu'il ne s'agisse d'un enfant ou d'un débile mental. Quand bien même la pensée ne l'a jamais effleuré au point qu'il n'y avait pas vraiment de libre choix de risquer la vie de qui que ce soit, il est encore responsable. L'imprudence et la négligence sont des fautes, pour lesquelles on peut nous demander des comptes au même titre que de décisions plus contrôlées. Certains philosophes ont eu du mal à l'accepter. Aristote[33] soutenait assez désespérément que les gens négligents ont bel et bien choisi de se montrer négligents, peut-être dans la petite enfance, et que c'est l'unique raison pour laquelle on peut les tenir responsables.

S'ouvre en fait ici tout un éventail de pensées intéressantes. Certaines formes de malchance sont réellement fortuites : des choses qui n'affectent pas notre relation avec l'agent. Mais d'autres, d'une certaine façon, ont pour ainsi dire un reflet sur l'agent. Imaginez un golfeur. Un jour, il frappe une belle balle, mais, chose incroyable, une mouette qui passe se met en travers de son chemin et gâche le coup. Puis, le deuxième jour, il frappe une balle tout aussi bonne, mais une petite brise la dévie et il rate son coup. Nous pourrions dire que dans les deux cas il joue de malchance. Le premier est malchance pure. Dans le second, les choses ne sont pas aussi simples. C'est de la malchance, en effet, mais une forme de contretemps qu'un bon golfeur est censé prévoir et déjouer. Ce devrait être à la portée d'un golfeur, alors que le passage de la mouette est un pur acte de Dieu. Quant au second cas, ça suffit, la malchance ! On commence à se dire que le golfeur n'est pas si bon, et il en va de même de l'agent. D'où la réponse faite par un pianiste à un admirateur qui s'extasiait de la chance qu'il avait eue de posséder un talent pareil : « En effet, et plus je travaille, plus j'ai de la chance. »

Le travail conceptuel que nous effectuons à ce point est censé démêler ou expliciter les vrais éléments de notre réflexion. Nous cherchons à éclairer et à cerner des choses de ce genre : nous opérons une distinction entre changer le passé (ce que nous ne pouvons faire) et agir autrement que nous ne le faisons (ce que nous pouvons parfois faire) ; nous avons des pratiques discriminatoires en matière de blâme ; nous établissons une distinction entre être malade et être mauvais ; il est des excuses que nous admettons, d'autres que nous refusons. L'analyse philosophique est supposée nous donner la maîtrise intellectuelle de tout cela. Elle est censée tout mettre en évidence, non pas comme un fatras irrationnel d'habitudes indépendantes les uns des autres, mais comme l'application d'un ensemble raisonnable et défendable de concepts et de principes. C'est parce que ce n'est pas chose facile que la philosophie est dure. La version compatibiliste est un travail d'engineering qui consiste soit à repérer les concepts existants, soit à en améliorer de nouveaux. Elle doit répondre aux manières dont souvent nous pensons, ou dont nous pensons quand nous maîtrisons au mieux les problèmes que nous rencontrons. Pour ma part, je pense que la définition compatibiliste doublement révisée le fait fort bien. Mais d'autres prennent plus au sérieux l'objection de Kant et estiment que nos « réactions interpersonnelles », dont notre façon de nous tenir mutuellement et personnellement responsables des choses, dépendent de quelque affection persistante pour la liberté interventionniste. S'il y a donc faillite métaphysique, nos attitudes devraient changer. Le problème philosophique serait que le contrôle interventionniste est intenable, et le contrôle interne inadéquat.

Une analyse tranchera parfois des cas épineux. Mais elle laisse parfois des zones d'ombre, ce qui n'est sans doute pas une mauvaise chose. Revenons à l'adolescente qui consacre un temps et des sommes incroyables en cosmétiques. Peut-elle faire autrement ? Si nous suivons la version doublement révisée, nous découvrions sans doute que le problème tourne autour des autres pensées et considérations qui lui sont « disponibles ». En un sens, voudrait-on peut-être dire, il est possible qu'elle commence à se rendre compte que les produits de beauté n'améliorent guère son succès ni son charme (elle aurait plus à gagner si elle avait quelque chose dans le crâne, par exemple en lisant un bon livre comme celui-ci). Sans doute est-ce une pensée vraie et potentiellement disponible. Mais, en un autre sens, peut-être n'est-ce pas le cas. Peut-être les gens soumis aux influences auxquelles elle est soumise ne peuvent-ils tout simplement se résoudre à le croire. La culture excelle à cacher cette vérité aux ados. Il serait donc déraisonnable d'attendre d'elle qu'elle y croie. Moi-même, j'inclinerais à ce diagnostic, pour voir en elle une victime plutôt qu'un agent. Mais le fait est que, même si l'analyse doublement révisée ne *règle pas* ce problème, elle le *met en évidence*. Ce qui est en soi une étape vers la maîtrise du problème de la responsabilité et de la liberté. Mais, en toute honnêteté, il faut ajouter qu'il y a encore un bon bout de chemin à faire. Un incompatibiliste, par exemple, pourrait objecter que les pensées ne sont disponibles que si elles sont elles-mêmes l'objet d'un libre choix (interventionniste), ce qui nous ramènerait au point de départ.

Sur le chapitre de la responsabilité, la culture contemporaine n'est pas très brillante. Prenons l'exemple de la *Twinkie Defence*, de triste mémoire. En 1978, un ancien employé de la ville de San Francisco, Dan White, pénétra dans l'hôtel de ville avec une arme, échappant aux détecteurs de métaux en passant par une fenêtre du sous-sol. Il monta à l'étage, ouvrit le feu et tua le maire, George Moscone, et un haut fonctionnaire, Harvey Milk. Devant le tribunal, le psychiatre cité par la défense, Martin Blinder, attesta que White avait été déprimé, ce qui l'avait conduit à manger trop, en particulier à se gaver de ces infâmes sucreries connues sous le nom de Twinkies. À en croire Blinder, cela ne fit que l'enfoncer dans la dépression, puisque White était un ancien athlète et savait que les Twinkies ne lui faisaient pas de bien. Il ajouta que l'état émotionnel dans lequel s'était enfoncé White excluait qu'il ait pu agir avec préméditation ou dans l'intention de tuer – deux conditions nécessaires à la qualification de meurtre au premier degré. Impressionné par l'argument, le jury le disculpa de l'accusation de meurtre et le reconnut coupable d'un crime moins grave, celui d'« homicide volontaire ».

La Californie révisa par la suite sa législation pour faire obstacle à ce type de défense. À première vue, l'État a eu raison de le faire. *De toute évidence*, le geste de White était intentionnel et prémédité, et c'est pour cela qu'il se procura une arme et passa par le sous-sol. Et nous voyons bien que l'analyse doublement révisée est totalement fermée à la *Twinkie Defence*. Un accusé aurait le plus grand mal à démontrer que l'abus de sucreries soustrait nos comportements à la gamme de nos modules de décision et de nos pensées. Apparemment, il n'est pas vrai que l'abus de sucreries nous rende littéralement incapables de certaines pensées, au point de nous empêcher de penser que tuer les gens n'est pas une bonne idée, par exemple. Même une grosse quantité de sucre n'a pas cette effet. (Mais en l'occurrence les jurés contemporains ne sont pas très forts sur le chapitre de la causation non plus. Dernièrement, dans le Michigan, un homme a obtenu de grosses indemnités parce qu'à la suite d'une collision, assurait-il, il était devenu homosexuel – le véhicule qui le suivait l'ayant embouti par l'arrière.)

Avant d'en finir avec le compatibilisme, il vaut la peine de signaler une difficulté que l'on rencontre avec toutes les définitions. Le compatibilisme essaie de tirer une notion de contrôle approprié en partant de l'idée que, dans des circonstances différentes, l'agent *aurait* agi autrement. Il est des sales cas qui suggèrent que ces notions ne s'agencent pas parfaitement. On parle alors de « surdétermination causale ». Dans un cas de ce type, quelque chose contrôle un résultat, bien que le résultat eût été de toute façon le même en raison d'un mécanisme de sécurité. Ainsi, un thermostat pouvait bien régler la température même si, en raison d'un dispositif de sécurité, la température *eût été* identique *si* le thermostat avait mal fonctionné. En ce cas, un autre système serait intervenu pour maintenir la température à un bon niveau. De la même façon, un agent pourrait faire quelque chose de mal, contrôler la situation, agir avec intention et responsabilité, même si, ferait-il un autre choix, des mécanismes inconnus se déclencheraient pour assurer que de toute façon il agisse mal. Imaginez que nos mini-Martiens s'installent à proximité sans se mêler de nos affaires, mais tout prêts à le faire chaque fois que le résultat s'annonce contraire à leur vœu. Ce sont là des cas d'un maniement étonnamment délicat. Mais le compatibiliste peut se dire qu'il n'est pas plus difficile pour autant de définir le juste sens de contrôle des êtres humains que ça ne l'est pour les thermostats. Puisque le problème doit avoir une solution dans le cas du contrôle mécanique, il doit en avoir une aussi pour les personnes.

OBJECTIVER LES ÊTRES HUMAINS

Doit-on se préoccuper encore d'autre chose ? On pourrait penser quelque chose du genre :

> La vision compatibiliste décrit le fonctionnement d'êtres organiques avec des cerveaux en termes de modules de décision. Mais tout cela revient simplement à décrire les choses en termes de ce qui arrive, non pas en termes d'agent ou de *mon* propre rôle. Elle laisse donc de côté quelque chose d'essentiel à mon humanité et à ma considération des autres, à savoir que nous ne sommes pas des patients ou des victimes passives, mais des agents actifs.

C'est ainsi que nous nous voyons et que nous voyons les autres gens normaux. Et, d'ordinaire, c'est ainsi que nous souhaitons être vus.

La crainte est que se perde quelque chose d'essentiel à l'être humain vivant. Il est essentiel pour nous de nous considérer comme des agents, non pas comme des patients. Et il est essentiel pour nous que les autres nous voient ainsi. Dans une étude célèbre, le philosophe Peter Strawson (né en 1919) oppose une attitude « objective » ou impersonnelle envers les autres à une attitude « personnelle » ou humaine[34]. Sur la voie de la réification, les autres ne sont que des obstacles à notre progression, des obstacles qui demandent à être « gérés ou manipulés, soignés ou formés ». Ils ne sont pas l'objets d'attitudes personnelles. On considère les gens comme des fous, plutôt que des êtres intelligents susceptibles d'être compris.

On observe un *gestalt switch*, une commutation gestaltiste intéressante dans le tableau de Strawson. Dans un premier temps, il a pu sembler que les attitudes morales associées au blâme sont dures et rudes, et nous pourrions croire que c'est un progrès si nous parvenons à les dépasser au profit d'attitudes plus libérales et compréhensives envers des choses comme la « criminalité » ou les « déviances ». Traiter les gens comme des patients plutôt que des criminels semble être un pas en direction de plus d'humanité et de dignité. Strawson nous demande ce que l'on *perd* à ce changement : selon lui, une bonne partie de ce qui fait l'humanité des relations humaines. Supposez, par exemple, que je me sois conduit d'une façon que je tiens à expliquer. Mais je m'aperçois, à leur regard, que les gens qui m'écoutent ne voient dans mes propos qu'un symptôme de plus. C'est un signe supplémentaire que j'ai besoin d'être géré, manipulé, soigné ou formé. J'ai donc été déshumanisé. Je n'ai que faire de leur condescendance, je veux qu'on comprenne ma décision. Je veux que les autres « entendent ma voix », c'est-à-dire apprécient mon point de vue, voient comment les choses m'apparaissent au lieu de se demander ce qui pousse un organisme humain à se conduire ainsi. Nous reviendrons sur cette forme de réification au chapitre 8, en abordant, entre autres choses, le rôle de la thérapie.

La bonne réponse à cette doléance éclairée, en

tenant compte de l'observation de Strawson, consisterait à dire : le compatibiliste n'entend pas nier l'agent, mais en donner une *explication* particulière. Et il l'explique en termes de fonctions cérébrales modulaires, dans lesquelles les données sont assimilées, puis des alternatives engendrées et classées pour donner enfin un résultat en ligne et amorcer l'action. Certes, ces événements sont toujours des choses qui « arrivent » (passivement, pour ainsi dire), mais, selon le compatibiliste, ce *sont* les choses qui arrivent, et *tout* ce qui arrive quand vous, la personne, faites quelque chose. Vous décrire faisant quelque chose, et pour une raison, est une description au niveau *personnel* du résultat de ces multiples événements au niveau le plus élémentaire.

Certains penseurs aiment à dire qu'il y a deux perspectives en la matière. Il y a l'attitude délibérative, à la première personne, que vous adoptez quand vous faites un choix. Et il y a une attitude « objective », à la troisième personne, que pourrait prendre un homme de science en voyant en vous un système neurophysiologique complexe et déterminé. Tout le problème est de concilier les deux attitudes.

Si l'on pose le problème ainsi, la bonne solution est certainement celle-ci. La conciliation serait difficile si ce qui est révélé dans l'attitude délibérative est incompatible avec ce que révèle l'attitude dite de la troisième personne. Mais l'attitude délibérative ne dit rien de la causation. Penser le contraire, c'est commettre la même erreur que l'eau de Schopenhauer : confondre l'absence de conscience du fonctionnement du cerveau et du corps avec la conscience de l'absence de ce fonctionnement. La première est universelle, la seconde est impossible, car sans fonctionnement il n'y aurait point de conscience.

Puisque la position délibérative ne fait rien apparaître qui contredise la vision scientifique du monde, le problème de la conciliation perd toute son apparente difficulté. Tout au plus restons-nous avec un problème moral : veiller que nous nous approchons mutuellement non pas dans une attitude réificatrice, mais fort d'une intelligence humaine pleine et entière, enrichie, non pas minée, par la connaissance des conditions qui produisent les décisions des autres.

DESTIN, ORACLES ET MORT

J'ai connu un vieux monsieur qui avait été officier au cours de la Première Guerre mondiale. Il me raconta que l'un de ses problèmes avait été d'amener les hommes à mettre leurs casques quand ils étaient exposés au feu ennemi. Leur argument était qu'une balle « a votre matricule sur elle » : en ce cas, à quoi bon prendre des précautions ? Elle vous tuera. En revanche, si elle ne porte pas votre matricule, vous êtes tranquille pour la journée. En ce cas, pourquoi s'encombrer d'un casque inconfortable ?

On donne parfois à cet argument le nom de « sophisme du paresseux ». Si je dois avoir un cancer, je l'aurai, dit le fumeur. On n'échappe pas à son destin. Et si le déterminisme est vrai, l'avenir n'est-il pas déjà écrit, fixé par la chaîne infinie des états du monde déjà passés ? Ceux-ci donnent naissance au futur, lequel découle inévitablement de la matrice du passé. Et si l'avenir est fixé, ne devrions-nous pas nous résigner à notre destin ? Ne devient-il pas absurde d'agir ? Ne vaut-il pas mieux se retirer et, peut-être, marmonner *om* à longueur de journée dans une robe orange ?

Nombreuses sont les histoires qui nous rappellent qu'on n'échappe pas à son destin. Voici une version de la célèbre parabole islamique de la Mort à Samarkand[35] :

> *Le disciple d'un soufi de Bagdad était un jour attablé dans une auberge quand il entendit deux personnages parler. Il comprit que l'un d'eux était l'Ange de la Mort.*
>
> *« J'ai plusieurs appels à faire dans cette ville », dit l'Ange à son compagnon.*
>
> *Le disciple terrifié se cacha le temps que les deux s'en aillent. Puis, pour échapper à la Mort, il loua le cheval le plus rapide qu'il pût trouver, et chevaucha jour et nuit jusqu'à la lointaine cité désertique de Samarkand.*
>
> *Entre-temps, la Mort rencontra le maître du disciple, et ils parlèrent de choses et d'autres. « Mais où est donc votre disciple, Untel ? » demanda la Mort.*
>
> *« J'imagine qu'il est chez lui, où il doit être, à étudier », dit le Soufi.*
>
> *« C'est étonnant, fit la Mort, car il est ici sur ma liste. Et je dois le cueillir demain, à Samarkand. »*

Le disciple essaie d'échapper à son destin, qui ne l'en rattrape pas moins. On retrouve partout dans le monde cette même histoire de vanité de la fuite. Dans la tragédie de Sophocle, *Œdipe roi*, le roi Laïos de Thèbes apprend que son fils tuera son père et épousera sa mère. Quand il a un fils, Œdipe, il cherche à éviter la prophétie de malheur en estropiant le bébé et en l'abandonnant à la mort à flanc de colline. Un berger sauve l'enfant, qui grandira à Corinthe, s'imaginant fils du roi de la ville. La rumeur de son destin lui parvenant, il consulte l'oracle de Delphes, qui la confirme. Il fuit donc aux antipodes de Corinthe, où il croit son père présent. Et ainsi, à la croisée de trois routes, en plein désert, il tombe sur Laïos... La double tentative pour déjouer le destin est précisément ce qui scelle son malheur.

Les soldats de mon ami pensaient qu'il est aussi vain de prendre des précautions qu'il était vain pour Œdipe de vouloir fuir son destin. Mais il y a une différence cruciale. Œdipe est censé connaître son destin, et cherche à l'éviter en tout état de cause. Les soldats, en revanche, ne savaient pas s'ils allaient mourir ou non ce jour-là. De là vient qu'ils sont vulnérables à la bonne réponse : et si le fait qu'une balle porte ou nom votre matricule dépendait que vous ayez choisi de porter ou non un casque ? Peut-être cette simple précaution est-elle un moyen de neutraliser une balle qui, *autrement*, aurait porté votre numéro. Et puisque vous ne savez pas si une balle porte votre numéro, et que vous aimeriez autant qu'elle ne soit pas pour vous, mieux vaudrait prendre cette précaution.

Ne rien faire – ne pas mettre de casque, passer une robe orange et faire *om* – représente un choix. Avoir ses modules de choix réglés par le sophisme de la paresse, c'est être disposé à ce type de choix. On peut présenter ce sophisme sous la forme d'un argument pour suivre une ligne de conduite particulière :

> L'avenir sera ce qu'il sera. Ses événements sont déjà dans la matrice du temps.
> *Donc*, ne fais rien.

Mais pourquoi cet argument serait-il plus convaincant que celui-ci ?

> L'avenir sera ce qu'il sera. Ses événements sont déjà dans la matrice du temps.
> *Donc*, remue-toi.

Le premier argument serait meilleur si nous savions que, les événements se déroulant depuis la matrice du temps, les actions humaines ne font aucune différence. Tout se passerait comme si nous regardions une partie derrière un miroir sans tain, observant des événements auxquels nous ne pouvons prendre part et dont les acteurs sont sourds et aveugles face à nous. Normalement, cependant, il n'en va pas ainsi. Les événements ne découlent pas de la matrice du temps, mais se produisent en séquences parfaitement prévisibles. Pour que quelqu'un mange une omelette, il faut que quelqu'un ait préalablement cassé un œuf. Pour atteindre le sommet d'une montagne, il faut s'être mis en route. Si l'on ne fait rien, on n'aura, invariablement, ni omelette ni sommet. Les événements qui se déroulent depuis la matrice du temps dépendent de ce que nous décidons de faire – de ce que signifie le contrôle *intérieur* d'une personne ou d'un thermostat. À la différence de ceux de simples spectateurs, nos modules de choix sont impliqués dans le processus.

Cette réponse au « sophisme du paresseux » est-elle définitive et concluante ?

Je le crois, si on brandit ce sophisme comme un argument pour agir d'une manière ou d'une autre. Il n'y a aucune raison concevable de préférer la conclusion « ne fais rien » à « remue-toi ». Pour dire les choses autrement, dans ce domaine pratique, accepter un argument équivaut à admirer ou désirer être quelqu'un dont les modules ont une certaine forme. Ladite forme découlerait de l'acceptation de ce conseil : compte tenu de l'avenir et de la matrice du temps, ne fais rien. Mais pourquoi admirer quelqu'un qui suit réellement ce conseil ? Ce n'est qu'un bon à rien, de ces gens qui ne font pas d'omelettes et n'atteignent jamais aucun sommet, qui ne se mettent même jamais en route.

Mais peut-être cette façon de pensée souffre-t-elle une interprétation différente ? Loin de recommander tel choix plutôt qu'un autre, le fatalisme est généralement considéré comme *dissolvant* le choix. Il est censé montrer que tout choix est illusoire.

Mais qu'est-ce que cela est censé vouloir dire ? Nous avons déjà soutenu qu'une conception du choix est illusoire : le choix interventionniste ou l'intervention sans cause et totale du Vrai Moi dans l'ordre physique et neurophysiologique des événements. Du coup, nous avons imaginé des modules de choix flexibles impliqués dans nos faits et gestes. Comment des pensées sur l'écoulement du temps pourraient-elles montrer que leurs opérations sont irréelles ou illusoires ? Cela ne semble pas plus plausible que de suggérer que, du fait de l'écoulement du temps, le fonctionnement des ordinateurs, des thermostats ou des tronçonneuses est illusoire.

Quand vous ne savez pas ce qui va arriver, et que vous pensez que les événements répondront à vos faits et gestes, vous réfléchissez à la conduite à tenir. Le fatalisme, on l'a vu, n'apporte aucun argument pour mener cette délibération d'une manière ou d'une autre. Et il ne montre pas que le processus lui-même est irréel, sauf à interpréter le processus à la manière extérieure que nous avons envisagée et rejetée.

Supposez cependant que vous ne sachiez pas ce qui va arriver, mais que la chose est sue – peut-être de Dieu. Ou tout simplement, qu'elle est connaissable. Nous pensons, comme nous délibérons, que l'avenir est ouvert, mais le passé fixé. Mais imaginez que le futur soit aussi fixé que le passé. Ainsi pensons-nous de cette façon :

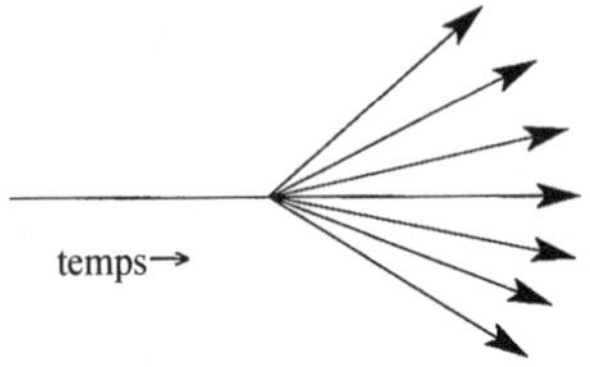

Les flèches représentent ici des possibilités ouvertes à compter de maintenant. Mais peut-être cette façon de penser est-elle illusoire. Peut-être la vérité n'est-elle visible que du « point de vue de Dieu », ou d'une perspective temporelle illimitée, uchronique (*view from nowhen*). Dans cette perspective, le temps est agencé comme la pellicule de celluloïd d'un film : une image du film correspond aux événements d'un moment donné. Compte tenu de la marche du monde, nous ne pouvons voir que des images passées (selon certains, les prophètes peuvent en « voir » de futures). Mais il n'y a pas d'asymétrie métaphysique entre passé et futur :

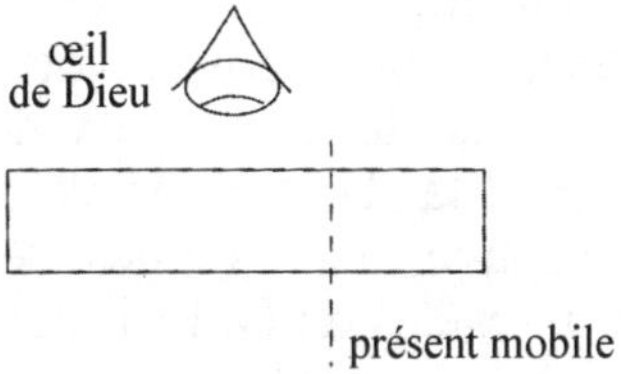

Si telle est la vérité, pourrions-nous penser, il est sans conteste aussi vain d'essayer d'infléchir le futur qu'il le serait d'essayer d'influencer le passé. Si tel est le point de vue de Dieu, il doit considérer nos efforts et en rire. C'est le message implicite du conte soufi. La Mort a déjà dressé sa liste. Et c'est pourquoi les soldats de mon ami utilisaient l'image de la « balle avec son numéro » : sous-entendu, « elle a déjà son numéro » – quoi que nous fassions.

Mais pourquoi Dieu ou la mort rient-ils ? Imaginez que Dieu ait une vie intemporelle. Il ne voit toujours pas d'omelettes à un moment donné sans que des gens cassent des œufs un peu plus tôt. Il sait que nous aurons une omelette à telle ou telle image du film. Mais en ce cas il sait également que nous allons préparer une omelette dans une image légèrement antérieure. Il n'y a pas de raison qu'il sache que l'avenir sera ce qu'il est quoi que nous fassions, pas plus qu'il ne sait que l'arbre tombera quoi que fasse le vent. Du point de vue intemporel, tout ce qui est vu, c'est le vent et la destruction. À cet égard, Dieu *n'est pas* un praticien qui sait que le cancer nous tuera quoi que nous fassions. Cela voudrait dire qu'il y aurait des plans dans lesquels les gens se conduisent de diverses manières, mais meurent de toute façon d'un cancer. Le point de vue uchronique, extratemporel, voit nos faits et gestes, et leurs résultats, mais ils ne voient pas ceux-ci sans ceux-là. Dieu nous voit manger des omelettes parce que nos modules de choix nous règlent pour casser des œufs. Et il nous voit seulement manger une omelette quand, dans l'image précédente, il nous voit casser des œufs.

Le conte soufi implique en fait que la Mort avait le disciple sur sa liste *avant* que le disciple ne décidât de fuir. Apparemment, elle serait donc venue à lui où qu'il fût : à Bagdad ou à Samarkand. Aussi sa fuite était-elle vaine. Mais peut-être la Mort ne l'avait-elle sur sa liste qu'en raison de sa fuite : si, une fois arrivé à Samarkand, il glissait sous un bus. Sa fuite lui a valu son destin, mais cela ne nous dit pas si le disciple s'est conduit raisonnablement. Si la Mort avait fort à faire à Bagdad, en raison d'une épidémie par exemple, la fuite pouvait donc être tout à fait rationnelle, quand bien même elle eut une issue malheureuse. Il *aurait pu* se trouver que la Mort ne l'ait pas sur sa liste, du simple fait qu'il avait fui.

Qu'en est-il de l'asymétrie entre passé et futur ? S'ils sont symétriques aux yeux de Dieu, pourquoi est-il rationnel de tenter de changer l'avenir ? Comment cela peut-il être un tant soit peu plus rationnel que d'essayer de changer le passé ? Eh bien, comme je l'ai dit, Dieu lui-même ne nous voit pas nous apprêter à faire une omelette, après que nous l'avons mangée *un peu plus tôt* (à moins qu'il ne nous voie en préparer et avaler goulûment une seconde). Il est donc vain d'essayer d'influencer le passé. Ce qui laisse cependant en suspens un problème philosophique immense et irréductible. En effet, que nous ne puissions influencer le passé est-il un simple fait, une contingence qui aurait pu être autrement, ou qui pourrait être autrement dans des régions différentes de l'espace et du temps ? Si c'est simplement une affaire de configurations vues d'une perspective intemporelle, il semble que oui. Les configurations pourraient-elles être différentes ailleurs ?

J'arrêterai là l'exercice (extrêmement difficile). Pour en revenir au fatalisme, cependant, la vérité est qu'il n'y en a donc pas de justification philosophique ou rationnelle générale. Il correspond à une humeur, à un état d'esprit dans lequel nous nous sentons démunis et avons le sentiment d'être de simples spectateurs de nos vies. Ce qui n'est pas *toujours* injustifié. Il arrive que les gens soient largement démunis, politiquement ou même psychologiquement (parce que nous manquons de souplesse, qu'on nous a lavé le cerveau ou que nous sommes la proie d'obsessions étranges dont nous ne pouvons nous défaire). Quand nous sommes impuissants, il peut être naturel de s'abandonner au fatalisme. Si, nous avons beau faire, nos efforts n'aboutissent assez souvent à rien, nous avons besoin de consolation : l'idée de déploiement d'un destin infini, de *karma*, peut nous la procurer.

Mais cette attitude n'est pas de mise quand nous agissons. Aux commandes d'une voiture, nous ne saurions penser sans risque que peu importe qu'on donne un coup de volant ou qu'on appuie sur le frein. Nos efforts ne servent pas à rien.

FLEXIBILITÉ ET DIGNITÉ

L'idéologie du dualisme corps-esprit va très loin. Par idéologie, j'entends non pas un argument ou un ensemble d'arguments spécifique, mais un cadre de pensée : un point de référence ou une idée directrice. Le dualisme est souvent censé rendre compte de la liberté, de la dignité et de l'expérience humaine elle-même. Il sous-tend les grands mots : le genre de mots qui figurent sur les étendards. Au fil des deux derniers chapitres, je me suis efforcé de détacher ces choses du dualisme. Mais les gens craignent l'alternative. Réduisons-nous les gens, dans toute la complexité et la couleur de leur vie, à de tristes machines monochromes, conditionnées à être de telle ou telle façons ou, pis encore, à des véhicules passifs de nos gènes égoïstes ?

Absolument pas.

Le problème est ici que les alternatives sont présentées comme si elles épuisaient le sujet : soit un esprit libre, évoluant heureusement détaché de l'ordre naturel, soit une machine déterminée – un bus, voire un tram.

Nous retrouverons dans les chapitres suivants ce sophisme lié à une mauvaise présentation des alternatives. Ce n'est pas la philosophie du compatibilisme qui dénigre la nature humaine, mais cette façon de présenter les alternatives, qui suppose que la nature est si redoutable qu'il faut un moment magique, une étincelle divine provoquée par le spectre dans la machine pour la faire chanter. Soit l'horloge (les zombies), soit les spectres. Or c'est là le point de vue qui dénigre la nature, y compris la nature humaine. Il nous faut apprendre à penser avec Wittgenstein quand il écrivait :

> *Il est honteux de devoir se montrer comme une outre vide, qui serait simplement gonflée par l'esprit*[36].

Le mot-clé à retenir est celui de « flexibilité » (souvenez-vous de ces zombies rigides et programmés). Et on ne saurait dire *a priori* dans quelle mesure la conduite humaine est flexible. Notre biologie, disons, nous donne les modules. Mais leur résultat – leur programmation, si nous préférons, différente suivant les milieux – est une autre affaire. À titre de comparaison, la biologie nous donne les structures, quelles qu'elles puissent être, qui nous sont nécessaires pour apprendre la langue. Nous les possédons ; aucun animal ne les possède à un degré même vaguement semblable. En revanche, la langue que nous apprenons ensuite est déterminée non pas par la biologie, mais par le milieu, les enfants imitant la langue de leur mère et de leurs parents.

De même, notre conscience, nos capacités

d'imaginer des alternatives et de les évaluer et nos éventuelles routines comportementales *auraient pu* être très rigides. Or tout indique que c'est le contraire qui est vrai. Les gens peuvent tout naturellement mûrir en s'occupant de toutes sortes de choses. Il est très difficile de détecter quelque modèle universel : des règles de flexibilité. Les uns feront des champs de carnage, les autres des jardins.

Les théoriciens et les gourous aiment les schémas : tout le monde est égoïste ; les gens ne sont influencés que par leurs intérêts de classe ; ils haïssent leurs parents ; ils peuvent être conditionnés ; tous les hommes sont agressifs, toutes les femmes sont douces ; c'est plus fort qu'eux, et ainsi de suite. Mais, en l'occurrence, ils s'en tiennent moins aux preuves qu'ils ne *plaquent sur elle une interprétation*. Comme tous les stéréotypes, ces interprétations peuvent être dangereuses, car les gens peuvent être conduits à s'y conformer et, de ce fait, deviennent souvent pires qu'ils ne l'auraient été autrement. Tout le travail de génie conceptuel consiste ici à ébaucher plus clairement les autres structures de pensée. Et il n'en manque pas.

Chapitre 4

Le Moi

Nous nous sommes penchés sur la conscience du contenu de notre esprit. Et nous avons examiné les notions d'agent et de liberté : nos activités dans le monde. Mais qu'en est-il du « moi » lui-même, du « je » du « je suis » ? C'est le seul, on l'a vu, que Descartes sauvait du naufrage du doute universel, tandis que Lichtenberg lui contesta le droit de le faire. Qui a raison et comment devons-nous aborder la question du « moi » ?

UNE ÂME IMMORTELLE

Voici des choses concrètes que nous pensons de nous.

> * liste 1
>
> J'étais tout petit autrefois.
>
> Sauf accident ou malchance, je deviendrai vieux.
>
> En vieillissant, je perdrai probablement une masse de souvenirs. Je changerai également, par

exemple, en souhaitant faire des choses différentes. Mon corps changera lui aussi.

Le matériau organique de mon corps (mon cerveau excepté) change en gros tous les sept ans.

Si mon corps a souffert des suites d'un accident, si j'ai dû être amputé par exemple, je devrais en supporter les conséquences.

Voici maintenant certaines choses possibles qu'on peut penser de soi. Quand je dis « possibles », j'entends seulement que nous semblons les *comprendre*, pas nécessairement que nous les croyons. Ces possibilités peuvent nous paraître *incongrues*, mais ce n'est pas ici la question :

* liste 2

J'aurais pu naître ailleurs et à une autre époque.

Je pourrais survivre à ma mort physique et vivre une autre vie en tant qu'esprit.

J'aurais pu être comblé ou affligé d'un corps différent.

J'aurais pu être comblé ou affligé de facultés mentales différentes, d'un esprit différent.

J'aurais pu être comblé ou affligé d'un corps et d'un esprit différents.

Je pourrais bien être la réincarnation d'un personnage historique.

Il se pourrait bien que je doive revivre, par exemple sous la forme d'un chien, à moins que je ne me conduise bien.

De fait, il est des gens qui croient, ou disent croire, des choses pareilles, et des religions entières peuvent adhérer à certaines d'entre elles. Pour les chrétiens, le deuxième élément de cette liste est bel et bien vrai ; l'hindouisme adhère au dernier point. Et même si nous n'acceptons aucun élément de cette liste, nous paraissons savoir ce que tout cela veut dire.

La différence entre les deux listes se résume à ceci. La première liste est compatible avec une vision directe de ce que je suis. Je suis un gros animal humain. Ma biographie est pareille à celle des autres animaux ; elle commence par une naissance naturelle et comporte des changements naturels pour finir par une mort naturelle. Je suis fermement situé et attaché dans l'espace et dans le temps. Je survis à divers changements naturels comme le vieillissement, mais c'est tout.

La seconde liste suggère que je suis quelque chose de beaucoup plus mystérieux, et qui n'est « attaché à un animal mourant » que de manière contingente. Selon les possibilités de la seconde liste, je suis quelque chose qui peut changer de forme et de physionomie, de corps et d'esprit et qui pourrait même exister sans corps aucun. La biographie du « je » pourrait couvrir des siècles et des changements de personnage à l'infini, un peu comme un acteur.

Pour Descartes, on l'a vu dans les deux premiers chapitres, nous avons la perception « claire et distincte » que le moi est distinct du corps. Et les possibilités que nous envisageons, à partir de la seconde liste, peuvent paraître le confirmer. Tout se passe comme s'il y avait quelque chose – l'âme, le moi ou l'essence – qui persiste à travers quantité de changements (liste 1) et *pourrait* persister à travers des événements plus remarquables encore (liste 2). Mais qu'en est-il de ce moi ? Voici de nouveau David Hume :

> *Pour ma part, quand je pénètre le plus intimement dans ce que j'appelle moi, je bute toujours sur une perception particulière ou sur une autre, de chaud ou de froid, de lumière ou d'ombre, d'amour ou de haine, de douleur ou de plaisir. Je ne peux jamais me saisir, moi, en aucun moment sans une perception et je ne peux rien observer que la perception. Quand mes perceptions sont écartées pour un temps, comme par un sommeil tranquille, aussi longtemps je n'ai plus conscience de moi et on peut dire vraiment que je n'existe pas. Si toutes mes perceptions étaient supprimées par la mort et que je ne puisse ni penser, ni sentir, ni voir, ni aimer, ni haïr après la dissolution de mon corps, je serais entièrement annihilé et je ne conçois pas ce qu'il faudrait de plus pour faire de moi un parfait néant*[37].

Hume fait valoir que le moi est fuyant. Il est *inobservable*. Si vous « scrutez votre esprit » pour essayer de l'attraper, vous échouez parce que vous butez seulement sur ce qu'il appelle des perceptions particulières, ou encore des expériences et des émotions. Vous n'avez pas non plus d'aperçu du « je » qui est le sujet de ces expériences Pourtant, nous croyons tous nous connaître nous-mêmes avec une intimité très particulière. Descartes, on l'a vu, pensait que cette connaissance de soi survivait même au doute « hyperbolique ».

Beaucoup de philosophes ont prêté à cette pépite du moi une autre propriété remarquable. Il est *simple*. Le moi n'est pas *composé*. Voici un contemporain de Hume, l'Écossais Thomas Reid (1710-1796), philosophe du « sens commun » :

> *Une partie d'une personne est une absurdité flagrante. Qu'un homme perde ses biens, sa santé, sa force, il reste la même personne et n'a rien perdu de sa personnalité. Qu'on l'ampute d'une jambe ou d'un bras, il est la même personne qu'avant. Le membre amputé ne fait point partie de sa personne, sans quoi il aurait eu droit à une partie de ses biens et serait comptable d'une partie de ses engagements. Il aurait droit à une part de ses mérites et de ses démérites, ce qui est manifestement absurde. Une personne est quelque chose d'indivisible... Mes pensées, mes actions et mes sentiments changent à chaque instant ; leur existence est non pas continue, mais successive ; cependant, ce moi ou ce je, auquel ils appartiennent, est permanent et entretient le même rapport avec toutes les pensées, toutes les actions et tous les sentiments successifs que je dis miens*[38].

Ce « moi » simple et persistant est la chose sur quoi Hume déplorait de ne pouvoir jamais buter. Reid frappe du poing sur la table et en proclame l'existence.

La simplicité de l'âme ouvre commodément la porte à un argument traditionnel en faveur de son immortalité.

> Tout changement et décomposition est rassemblement ou dislocation de choses composées. *Donc*, tout ce qui n'est pas composé n'est sujet

> ni au changement ni à la décomposition. L'âme n'est pas composée, *donc* elle ne saurait changer ni se décomposer.

En l'état, la première prémisse pourrait ne pas paraître si probante que ça. Elle nécessiterait une défense. L'idée serait que, dans tout changement naturel (physique), nous pouvons détecter quelque chose qui est *conservé.* Cassez un biscuit : sa matière est conservée. On pensait jadis que les atomes se conservent, si bien que le changement physique serait simplement le redéploiement des atomes dans une substance. Nous pourrions maintenant penser devoir aller plus profond : peut-être est-ce l'énergie qui est conservée, ou des particules subatomiques dont les réarrangements sont responsables des changements touchant la matière composite. En tout état de cause, seules changent les compositions. La « matière » réelle (les particules fondamentales, l'énergie) suit son cours.

Si vous pouviez réellement défendre la première prémisse comme une vérité *a priori*, et si vous pensez que Reid a donné de bonnes raisons à l'appui de la seconde prémisse (l'âme n'est pas composite), l'argument paraît assez solide. Naturellement, il s'agit aussi d'un argument de l'existence de mon Moi avant ma naissance naturelle, ce qui pourrait être un peu dégrisant.

Toutes ces pensées ne pourraient-elles être que des illusions ? Devrions-nous réellement accepter que la liste 2 nous donne ne serait-ce que de simples possibilités ? Peu importe, pour l'instant, que ces possibilités soient jamais confirmées, comme le professent divers croyants. Interrogeons-nous plutôt sur leur cohérence.

CHÊNES ET NAVIRES

Il est bon de réfléchir à l'étrangeté de certaines croyances de la seconde liste. Elles dépouillent le moi de *tout* ce qui paraît lui donner une identité – qu'il s'agisse du corps, de l'histoire, de la mémoire ou même de l'esprit. Tout cela a-t-il un sens ? Pour aborder la question, détournons notre attention de nous-mêmes pour réfléchir à l'identité d'autres choses. Nous pouvons revenir ici à John Locke, à qui l'on doit une intéressante observation sur les légumes ou les plantes :

> *Ce qui constitue l'unité d'une plante, c'est d'avoir une telle organisation de parties dans un seul corps qui participe à une commune vie ; une plante continue d'être la même plante aussi longtemps qu'elle a part à la même vie, quoique cette vie vienne à être communiquée à de nouvelles parties de matière, unies vitalement à la plante déjà vivante, en vertu d'une organisation continuée, laquelle convient à cette espèce de plante*[39].

Locke fait valoir que nous avons le même chêne, par exemple, tout au long d'une période donnée, bien que les « atomes », ou les cellules, ou les molécules, qui le composent changent. Ce qu'il faut, c'est qu'il « participe à la même vie » : autrement dit, que nous puissions le concevoir comme une unité organisationnelle ou fonctionnelle. Peu importe que les brins demeurent les mêmes, du moment que cette unité de fonction est conservée. Et tant qu'elle l'est, nous parlons bien du même chêne. On a donc toujours le même chêne, tour à tour jeune plant, arbre mûr, après que des branches sont tombées, etc.

Locke peut invoquer cette intuition afin d'expliquer pourquoi nous identifions le même être humain au fil des changements normaux de la vie. Le « même homme » ou « la même femme » est du même ordre que le « même arbre » ou le « même singe ». Il s'accommode de la croissance et du changement, aussi longtemps qu'il y a continuité de fonction ou de vie organisée. Jusque-là, tout va bien. Locke a une bonne prise sur ce qui nous permet de réidentifier le même être humain (conçu comme un grand mammifère : ce que vous voyez en jetant un œil dans la glace) ou la même plante au fil du temps. Pourquoi cela changerait-il quand il est question du moi ?

Si nous examinons la seconde liste de choses par quoi j'ai ouvert ce chapitre, nous verrons que, si nous bornons notre attention aux plantes et aux animaux, aucune des pensées qu'elle contient ne tient le coup. Elles n'ont strictement aucun sens. Voyant un chêne, nous ne pensons pas, « Hé, cet arbre aurait pu être un érable », sauf à vouloir dire que nous aurions pu planter un autre arbre, un érable, où en fait nous avons planté un chêne. Mais alors c'eût été un arbre *différent*. Ce n'aurait pas été le même chêne dans des habits d'érable, si l'on peut dire. De la même façon, nous ne concevons pas que des arbres survivent à leur mort organique, si bien que le même arbre ne pourrait revenir sous la forme d'un narcisse, par exemple. Être le « même moi » et être le « même être humain » ne sont donc pas deux choses différentes, et si nous établissons l'identité des êtres humains à travers le temps comme nous le faisons avec les animaux, il semble qu'aucune des pensées de la seconde liste n'ait le moindre sens.

Le même chêne, à deux moments différents, n'est pas nécessairement le même agrégat de molécules identiques à deux époques différentes. Il en va de même des choses inorganiques. Prenez le nuage qui flotte au sommet de l'Everest. Pour l'alpiniste, le même nuage peut dériver du sommet des heures ou des jours durant. En revanche, il change de composition chaque seconde, tandis que le vent déchire les molécules d'eau en le traversant à cent milles à l'heure. Il n'en reste pas moins le même nuage. Nous tolérons des différences de constitution au moins jusqu'à un certain point. C'est ainsi que nous voyons les choses quand nous pensons à des groupes humains, comme des clubs ou des équipes. Nous avons le sentiment de supporter année après année la « même équipe » alors même que les membres changent (de même que ses dirigeants, son terrain). La glorieuse histoire du régiment ne serait pas si glorieuse si nous ne pouvions identifier le régiment qu'à partir de ses membres actuels. C'est encore ainsi que nous pensons quand nous songeons à des objets inanimés possédant une fonction. L'ordinateur reste le même, bien que j'augmente sa mémoire, change l'écran et mette à jour le système, etc.

Nous sommes souvent très négligents quand il s'agit de savoir à partir de quelle masse de changements un objet cesse d'être le « même » : on connaît la blague sur la cognée irlandaise qui est dans la famille depuis des générations, bien qu'on en ait changé trois fois la tête et cinq fois le manche. Parfois, la confusion règne : ainsi dans le cas du « bateau de Thésée ». Celui-ci se lance dans un long voyage. En cours de route, il doit remplacer des bouts de son navire. À la fin, il a jeté par-dessus bord les voiles usées, la mâture, le gréage et les planches. Il les a tous remplacés. Revient-il avec le même navire ? Probablement répondrions-nous oui. Mais supposez qu'un entrepreneur le suive, ramasse les pièces abandonnées au rebut et les réassemble. Peut-il prétendre posséder le navire d'origine ? Nous ne saurions assurément avoir deux navires différents mais l'un et l'autre identiques à l'original ?

ÂMES ET BOULES ÉLASTIQUES

Peut-être, pour donner un sens aux pensées de la seconde liste, devrions-nous invoquer une « substance immatérielle » : la mystérieuse et simple âme de Moi. Il pourrait même sembler que ces pensées sont assez solides pour fournir un genre d'argument au dualisme cartésien, puisque c'est uniquement dans ce cadre qu'elles trouvent leur sens. Mais Locke adopte ensuite une démarche extrêmement intéressante. Pourquoi les personnes (vous, moi) ne survivraient-elles pas à un changement de substance de l'âme ?

> *Mais la question est, si la même substance qui pense, étant changée, la personne peut être la même, ou si cette substance demeurant la même, il peut y avoir différentes personnes.*
>
> *À quoi je réponds en premier lieu, que cela ne saurait être une question pour ceux qui font consister la pensée dans une constitution animale, purement matérielle, sans qu'une substance immatérielle y ait aucune part. Car que leur supposition soit vraie ou fausse, il est évident qu'ils conçoivent que l'identité personnelle est conservée dans quelque autre chose que dans l'identité de substance, tout de même que l'identité de l'animal est conservée dans une identité de vie et non de substance. Et par conséquent, ceux qui n'attribuent la pensée qu'à une substance immatérielle doivent montrer, avant que de pouvoir attaquer ces premiers, pourquoi l'identité personnelle ne peut être conservée dans un changement de substances immatérielles, ou dans une variété de substances particulières immatérielles, aussi bien que l'identité animale se conserve dans un changement de substances matérielles, ou dans une variété de corps particuliers*[40].

Le coup de génie de Locke est d'observer que, même si nous sommes très préoccupés par la survie personnelle au fil du temps et du changement, *rien ne servira* d'invoquer des « substances de l'âme immatérielles ». Et pourquoi donc ? Parce que, de même que pour nous les plantes restent les mêmes au fil du temps indépendamment du changement des éléments matériels, nous tenons que les personnes sont les mêmes au fil du temps sans référence aucune aux « substances immatérielles ». Kant en donne une jolie illustration. Dans cette citation de son chef-d'œuvre, la *Critique de la raison pure*, les « représentations » sont des choses comme des expériences ou des pensées – ce que Descartes eût rangé sous la rubrique des « cogitations », des contenus de l'esprit :

> *Une boule élastique qui en choque une autre en droite ligne lui communique tout son mouvement, par conséquent tout son état (si l'on ne considère que les positions dans l'espace). Or, admettez, par analogie avec ces corps, des substances dont l'une transmettrait à l'autre des représentations avec la conscience qui les accompagne, on concevrait ainsi toute une série de substances dont la première communiquerait son état, avec la conscience qu'elle en a, à une seconde, celle-ci le sien propre, avec celui de la substance précédente, à une troisième, et celle-ci à son tour les états de toutes les précédentes, avec son propre état et la conscience de cet état. La dernière substance aurait donc conscience de tous les états des substances qui se seraient succédé avant elle comme étant les siens propres, puisque ces états seraient passés en elles avec la conscience qui les accompagne*[41] *[...].*

Bref, nous ne savons rien des « substances immatérielles ». Peut-être notre substance immatérielle est-elle remplacée tous les soirs, comme le changement du lecteur de disquettes dans un ordinateur qui préserve le logiciel et les dossiers.

Tout cela est amplement suffisant pour jeter de graves doutes sur l'argument de l'immortalité que nous avons considéré. Kant poursuit :

En effet, nous ne pouvons pas nous-mêmes juger à partir de notre conscience si comme âmes nous sommes permanents ou non, puisque nous ne rapportons à notre moi identique que ce dont nous avons conscience, et qu'ainsi assurément nous devons nécessairement juger que nous sommes les mêmes dans tout le temps dont nous avons conscience. Mais, si nous nous plaçons au point de vue d'un étranger, nous ne pouvons déclarer ce jugement valable, puisque, ne trouvant dans l'âme aucun phénomène permanent, sinon la seule représentation Je, qui accompagne et relie toutes les autres, nous ne saurions décider si ce Je (une simple pensée) ne s'écoule pas tout aussi bien que les autres pensées qui se trouvent enchaînées, grâce à lui, les unes aux autres.

Nous pouvons résumer l'observation négative en disant que rien, dans nos rêvasseries sur « moi-même », n'autorise à penser en termes de substance intérieure permanente, capable de survivre même aux changements et possibilités les plus remarquables. Mais Locke et Kant ont tous deux une observation plus positive à faire.

L'OFFICIER COURAGEUX

Pour Locke, c'est « la même conscience qui fait qu'un homme est lui-même à ses propres yeux » – et ni le sujet lui-même ni une tierce partie l'observant ne se soucient de savoir si ladite conscience est « portée » par des substances durables ou par une succession de substances différentes. Lui-même insiste ensuite lourdement sur la conscience en soutenant qu'une personne A en un moment donné est la même que la personne B un peu plus tôt si et seulement si A est consciente des expériences de B. Autrement dit, A doit avoir le souvenir d'avoir pensé ce que B a pensé, d'avoir senti, éprouvé et agi comme B l'a fait.

Cette suggestion a des conséquences qui pourraient bien nous plaire. Elle exclut, par exemple, la possibilité que je sois Cléopâtre réincarnée, puisque je n'ai pas conscience d'avoir fait ou ressenti ce que Cléopâtre a bien pu faire ou ressentir. L'effacement de la mémoire détruit l'identité personnelle. De même, je puis être certain que je ne vivrai pas une autre vie comme chien. Car aucun chien ne pourrait se souvenir d'avoir fait ce que j'ai fait ; s'il s'en souvenait (imaginez un peu la complexité neurale requise !), il ne serait plus un chien, mais un être humain en forme de chien. Or les chiens ne sont pas des êtres humains canimorphes.

Par ailleurs, la suggestion a des conséquences qui pourraient bien ne pas nous plaire du tout. Elle signifie que je ne saurais survivre à une amnésie totale, par exemple, puisque la personne qui subsiste après un tel événement ne saurait être moi. Mais elle pose aussi des problèmes avec l'amnésie partielle. Imaginez que je commette un crime, mais qu'ensuite, peut-être sous l'effet d'un coup de sang ou d'une poussée d'adrénaline, je ne conserve aucun souvenir du moment en question. De la théorie de Locke, il semble s'ensuivre que je ne suis pas la personne qui a commis le crime. Je suis le même être humain, mais pas la même personne. Il semble que l'être humain soit habité par de multiples personnalités successives, tandis que les souvenirs vont et viennent.

Thomas Reid présenta une version de ce problème connue sous le nom d'« objection de l'officier courageux » :

> *Imaginez un officier courageux qui, écolier, a reçu les verges pour avoir chapardé des fruits dans un verger, qui a pris un étendard à l'ennemi dans sa première campagne et qui, avançant dans la vie, a été fait général ; imaginez aussi – chose possible, il faut bien l'admettre –, qu'au moment de s'emparer de l'étendard il avait conscience d'avoir été fouetté à l'école, et qu'au moment d'être fait général il avait souvenir d'avoir pris l'étendard, mais avait totalement oublié d'avoir un jour reçu les verges. Cela étant, il s'ensuit, d'après la doctrine de Locke, que l'individu fouetté à l'école est la même personne qui a pris l'étendard, et que celui qui s'est emparé de l'étendard est la même personne qui a été fait général. D'où il s'ensuit, s'il y a la moindre vérité dans la logique, que le général et l'enfant fouetté ne font qu'un. Or la conscience du général ne remonte pas jusqu'au moment de son châtiment ; donc, suivant la doctrine de M. Locke, il n'est pas celui qui a été fouetté. Le général est donc et n'est pas, tout à la fois la même personne que celle qui a reçu les verges à l'école*[42].

En fait, Locke lui-même était parfaitement conscient du problème. Sa réponse est simple :

> *Mais voici une objection qu'on fera peut-être encore sur cet article. Supposé que je perde entièrement le souvenir de quelques parties de ma vie,*

> *sans qu'il soit possible de le rappeler, de sorte que je n'en aurai jamais aucune connaissance ; ne suis-je pourtant pas la même personne qui a fait ces actions, qui a eu ces pensées, desquelles j'ai eu une fois en moi-même un sentiment positif, quoique je les aie oubliées présentement ? Je réponds à cela, que nous devons prendre garde à quoi ce mot Je est appliqué dans cette occasion. Il est visible que dans ce cas il ne désigne autre chose que l'homme. Et comme on présume que le même homme est la même personne, on suppose aisément qu'ici le mot Je signifie aussi la même personne. Mais s'il est possible à un même homme d'avoir en différents temps une conscience distincte et incommunicable, il est hors de doute que le même homme doit constituer différentes personnes en différents temps*[43].

On peut reconstituer le raisonnement ainsi. De deux choses l'une : ou « même personne » va de pair avec « même être humain », ou ce n'est pas le cas. Si les deux vont de pair, nous convenons tous que l'être humain est le même de la petite enfance à la mort, indépendamment des capacités mentales. Et aucune des pensées de la liste 2 n'a le moindre sens. Si nous disons que « même personne » et « même être humain » ne vont pas de pair, c'est, selon Locke, que nous admettons que si un homme a une « conscience distincte et incommunicable », nous avons différentes personnes, qui habitent successivement le corps (on pourrait aussi penser aux troubles de la personnalité multiples). En l'occurrence, cependant, il est assez surprenant, mais juste, de dire que le général sénile n'est pas l'écolier.

La raison de Locke est, d'une certaine façon, cela même qui déplaisait à Reid. Il pensait que nous avions avant tout besoin d'une notion de la « même personne » à travers le temps afin de justifier les titres de *responsabilité*. Il pensait que l'identité personnelle était une notion « judiciaire », c'est-à-dire qui a sa place devant les tribunaux. On peut voir le sens de cette idée en considérant des cas où un vieux gâteux de quatre-vingts ans se voit soudain accuser de crimes, commis soixante ans plus tôt au cours d'une guerre, alors qu'il n'était qu'un conscrit jeune et naïf. Est-ce équitable ? Imaginez qu'il ne conserve réellement aucun souvenir de ses crimes. Pour lui, tout se passe donc comme s'il était condamné pour des actes commis par une personne entièrement différente. Et cela paraît inique : si la personne n'a aucune conscience, elle ne saurait se « repentir » de ses actes ne serait-ce que parce qu'ils ne font pas partie de la conscience qu'elle a d'elle-même. Ils ne sauraient lui peser sur la conscience.

Locke savait, bien entendu, que la justice n'est pas organisée de la sorte. Somme toute, l'amnésie n'est pas une bonne excuse. Mais il imaginait que cela reflétait simplement nos soupçons, puisqu'il n'est que trop facile de feindre l'amnésie. Aux yeux de Dieu, la véritable amnésie est réellement une excuse. Il traiterait l'authentique amnésique de quatre-vingts ans comme une autre personne que l'ancien criminel de guerre. Cela pourrait paraître séduisant, mais ça ne fait pas vraiment notre affaire dans le cas d'un crime commis sous l'effet d'un coup de sang, dont on ne saurait dire en aucune façon que l'agent l'ait oublié. Nous pourrions vouloir distinguer des degrés dans la perte de mémoire.

Qu'en est-il de l'accusation de Reid, à savoir que la théorie de Locke contrevient à la logique, implique une contradiction ? On parle à ce propos d'« échec de la transitivité » de l'identité. La transitivité est la loi logique suivant laquelle si A = B et B = C, A = C. Ici, l'écolier = l'officier, et l'officier = le général ; or, pour Locke, il n'est pas vrai que l'écolier = le général. C'est ce que Reid appelle une contradiction.

Cela paraît assurément étrange, mais peut-être la bizarrerie vient-elle de cette notion abstraite d'« identité » quand notre propos porte en fait sur « est la même personne que ». Penchons-nous à nouveau sur un objet composé tel qu'une bicyclette ou un bateau. Supposez que l'âge du bateau importe, par exemple pour décider de quelle catégorie fiscale il relève. Peut-être les vieux rafiots de plus de cinquante ans sont-ils moins imposés. Quand un navire est-il une véritable antiquité ? (Imaginons Thésée et l'entrepreneur qui a ramassé les pièces d'origines essayant d'obtenir une réduction d'impôt.) Si ces casse-pieds d'entrepreneurs devenaient trop nombreux, il nous faudrait adopter une loi qui précise quel est le navire originel. Une loi pourrait stipuler quelque chose de ce genre :

> Un bateau doit être déclaré chaque année. Pour être considéré comme le même qu'une année précédente donnée, il doit contenir au moins 55 % du matériau formant le navire au premier jour de sa déclaration l'année en question.

Ainsi pouvons-nous reproduire la structure de Reid : on peut aisément vérifier que, sous ce code, *Argos*$_1$ pourrait être le même navire qu'*Argos*$_2$, et *Argos*$_2$ le même navire qu'*Argos*$_3$, mais *Argos*$_1$ pas le même qu'*Argos*$_3$. Cependant, la loi elle-même paraît très raisonnable, tout comme les lois qui précisent ce que doit contenir un produit pour mériter l'appellation de beurre ou le label de « nourri au grain ». Et, assurément, une loi raisonnable ne saurait donner naissance à une *contradiction* ?

Eh bien, les navires sont des objets composites, faits de parties, et apparemment le problème vient de là. Peut-être l'argument de Reid, qu'on ne saurait avoir A = B, B = C mais pas A = C, n'est-il valable que si chacun des A, B et C est simple, non pas composé. Mais, ainsi que nous l'avons vu, Reid lui-même était d'avis que l'âme était simple, ce qui n'était pas le cas de Locke. Peut-être l'argument ne tient-il donc pas contre lui.

DU MOI CONSIDÉRÉ COMME UN PAQUET

Hume considérait que, lorsque vous scrutez le contenu de votre esprit, vous trouvez des souvenirs individuels, des pensées, des passions et des expériences, mais pas *vous*. Hume lui-même pensait que, si vous ne rencontriez – et ne pouviez rencontrer – quelque chose dans l'expérience, vous n'aviez pas le droit d'en parler. Votre esprit ne pouvait l'embrasser, ni même le « toucher ». D'où, en toute logique, son idée que le moi n'était qu'un agrégat de ses « perceptions » ou « expériences », avec toutes les relations, quelles qu'elles fussent, qui pouvaient exister entre elles. Il y avait un contenu, mais pas de contenant. Pour désigner cette théorie du moi, on parle parfois de théorie de la « non-propriété » ou théorie du « paquet ». Pour Hume, comme pour Lichtenberg, nous avons « ça pense » ou, plutôt, « des pensées vont leur train ». Mais nous n'avons pas de propriétaire, de possesseur ou de « je » qui pense.

Le problème classique que pose cette approche est qu'il nous faut nous accommoder de cette idée d'une expérience sans possesseur. Or on objecte qu'elle est incohérente. Elle traite les expériences comme des « objets » ou des choses à part entière : le genre de choses qui pourraient traîner dans les parages, sans possesseur, attendant qu'on les ramasse pour en faire un paquet avec d'autres, comme les bouts de bois dans la forêt. Or, poursuit l'objection, c'cst une erreur, car les expériences sont *parasitaires*, ou *adjectivales* pour ceux qui les ont. Qu'est-ce que cela veut dire ?

Soit une voiture cabossée. Nous pouvons en parler, des bosselures : celle-ci est pire que celle-là, ou sera plus coûteuse à réparer que celle de l'an passé. Mais il est logiquement impossible qu'existe une marque de coup « sans possesseur », une bosse sans surface bosselée. Les impacts sont, pour ainsi dire, les ombres d'adjectifs. Au commencement, il y a une surface, laquelle est changée parce qu'elle est cabossée : à partir de là, par abstraction, nous tirons un nom et nous parlons de bosselure. Le nom « bosse » est logiquement à la remorque de l'adjectif « bosselé ». De même qu'un sourire est à la remorque du visage souriant, comme dans l'histoire du Chat de Cheshire de Lewis Carroll, qui disparut en ne laissant derrière lui que son sourire.

L'objection adressée à Hume est donc que les « expériences » sont, de la même manière, parasitaires vis-à-vis des personnes. On ne saurait imaginer une douleur, par exemple, comme une « chose » qui flotte dans les parages, attendant d'être prise dans un paquet d'autres expériences au point que ce serait un pur hasard que cette même douleur s'attache à un paquet plutôt qu'à un autre. Au commencement, il y a la personne, et la déclaration d'une douleur n'est jamais que le fait qu'une partie de la personne commence à souffrir, de même que l'apparition d'une bosse est un bout de surface qui est bosselé.

Tel est le propos de Kant quand il parle du « je pense » qui accompagne toutes mes représentations. Autrement dit, mes expériences sont annoncées comme « miennes ». Je ne commence pas par prendre connaissance de l'expérience pour me mettre ensuite en quête du propriétaire, puis (à supposer, contre Hume, que cette dernière recherche aboutisse) annoncer que l'expérience est une des miennes. Pour moi, éprouver une douleur équivaut en soi à être conscient que j'ai mal.

Mais comment est-ce possible, si Hume a raison et que nous n'ayons jamais conscience d'un « moi » ? C'est fort bien de comparer mes douleurs à des bosses, et il est certainement vrai que, quand j'ai conscience d'une bosse, c'est uniquement parce que j'ai conscience d'une surface bosselée. Mais au moins avons-nous conscience des surfaces, dentelées ou non. Tandis que, si Hume a raison, il ne semble pas que nous ayons conscience de notre âme ou de notre moi.

Peut-être l'issue doit-elle être de nier que le « moi » soit le genre de choses dont on puisse avoir conscience. Wittgenstein parle de cas où nous nous décrivons comme sujets d'expérience : « J'entends la pluie » ou « J'ai mal aux dents ». Il fait valoir que, dans un cas de ce genre, « il n'est pas question de reconnaître qui que ce soit ». « Il est tout aussi impossible qu'en énonçant "J'ai mal aux dents" je confonde une autre personne avec moi-même, qu'il m'est impossible de gémir de douleur par erreur, en ayant confondu quelqu'un d'autre avec moi. » On ne saurait *identifier à tort* le sujet comme soi-même[44]. Pour Wittgenstein, cela donne naissance à une illusion :

> *Nous sentons alors que, dans les cas où « je » est utilisé comme sujet, ce n'est pas parce que nous reconnaissons une personne déterminée par ses caractéristiques physiques que nous l'utilisons ; et ceci crée l'illusion que nous utilisons ce mot pour faire référence à quelque chose d'incorporel qui, cependant, a son siège dans notre corps. En fait, il semble que ceci soit l'ego véritable, celui dont il a été dit,* cogito, ergo sum. – *« N'y a-t-il donc pas d'esprit, mais seulement un corps ? » Réponse : le mot « esprit » a sens, autrement dit, il a une utilité dans notre langage ; mais dire cela ne dit pas encore quelle sorte d'utilisation nous en faisons*[45].

Nous devrions essayer de penser la conscience de soi autrement, mais comment ?

DU MOI COMME PRINCIPE ORGANISATEUR

Imaginez le problème en termes d'intelligence artificielle. Soit un robot, équipé d'une caméra vidéo et capable de circuler autour d'une pièce où sont disposés divers objets. Supposez que notre plan soit d'amener le robot à livrer un descriptif de l'arrangement des objets dans la pièce. De quoi aurions-nous besoin ? Si le robot dirige simplement sa caméra sur un objet, les pixels s'embrasent. Se produit le genre d'« illumination intérieure » que l'on associe parfois à la conscience. Mais si on s'arrête là, il n'y a qu'une « rhapsodie de perceptions », comme disait Kant, ou ce que le pionnier américain de la psychologie, William James (1842-1910), appela par la suite une « confusion florissante et bourdonnante ». Autrement dit, il reste au robot à organiser ses données afin d'interpréter la scène. Supposez qu'apparaisse sur l'écran une forme ronde. Est-il près d'un petit objet rond ou à bonne distance d'un gros objet rond ? Serait-ce une vue oblique d'un objet elliptique ? Pour résoudre ces problèmes, le robot pourrait évoluer et obtenir une nouvelle image. Mais il lui faut « synthétiser » les diverses images, construire une représentation tridimensionnelle de la pièce. Quelles capacités seraient mobilisées dans cette synthèse ? Comment unifier les différentes images obtenues aux différents moments ?

Les ingrédients minimaux sembleraient être ceux-ci. Il lui faut une façon de dire si lui-même se déplace. En particulier, il lui faut une capacité de discerner s'il bouge, et obtient des vues nouvelles d'objets stationnaires, ou s'il est immobile et si ce sont les objets qui se déplacent autour de lui. Pour ce faire, il lui faut une mémoire de ce à quoi ressemblait la scène, afin de la comparer à ce qu'elle est maintenant. Il doit être capable de représenter *l'ordre* des différentes apparences, puis il a besoin d'un moyen d'intégrer les scènes passées et la scène présente. Autrement dit, pour résoudre la position des objets dans l'espace, il doit procéder de *son propre point de vue* et pour le *temps* écoulé au cours duquel il peut repérer *ses* propres mouvements.

Ce qui suggère qu'une conscience de soi minimale est un impératif *structurel* de toute interprétation de l'expérience. Si le programmeur peut résoudre ce problème pour le robot, ce ne saurait être en lui donnant juste un ingrédient supplémentaire à l'écran (comme si la caméra avait toujours un aperçu de son mécanisme, tout en bas de l'écran). Ce ne serait qu'un « intrant » de plus. Il ne ferait pas partie de la programmation nécessaire pour transformer l'intrant en une description de la pièce et de la place qu'y occupe le robot.

En fait, le robot n'a pas nécessairement le moindre aperçu de lui-même. La caméra peut être braquée rigidement devant lui. C'est pourquoi Hume n'avait aucune chance de se surprendre même si, chaque fois qu'il tournait l'œil au-dedans de lui, il attrapait un élément continu de l'expérience, tel un bruit de fond. Ce dont le robot a besoin, c'est d'un moyen de suivre sa route à travers l'espace et la séquence temporelle des images qu'il obtient. La solution requiert qu'il ait un point de vue égocentrique ou, en d'autres termes, présente l'espace comme centré sur « lui-même ». Vu qu'il peut maintenant interpréter une scène comme contenant une table à trois pas, il peut *aussi* dire « la table est à trois pas de *moi* » ; il n'a pourtant besoin d'aucune connaissance de sa forme corporelle ou de son histoire à long terme. Et, très certainement, il n'a nul besoin de connaître un ego intérieur ou une âme immortelle.

Si le désordre règne dans la pièce, le problème pourrait devenir insoluble. Par exemple, si nous avions la fâcheuse idée de placer le robot dans un cadre à la *Keystone Cops*, où les objets vont et viennent de manière aléatoire ou à une vitesse stupéfiante, il sera face à un problème insoluble : un « tir » aléatoire de pixels, mais trop peu de continuité d'un moment à l'autre pour qu'un programme puisse en faire quoi que ce soit.

Penser en termes de « je » a donc tout l'air d'un impératif formel ou structurel pour interpréter l'expérience comme nous le faisons, c'est-à-dire comme expérience d'un monde tridimensionnel fait d'objets continus parmi lesquels nous circulons. Le « je » est le point de vue d'où part l'interprétation. Ce n'est pas autre chose qui est donné dans l'expérience, parce que rien de ce qui est donné dans l'expérience ne pourrait résoudre le problème formel pour lequel un « je » est nécessaire. Un point de vue n'en reste pas moins indispensable : se représenter une scène à soi-même, c'est se représenter l'expérimentant d'une manière ou d'une autre.

LES ILLUSIONS DE L'IMAGINATION

L'axe de réflexion que je viens de présenter est le fait d'Emmanuel Kant. C'est l'une des grandes avancées de la philosophie, explosant dans toutes sortes de directions[46] (nous aurons l'occasion de revenir sur certaines d'entre elles). Aux fins qui sont ici les nôtres, son intérêt présent est de suggérer un diagnostic des pensées de la liste 2 présentée au début de ce chapitre.

Ces pensées naissent parce que je puis apparemment m'imaginer dans des souliers différents, y compris les souliers de personnages historiques, de chiens ou d'anges. Dès lors, pensé-je, j'ai dû transporter dans la scène imaginaire ce mystérieux moi, mon âme même. Et l'âme devient alors quelque chose de fort étrange, parce que le travail de mon imagination peut m'amener à m'imaginer dans une autre époque, avec un corps différent, des propriétés mentales différentes, des expériences différentes, et ainsi de suite. Autrement dit, je m'abstrais de tout ce qui me donne mon identité d'être humain, tout en supposant encore que subsiste quelque chose, l'essence de Moi. D'où la « réelle distinction » de Descartes.

Mais supposez plutôt que je ne transporte *rien* dans mon imagination. Tout ce que je fais, c'est me représenter à moi-même *à quoi ça ressemblerait* de voir le monde d'un point de vue différent, d'une époque différente, etc. S'il n'est aucune essence de Moi transportée sur des scènes différentes, le fait que je puisse les imaginer ne prouve aucunement que « j' » aurais pu en faire l'expérience ou que je pourrais survivre à cette expérience. À titre d'illustration, prenez la première pensée de la liste : je pourrais survivre à ma mort corporelle. Quelles chimères se cachent derrière ? Eh bien, peut-être puis-je m'imaginer à mon enterrement, avec mon cercueil, ma famille affligée. Peut-être suis-je tapi au fond de l'église. Peut-être suis-je contrarié de voir que l'assistance n'a pas l'air très remuée. Peut-être aimerais-je lui dire que, tout compte fait, ce n'est pas si mal. Peut-être, étant mort, ai-je une vision aux rayons X de sorte que j'aperçois mon corps allongé dans sa boîte. Quelle tristesse ! Que j'ai l'air vieux ! Mais attendez ! Voici que s'ouvrent des portes nacrées et que grand-mère me tend les bras...

Imaginant tout cela, je me revois considérant mon cercueil, et ainsi de suite. Et certes, je peux le faire : après tout, je peux très bien comprendre à quoi ça ressemblerait de le voir (ça n'est pas très différent de la vue d'autres cercueils). Je peux comprendre ce que je ressentirais en regardant à l'intérieur : macabre spectacle. Mais, et c'est là le point crucial, ces exercices de compréhension ne transportent pas un « moi » qui voit tandis que l'être humain qui a pour nom Simon Blackburn est mort. C'est moi, ici et maintenant, qui me laisse aller à ce caprice de l'imagination, mais *il n'y a pas de Je* qui est imaginé voyant. La seule relique de moi, dans ce scénario, c'est le cadavre.

On peut formuler ce point ainsi. L'axe de réflexion kantien suggère qu'il y a une équivalence entre « je peux imaginer voir X » et « je peux m'imaginer voyant X ». Mais, comme il s'agit d'une équivalence purement formelle, il n'y a pas de moi réel, d'âme de Moi, impliqué dans cet exercice d'imagination. Il est donc erroné de considérer que ces chimères confortent la moindre « distinction réelle » entre vous comme sujet, moi ou âme, et l'animal qu'en réalité vous êtes. Les chimères de X ne corroborent donc pas la possibilité que votre biographie *pourrait* survivre à celle de cet animal, tout simplement parce que X est quelque chose que l'animal ne verra pas.

De même supposez que je « m'imagine en Gengis Khan ». Je me représente des cavaliers et des champs de bataille. Je suis petit et roublard et je suis un merveilleux cavalier. Dieu que la steppe est froide. Parfois, toute cette politique m'assomme. « Une autre rasade de lait fermenté de jument ! » Oups ! Je suis censé parler mongol, pas français.

Il devrait être ici plus clair encore qu'il n'y a pas d'âme de Moi transportée dans le personnage de Gengis Khan. De fait, pour autant qu'il subsiste quoi que ce soit de *moi* dans cette chimère, comme ce passage inopiné au français, l'exercice imaginaire est un fiasco. Exactement comme un acteur qui jouerait un personnage historique en accompagnant son interprétation d'anachronismes : Henri VIII consulte sa montre ou parle des films à l'affiche.

Ce que je fais, en réalité, c'est que je visualise des champs de bataille, les steppes glaciales, etc., comme si je les voyais et participais à la bataille en donnant des ordres ou en montant à cheval. Je pourrais le faire avec plus ou moins de bonheur : certains excellent à imaginer le monde de divers points de vue, de même que d'aucuns sont meilleurs acteurs que d'autres. Si mon Gengis Khan continue de parler français, je ne suis pas allé très loin.

Cela prouve-t-il que toutes les pensées de la seconde liste sont des illusions ? Cela les prive du support que leur donnent de simples chimères. Si elles en ont d'autres, fort bien ! Mais il est bon de réfléchir à quel point la liste dépend de chimères à la première personne. Si j'essaie de supposer que *vous* étiez autrefois Gengis Khan, ça ne donne apparemment pas grand-chose. *Vous*, massacrer des gens du haut d'un cheval ? Ignorant tout des supermarchés, des automobiles et des avions ? *Vous* avec un sexe, un âge, un esprit différents (car il est fort peu probable que vous pensiez comme Gengis Khan) ? Tout ce que je parviens à faire, en essayant d'envisager cette possibilité, c'est à substituer la pensée de Gengis Khan à la pensée de vous. C'est comme remplacer la pensée d'un chêne par celle d'un narcisse, ce qui ne revient certainement pas à penser que le chêne aurait pu être un narcisse. Je ne parviens à penser aucune espèce d'identité.

Bref, je dois penser à vous simplement comme à un gros animal humain doué d'une personnalité. D'autres animaux humains avec d'autres personnalités ne sont pas vous, et vous n'auriez pu être l'une d'elles. Quelle part de votre personnalité pourriez-vous perdre en restant vous-même ? On retrouve un peu le problème des bateaux. Peut-être sommes-nous assez larges, mais nous finissons par lâcher des remarques du style : « Il n'est plus vraiment le même. » Dans l'optique suggérée par Locke et Kant, ce peut être littéralement vrai.

L'ÂME BROUILLÉE

Quand on pense à notre moi, il existe une curieuse différence entre le passé et le futur.

Imaginez que nous vivions dans un monde où les corps et les cerveaux humains seraient plus faciles à agréger et à désagréger qu'ils ne le sont. Nous pourrions les démonter et les réassembler comme on le fait avec des ordinateurs et des automobiles. Supposez qu'on parle à ce propos d'opérations de brouillage. On peut relancer la psychologie des gens après ces opérations, un peu comme on copie logiciels et dossiers sur un ordinateur. On peut aussi changer les dispositions, en changeant les logiciels ou les dossiers, en conservant d'anciennes et en ajoutant de nouvelles. Les opérations de brouillage sont jugées bénéfiques et saines.

Imaginez que dans un tel monde on *vous* apprenne que demain vous allez subir une opération de brouillage. Et on vous donne un aperçu de qui en sortira. La Personne A a beaucoup de vous en elle, et nombre de vos qualités : elle se souvient de choses que vous faites maintenant, elle vous ressemble terriblement, et ainsi de suite. Quoi qu'il en soit, A va être envoyée dans l'Arctique (peut-être appartenez-vous à l'armée de terre). B vous ressemble aussi comme un frère, incorporant à nouveau une bonne partie de votre matériau physique – cerveau et cellules – et possédant quantité de vos qualités (logiciel et dossiers). B va dans les tropiques.

De *notre* point de vue, c'est un peu comme le bateau de Thésée. Nous n'allons pas remuer ciel et terre pour savoir si *vous* devenez A ou B. Nous pourrions fort bien considérer que l'une des personnes nouvelles, voire les deux, n'est autre que *vous*, à moins que nous ne les considérions comme des nouveau-nés. Le philosophe David Lewis a pris pour analogie l'image d'une route qui se dédouble : va-t-on dire qu'une branche demeure l'ancienne voie royale, que les deux le sont, ou qu'aucune ne l'est ? Ce n'est guère un grand problème métaphysique.

De *votre* point de vue, en revanche, il pourrait sembler que la vérité est cruciale. Vous passerez l'année prochaine dans le froid ou la chaleur, ou vous n'y survivrez pas. Il n'y a que trois options bien tranchées. Vous ne pouvez vous contenter de flou et d'indétermination : « Il y aura un bout de vous dans les tropiques, et un bout de vous dans l'Arctique » n'a aucun sens. Il n'est personne pour qui il y ait, *par la suite*, un mélange de tropiques et d'Arctique, de chaud et de froid. A est froid, B est chaud. Le moitié-moitié n'existe pour personne. « Ce sera un peu comme si vous n'existiez pas et un peu comme si vous existiez » ne vaut pas mieux. De deux choses l'une : ou vous serez à l'endroit où l'on sue à grosse gouttes, ou vous serez à l'endroit où l'on se gèle, à moins que vous n'ayez rejoint vos ancêtres. « Vous serez là-bas tous les deux » ressemble fort à du boniment, comme si quelqu'un se mettait dans l'idée de me consoler de n'avoir jamais vu Venise en me disant : « Tu y seras puisque ton fils y va. » À d'autres. (Woody Allen l'a bien dit à propos d'une consolation semblable : « Je ne veux pas atteindre l'immortalité par mon œuvre. Je veux atteindre l'immortalité en ne mourant pas. »)

Ce qui est étrange, c'est que ce sentiment de netteté disparaisse quand nous pensons au passé. Supposez, dans ce monde, que vous appreniez que vous êtes maintenant le résultat d'une opération de brouillage touchant deux personnes, C et D, qui ont apporté qui ceci, qui cela, à la personne que vous êtes. C'est intéressant, mais cela ne vous donne pas le même besoin déchirant et pressant de savoir. Si vous apprenez que C a passé Noël 1990 en bateau et D à la montagne, mais que vous ne vous souveniez ni de l'un ni de l'autre, vous ne serez pas nécessairement obsédé par la question, « mais où étais-*je* donc fourré à la Noël 1990 ? ». Si le brouillage vous a donné un vague sentiment des *deux* expériences, fort bien : vous êtes quelqu'un pour qui c'est un peu comme si vous aviez fait de la montagne ce jour-là, et un peu comme si vous aviez pris la mer.

Il est glaçant de constater que, *après coup*, personne n'en éprouve nécessairement de trouble d'identité. A, dans l'Arctique, a une continuité partielle avec vous ; de même en va-t-il pour B, dans les tropiques. Chacun d'eux peut considérer avec nostalgie certains de vos faits et gestes. Et si cela leur chante, ils peuvent désirer plus ou moins de vos parties, de vos traits psychologiques et de vos souvenirs, de même que nous pouvons considérer avec nostalgie nos moi antérieurs et désirer leur ressembler plus ou moins. Suivant nos goûts, nous pouvons pleurer nos forces et souvenirs perdus ou nous réjouir du savoir et de la maturité acquis.

Certains pensent qu'il est des solutions définies

quand nous considérons l'avenir. Ils pourraient axer leur foi sur la survie de l'identité tant que survit, en bon état de marche, le cerveau qui est le leur. Ce que contestait Locke, bien entendu, puisque la continuité d'une fonction cérébrale ne garantit aucunement la continuité de la conscience : le cerveau pourrait être « reprogrammé », ou reconfiguré de manière à changer du tout au tout le cerveau et la personnalité. Et, en tout état de cause, nous pourrions imaginer que certaines opérations de brouillage choisissent où vont les bouts de cerveau. D'autres pourraient s'accrocher à la continuité lockéenne du « logiciel » plutôt que du matériel. Mais une difficulté les attend : dans un monde du brouillage, nous pourrions sans doute copier le logiciel à volonté, créant quantité de gens futurs avec des « mémoires » et des traits de personnalité identiques.

Bref, il semble qu'il n'y ait pas de *concordance* métaphysique entre la simplicité que nous imaginons quand nous considérons le futur, et les complexités et le flou que le brouillage peut introduire.

Ce type de scénario a le don d'exaspérer certains penseurs. À les en croire, nos notions d'identité sont assorties au monde réel, où, peut-être par chance, les opérations de « brouillage » sont impossibles. À les entendre, on devrait laisser l'identité se débrouiller toute seule dans ces cas bizarres et inventés. Mon sentiment est qu'ils se trompent. Je conviens avec ces penseurs que nous devrions nous désintéresser de ces questions d'identité quand sont introduites des possibilités excentriques. Mais je ne pense pas qu'il faille se désintéresser de ce trait de notre réflexion sur nous-mêmes : que les options qui sont devant nous paraissent avoir une nature déterminée claire et nette *quel que soit* le flou qui entoure nos parties et traits animaux. Je soupçonne que c'est un trait qui alimente les réflexions de maintes personnes sur les problèmes de la vie et de la mort. Il nourrit les espoirs et la foi. Il en conduit certains à se faire cryogéniser le cerveau dans l'idée qu'un jour, quand la technologie le permettra, *il* pourra être décongelé et commencer une nouvelle vie. On le retrouve derrière l'idée, chère à Reid, que l'âme est simple. Une âme simple, indivisible : nul n'est besoin d'autre chose pour conserver ces trois options bien tranchées. Elle va à un endroit ou à un autre.

Mais peut-être notre attachement aux options tranchées repose-t-il sur une illusion : une illusion du même genre que les chimères envisagées dans la dernière section. Nous avons alors souligné qu'aucun « je » n'était transféré dans les scénarios imaginaires. Ici, il faudrait souligner avec force qu'aucun « je » défini ne doit être introduit dans ces scénarios futurs. Dès que les faits concernant ce que l'actuel animal humain vivant va être deviennent vagues et indéterminés, les faits sur *qui maintenant* va être présent deviennent également vagues et indéterminés. Notre propension à penser autrement est une illusion. Peut-être cela nous aiderait-il à dissiper l'illusion que de rappeler la raison pour laquelle Hume ne pouvait trouver son « moi » et pourquoi l'explication kantienne du besoin de penser en termes de moi nous donne une motivation purement structurelle. Une pépite ou un atome de moi, si simple soit-il, ne saurait faire ce pour quoi nous avons besoin du moi.

En revanche, je crois pouvoir assurer au lecteur que l'idée de ces trois options bien tranchées est très difficile à supprimer. La pensée peut aider, mais il lui est malaisé de détruire les illusions du moi.

La « vraie distinction » que Descartes croyait avoir prouvée – le dualisme cartésien – a du mal à mourir. Libre au lecteur d'essayer de la protéger contre l'axe de réflexion de ce chapitre et des deux précédents. Kant lui-même s'efforça de ménager une place à l'immortalité de l'âme. Sa raison, assez faible, est que nous avons besoin de penser que le bien engendre le bonheur ; comme il n'en va pas toujours ainsi dans la vie, et qu'on ne saurait même y compter, mieux valait qu'il y eût une autre vie pour le confirmer. Les gens obtiennent alors ce qu'ils méritent. La plupart des philosophes pensent que ce n'est pas le meilleur Kant. Mais la dimension religieuse affecte certainement la pensée de quantité de gens sur ce chapitre. Nous allons donc en traiter plus directement.

Chapitre 5

Dieu

Pour d'aucuns, penser à l'âme conduit directement à s'interroger sur la religion. Et cette réflexion sur la religion est, à leurs yeux, l'une des occupations les plus importantes de la vie. Pour d'autres, c'est pure perte de temps ou presque. J'aborde ici quelques controverses autour de ces questions. Au moins celles-ci ne font-elles pas perdre le temps, car elles introduisent des principes de pensée importants.

CROYANCES ET AUTRES CHOSES

Les croyances sont supposées vraies. « Je crois que *p* » et « je crois qu'il est vrai que *p* » reviennent au même. On ne saurait dire, « je crois que les fées existent, mais je ne pense pas qu'il soit vrai que les fées existent ». Et les hommes de religion croient apparemment des choses diverses, que d'autres ne croient pas.

En revanche, il ne va pas de soi que la religion soit affaire de vérité ou que les états d'esprit religieux doivent être évalués en termes de vrai et de faux. Car peut-être la religion n'est-elle pas affaire de croyances, et ces états d'esprit ne sont pas des croyances. Accepter une religion peut ressembler davantage à goûter un poème ou suivre un match de football. Il pourrait s'agir plutôt d'immersion dans un ensemble de pratiques. Peut-être les pratiques n'ont-elles qu'une finalité émotionnelle, voire sociale. Peut-être les rituels religieux servent-ils seulement des fins psychologiques et sociales nécessaires. Tel est précisément le cas des rites de naissance ou de passage à l'âge adulte et des rites funéraires. Demander si une cérémonie de mariage est vraie ou fausse est une sottise. On ne va pas à un service funèbre pour entendre quelque chose de vrai, mais pour pleurer le défunt, ou commencer à porter le deuil, ou encore pour méditer sur la vie qui s'est éteinte. Il est peut-être aussi déplacé de demander si ce qui est dit est vrai que de demander si l'ode de Keats à une urne grecque est vraie. Le poème est réussi ou ne l'est pas dans une tout autre dimension ; de même en va-t-il de la cathédrale de Chartres ou de la statue du Bouddha. S'ils peuvent être magnifiques, émouvants, inspirer un respect mâtiné d'effroi, cela ne tient aucunement à quelques déclarations qui seraient vraies ou fausses.

Certains pensent que les choses s'arrêtent là. Si quelqu'un dit « Dieu existe », son affirmation n'est pas du même ordre que « l'abominable homme des neiges existe » (question empirique) ou « il existe des nombres premiers entre 20 et 30 » (question mathématique). Son affirmation est plus proche de l'expression de la joie ou de la peur (ou, plus sinistrement, de la haine contre les étrangers ou les infidèles). De ce fait, ce qui est dit échappe à la critique en termes de vrai ou de faux. Au mieux pourrait-on scruter les états d'esprit impliqués et tâcher de voir s'ils sont admirables ou non.

Mais cette façon de comprendre la religion est restée peu courante. Tout en admettant le côté social et émotionnel, les gens se sont laissé aller à faire des affirmations bien précises sur le monde – de vraies affirmations, que l'on peut argumenter et prouver. De ce point de vue, la croyance religieuse est une croyance comme les autres : un effort pour dépeindre le monde tel qu'il est, ce qu'il contient et ce qui en explique les événements. Dans cette optique, un service funèbre n'est ni vrai ni faux, mais certaines choses que l'on y dit le sont : par exemple, que nous ressusciterons d'entre les morts. En ce sens, les gens qui déclarent sincèrement qu'ils seront ressuscités ne choisissent pas une manière métaphorique, poétique ou affective de dire autre chose, ou de colorer d'une certaine façon le monde ordinaire. Ils annoncent quelque chose qu'ils attendent, aussi littéralement qu'ils pourraient faire un voyage ou attendre la venue d'un ami.

Je traiterai ici des croyances religieuses en termes d'argument, de raison et de preuve. Nous supposons qu'elles se veulent vraies et répondent donc à nos meilleures façons d'accéder à la vérité. C'est uniquement prises en ce sens qu'elles ont intéressé la plupart des philosophes, même si certains représentants de la philosophie morale, notamment Friedrich Nietzsche, ont raillé les attitudes et les émotions morales (l'humilité, l'abaissement de soi et la compassion), que certaines religions, à leurs yeux, encouragent.

Pour anticiper un peu, je vais présenter bon nombre de raisons interdisant de supposer vrai tout ce qui peut ressembler de près ou de loin à une croyance religieuse. Certains lecteurs se sentiront peut-être menacés. Ils pourront puiser quelque réconfort dans la tradition théologique : plus une croyance paraît invraisemblable, plus l'acte de foi requis pour y croire est méritoire. Mais, à la fin de ce chapitre, l'esprit de réflexion toujours en éveil nous conduira à nous pencher également sur ce point de vue. Je commencerai cependant par étudier les arguments philosophiques classiques de l'existence de Dieu : l'argument ontologique, l'argument cosmologique et les arguments tirés de la révélation et des miracles. Nous terminerons en nous interrogeant davantage sur la nature de la foi, de la croyance et de l'engagement.

L'ARGUMENT D'ANSELME : DULCINÉE ET DINDES

L'histoire est bien connue de ce gourou qui, un jour, attira des foules dans un stade en promettant d'apporter la preuve définitive de l'existence de Dieu. Devant l'assemblée, il exhiba théâtralement l'*Oxford English Dictionary* : il contenait le mot *God*, « Dieu ». Le mot étant là, avec sa définition, il devait exister quelque chose qui y répondît. Je ne sais comment l'auditoire prit les choses, ni si d'aucuns se dirent alors que le dictionnaire mentionnait aussi le Père Noël et les fées, tout en les qualifiant, il est vrai, de mythiques ou imaginaires.

Reste qu'il est intéressant de songer qu'il existe des mots doués de sens sans rien qui leur corresponde.

La raison en est simple. On peut toujours définir un concept. Savoir si quelque chose répond au concept défini est une tout autre affaire. On peut définir la Dulcinée de ses rêves et, si le cœur nous en dit, faire passer une petite annonce dans la presse :

> Personne réfléchie cherche âme-sœur aimant s'amuser, végétarienne, amateur de foot, joueur de banjo. Fumeur s'abstenir.

Ainsi est défini le partenaire idéal : appelons-le Dulcinée. Malheureusement, il n'existe pas forcément d'amateur de football non fumeur, végétarien, jouant du banjo et aimant s'amuser. On peut libeller la petite annonce à sa guise, mais c'est le monde qui décide s'il existe quelqu'un qui y correspond.

La description est parfaitement intelligible. Elle définit une condition que quelqu'un pourrait en principe satisfaire. Le fait est simplement que personne ne s'y conforme. Une manière de dire les choses est que les mots ont un *sens*, mais pas de *référent*. Vous savez ce que vous voulez dire, mais vous ne savez pas s'il existe quoi que ce soit qui y corresponde. On ne saurait déduire le référent du sens pour la simple raison que l'existence du référent en question est liée à la nature du monde. On ne saurait statuer par l'étude ni en consultant un dictionnaire.

Découvrir que personne ne répond à votre portrait pourrait bien être une source de contrariété. Libre à vous de concocter alors un plan pour contourner le problème. Pourquoi ne pas ajouter un post-scriptum spécifiant que la personne de vos rêves doit exister ? Vous faites donc passer cette petite annonce :

> Personne réfléchie cherche âme-sœur aimant s'amuser, végétarienne, etc., *qui existe.*

Et de conclure alors : voilà mon problème résolu par définition.

Il est certain que personne ne va vous appeler pour vous expliquer qu'il réunit toutes les conditions, sauf la dernière. Mais le fait est que ceux qui vous ont appelé après avoir lu la première annonce existaient eux aussi : « J'appelle, donc je suis » est une inférence qui vaut bien « Je pense, donc je suis ». La clause ajoutée n'a donc pas modifié d'un iota la chance de trouver un quidam qui répondc aux conditions – celles du début. Vous avez donc gaspillé votre argent en ajoutant les deux derniers mots. Insérer « qui existe » ne précise pas davantage le partenaire de vos rêves et n'améliore en aucune façon vos chances qu'il ou elle existe. Les philosophes expriment parfois cette idée en disant que « l'existence n'est pas un prédicat », voulant dire par là qu'ajouter « et existe » n'est pas du même ordre qu'ajouter « et aime la Guinness ». Vous êtes responsable du sens : vous pouvez ajouter ce qu'il vous plaît à la définition de l'emploi. Mais c'est le monde qui est en charge du référent : c'est lui qui dit s'il existe quelque chose qui satisfasse vos conditions.

Cela étant bien compris, on peut en venir maintenant aux arguments. Nous avons déjà rencontré, au chapitre premier, un argument de l'existence de Dieu : l'argument de la « marque de fabrique » avancé par Descartes. Il n'a pas semblé si fort que cela et, de fait, dans un passage ultérieur de son livre, dans la cinquième *Méditation*, Descartes le compléta par un autre. Ce second argument était une reprise d'un argument beaucoup plus ancien, l'argument *ontologique* de saint Anselme (1033-1109). Celui-ci définit Dieu comme l'être « tel que rien ne se peut penser de plus grand ». Et lui-même s'adresse à « l'insensé » (du Psaume XIV) qui a dit dans son cœur qu'il n'y a point de Dieu :

> *Mais il est bien certain que ce même insensé, quand il entend cela même que je dis : « quelque chose de tel que rien ne se peut penser de plus grand », comprend ce qu'il entend, et que ce qu'il comprend est dans son intellect, même s'il ne comprend pas que ce quelque chose est. [...] Donc l'insensé aussi, il lui faut convenir qu'il y a bien dans l'intellect quelque chose de tel que rien ne se peut penser de plus grand, puisqu'il comprend ce qu'il entend, et que tout ce qui est compris est dans l'intellect. Et il est bien certain que ce qui est tel que rien ne se peut penser de plus grand ne peut être seulement dans l'intellect. Car si c'est seulement dans l'intellect, on peut penser que ce soit aussi dans la réalité, ce qui est plus grand. [...] Il est donc hors de doute qu'existe quelque chose de tel que rien ne se peut penser de plus grand, et cela tant dans l'intellect que dans la réalité*[47].

Cet argument frappe par son caractère purement *a priori*. Il entend prouver l'existence de Dieu par le simple examen du concept ou de la définition de Dieu. C'est comme la preuve du spécimen en mathématiques, qui déduit du concept de cercle que des cordes partant d'un point vers les extrémités opposées d'un diamètre se rencontrent à angles droits. L'argument ne nécessite aucune prémisse empirique – ni mesures ni résultats expérimentaux.

On pourrait présenter l'argument d'Anselme en deux temps :

> Le concept de Dieu est compris. Tout ce qui est compris existe dans l'intellect. *Donc* Dieu existe dans l'intellect.

D'où il s'ensuit :

> *Supposez* que Dieu n'existe que dans l'intellect, pas dans la réalité. Un être plus grand que Dieu se conçoit donc : un être qui existe en réalité. *Mais* Dieu est défini tel que rien ne se peut concevoir de plus grand. *Donc* aucun être plus grand ne saurait être conçu, par définition. Nous voilà cependant avec une contradiction. Notre supposition originale était donc fausse.

Voilà une forme d'argument que je décris plus complètement dans le prochain chapitre : la *reductio ad absurdum*. Anselme nous invite à faire nôtre la supposition athée initiale, mais uniquement pour montrer qu'elle est fausse, puisqu'elle implique une contradiction.

La version cartésienne de l'argument porte sur la « perfection », plutôt que la grandeur, mais la structure est semblable. Dieu est défini comme parfait, mais l'inexistence serait une imperfection en quelque chose dans les autres qualités de Dieu : « l'existence est une perfection ». L'existence appartient donc à l'essence de Dieu, et Dieu ne saurait se concevoir inexistant.

Du vivant même d'Anselme, un moine du nom de Gaunilon s'en prit à l'argument. Ledit Gaunilon fit valoir que si l'argument était bon, on pourrait l'employer pour prouver toutes sortes de conclusions qui sont trop belles pour être vraies : par exemple, qu'il existe une île parfaite telle qu'on n'en peut concevoir de plus grande. Pour en revenir à notre Dulcinée, on peut le formuler ainsi. Supposez que vous ayez pris soin d'ajouter aux spécifications qu'il ou elle ne doit pas être seulement un grand amant, mais aussi être le plus grand amant qui se puisse concevoir. On peut alors soutenir de façon parallèle :

> Le concept de Dulcinée est compris. Tout ce qui est compris existe dans l'intellect. *Donc* Dulcinée existe dans l'intellect.

D'où il s'ensuit :

> *Supposez* que Dulcinée n'existe que dans l'intellect, pas dans la réalité. Un être plus grand que Dulcinée se conçoit donc : un être qui existe en réalité. *Mais* Dulcinée est définie telle que rien ne se peut concevoir de plus grand. *Donc* aucun être plus grand que Dulcinée ne saurait être conçu, par définition. Nous voilà cependant avec

une contradiction. Notre supposition originale était donc fausse.

Dulcinée existe dans la réalité. Merveilleux ! Mais ne vous réjouissez pas trop vite. Malheureusement, vous pourriez aussi prouver de la même façon que vous avez le plus dangereux rival qui se puisse imaginer pour vous disputer l'affection de Dulcinée. La prémisse cruciale sera que les vrais rivaux sont plus dangereux que les rivaux imaginaires – ce qu'ils sont assurément. Et l'argument ontologique semble aussi fait pour prouver l'existence du Diable, défini comme tel qu'on ne peut rien concevoir de pire. Car s'il doit exister quelque chose de tel qu'on ne peut rien concevoir de pire, autant qu'il n'existe pas seulement dans l'imagination, car on pourrait alors concevoir quelque chose de pire, à savoir un être qui n'est pas seulement mauvais, mais qui existe aussi réellement (remarquez que l'existence d'un démon est une *imperfection* : elle le rend pire).

La plupart des philosophes ont reconnu le caractère suspect de cet argument ontologique – aussi suspect que de prétendre s'assurer que Dulcinée existe en rédigeant une petite annonce détaillant ses qualités. Mais ils ne se sont pas toujours entendus sur ce qui laisse à désirer. Le problème tient en partie au fait que l'existence est considérée « comme un prédicat ». Le problème est résolu par la théorie que nous aborderons dans le chapitre suivant : la théorie de la quantification. Mais il est loin d'être sûr qu'il en résulte une lacune fatale.

À mon sens, le problème crucial tient à une ambiguïté qui se cache dans la comparaison entre

« réalité » et « conception ». Dans l'argument, les choses « de la réalité » sont comparées aux choses « conçues » (suivant une définition, ou encore imaginées ou rêvées), pour des propriétés telles que la grandeur ou la perfection. Cela paraît simple, comme si nous comparions des choses de deux régions géographiques différentes, en sachant que celles de l'une sont plus grandes ou moindres que celles de l'autre. Comme si l'on se demandait si les poulets sont plus lourds en Allemagne qu'en France. En fait, il n'en va pas ainsi. Prenez cette phrase :

> Les vraies dindes sont plus lourdes que les dindes imaginaires.

En un sens, semble-t-il, c'est vrai. En ce sens, les dindes imaginaires ne pèsent rien (après tout, il n'y a même pas de quoi faire un en-cas). Mais il est aussi un sens où c'est faux, parce qu'on peut imaginer une dinde plus lourde que toute dinde réellement existante : une dinde de cinq cents livres de la taille d'une petite grange, par exemple. Dans l'argument ontologique, « Dieu » dans l'imagination est comparé à Dieu dans la réalité, de même que la dinde imaginaire est comparée à une vraie dinde, et l'on constate qu'elle pèse moins lourd. Dans l'argument ci-dessus, Dulcinée en réalité est comparée à Dulcinée imaginaire, et jugée meilleure : même de vrais amants fort médiocres sont assurément plus grands amants que des amants imaginaires ! Et voilà qui est censé contredire la définition. Mais ce genre de comparaison ne montre en fait *rien* qui contredise la définition.

Tout se passe comme si une institutrice vous demandait d'imaginer une dinde plus lourde que n'importe quelle vraie dinde. Vous vous exécutez et imaginez une dinde de cinq cents livres. Mais la maîtresse se plaint alors que les dindes imaginaires sont toujours moins lourdes que les vraies dindes : vous n'avez donc pas réussi à imaginer ce qu'elle vous demandait. Votre dinde imaginaire ne pèse rien (vous ne pouvez la manger) et vous avez donc « contredit la définition ». Tant pis pour la note ! Vous auriez raison d'en être chagriné. Après tout, c'est la maîtresse qui s'est trompée, pas vous.

Cela suggère qu'il ne faut pas penser aux « dindes imaginaires » ou aux « dindes dans l'intellect » comme à une espèce de dinde qu'on peut en principe peser et comparer à de vraies dindes, mais dont on constate toujours qu'elles sont moins lourdes. Or, l'argument ontologique nécessite précisément une comparaison de ce genre. C'est ici qu'il fait défaut. Car même si Dieu n'existe qu'en imagination, comme Dulcinée ou une dinde de cinq cents livres, il ne s'ensuit pas qu'on puisse décrire ou imaginer un être plus grand. Après tout, la description comportait des superlatifs. Malheureusement pour la preuve d'Anselme, cependant, cela ne règle pas la question de savoir si quoi que ce soit y répond.

ÉLÉPHANTS ET TORTUES

L'argument a toujours paru équivoque. Saint Thomas d'Aquin (vers 1225-1274), le plus grand théologien du Moyen Âge, ne devait pas l'accepter.

Il préféra plaider que Dieu est nécessaire pour *expliquer* le monde ou le cosmos tel que nous l'appréhendons. Cet argument, dit *cosmologique*, exerce un attrait beaucoup plus fort sur l'imagination. Il en existe diverses versions. Toutes supposent d'identifier en quoi les choses de l'univers physique, les choses telles que nous les connaissons par le toucher, la vue et les autres sens, sont des êtres *dépendants*. Puis on soutient que les êtres dépendants présupposent au fond un être qui ne soit *pas* dépendant de quoi que ce soit et qui en est l'explication. Une version – peut-être la plus facile à comprendre – est l'argument de la *cause première*. Voici donc le personnage de Déméa, tiré des *Dialogues sur la religion naturelle* de Hume (publiés un an après la mort de Hume en 1776, ces *Dialogues* sont l'analyse philosophique classique des arguments théologiques traditionnels ; je les citerai abondamment dans les pages qui suivent) :

> *Tout ce qui existe doit avoir une cause ou une raison de son existence, étant absolument impossible pour une chose de se produire soi-même ou d'être la cause de sa propre existence. Par conséquent, en remontant des effets aux causes, nous devons ou bien suivre le cours d'une succession infinie, sans jamais aucune cause dernière, ou bien avoir enfin recours à quelque cause dernière qui est nécessairement existante. Or, que la première supposition soit absurde, on peut le prouver de la façon suivante. Dans l'infinie chaîne des causes et des effets, chaque effet pris séparément est déterminé à exister par le pouvoir et l'efficace de la cause qui l'a précédé immédiatement ; mais le tout de la chaîne ou de la succes-*

> *sion éternelle, prise dans son ensemble, n'est déterminé ni causé par rien ; et cependant il est évident qu'elle requiert une cause ou une raison, tout autant qu'un objet particulier qui commence d'exister dans le temps. C'est encore une question raisonnable de demander pourquoi cette succession particulière de causes a existé de toute éternité, et non point telle autre succession ou pas de succession du tout. S'il n'y a pas d'Être nécessairement existant, toute supposition qui peut être forgée est également possible ; et il n'y a pas plus d'absurdité à ce que rien n'ait existé de toute éternité, qu'il n'y en a dans cette succession des causes qui constitue l'univers. Qu'est-ce qui donc a déterminé quelque chose à exister plutôt que rien et qui a accordé l'être à une possibilité particulière, à l'exclusion des autres ? Des causes externes, on suppose qu'il n'y en a pas. Le hasard est un mot sans signification. Fut-ce rien ? Mais cela ne peut jamais produire quoi que ce soit. Nous devons donc avoir recours à un Être nécessairement existant, qui porte en lui-même la raison de son existence et qui ne saurait être supposé ne pas exister sans une expresse contradiction. Il y a par conséquent un tel Être, c'est-à-dire : il y a une Divinité*[48].

L'argument est exposé avec force, mais est-il valable ?

L'argument de la cause première, aurait observé Russell, était mauvais, singulièrement, terriblement mauvais en ce que la conclusion non seulement découlait des prémisses, mais, en vérité, les contredisait. Son idée était que l'argument part de la prémisse que « tout a une cause » distincte, antérieure, mais s'achève avec la conclusion qu'il doit exister quelque chose qui n'a *pas* de cause distincte, antérieure, mais « porte en lui-même la *raison* de son existence ». La conclusion nie donc ce que la prémisse affirme.

La réfutation de Russell est un peu facile. Car le propos de l'argument, dans la perspective théologique, est que, certes, chaque chose matérielle ou physique a une cause antérieure distincte, mais que ce fait même nous amène à postuler autre chose, qui n'en a pas. Dans le jargon de la théologie, ce serait une chose « nécessaire » ou *causa sui* : une chose qui est sa propre cause. Et comme ce n'est pas vrai des choses ordinaires qui nous entourent, il nous faut postuler quelque chose d'extraordinaire, une Divinité, porteuse de cette extraordinaire autonomie.

Le problème qu'elle pose est sans délai exposé dans les *Dialogues* de Hume.

> *On prétend que la Divinité est un être nécessairement existant ; et cette nécessité de son existence, on essaie de l'expliquer en affirmant que si nous connaissions entièrement son essence ou sa nature, nous percevrions qu'il lui est tout aussi impossible de ne pas exister que pour deux et deux de ne pas faire quatre. Mais il est évident que jamais ceci n'arrivera, aussi longtemps que nos facultés resteront ce qu'elles sont à présent. Il nous sera encore possible, à tout moment, de concevoir la non-existence de ce que nous concevions précédemment exister ; et l'esprit ne saurait jamais se trouver dans la nécessité de supposer qu'un objet demeure toujours dans l'être, de la même manière que nous sommes dans la nécessité de toujours concevoir que deux*

> *et deux font quatre. Ainsi, les mots existence nécessaire n'ont pas de sens ; ou, ce qui revient au même, aucun sens qui soit cohérent*[49].

Sur ce, le porte-parole de Hume, un dénommé Cléanthe, ajoute que, nonobstant ce que nous savons, il se pourrait bien que le monde ou l'univers matériel lui-même soit « l'être nécessairement existant », malgré la dépendance mutuelle de ses parties. Car il doit bien exister des « qualités inconnues, inconcevables », qui font de tout un « existant nécessaire ». Et, en dépit de ce que nous savons, de telles qualités inconnues et inconcevables peuvent bien s'attacher à l'univers physique ordinaire, plutôt qu'à quelque chose, personne ou divinité immatérielle qui se cacherait derrière lui.

Il importe de le rappeler ici : pour ce qui est de l'expérience quotidienne, les esprits demandent tout autant à être expliqués et ne sont pas moins des êtres dépendants que les objets physiques. Postuler un esprit qui serait soustrait à toute dépendance que ce soit ne fait pas moins violence à l'expérience que de postuler un objet matériel dans la même situation.

L'argument de la cause première répond à des inquiétudes qui sont naturelles et en fait, selon certains philosophes, notamment Kant, inévitables. Quand nous pensons au big bang, la question fuse aussitôt : mais alors, pourquoi cet événement ? Nous ne pouvons nous satisfaire d'un « sans raison », parce que nous ne nous satisfaisons pas des événements qui « arrivent comme par enchantement » : le besoin d'explication est plus fort. Aussi postulons-nous autre chose, une autre cause derrière celle-ci. Mais ce besoin menace de se manifester éternellement. Si nous avons mentionné Dieu à ce stade, il nous faut soit demander ce qui a causé Dieu, soit interrompre la régression par un décret arbitraire. Mais si nous nous prévalons d'un droit arbitraire d'arrêter la régression à ce stade, nous pourrions aussi bien la suspendre à l'univers physique. Autrement dit, nous sommes dans la position du philosophe indien auquel on demandait sur quoi le monde repose : Un éléphant, répondit-il. – Et l'éléphant ? – Sur une tortue. Et la tortue ? Il demanda alors à changer de sujet.

Il existe des versions de l'argument cosmologique qui ne se préoccupent pas de la cause première dans le temps. Elles considèrent plutôt l'ordre continu de l'univers : l'uniformité de la nature. Il peut sembler stupéfiant que les lois de la nature continuent de prévaloir, que le cadre de la nature ne se disloque pas. On peut imaginer que ces faits doivent être « dépendants » et requièrent une cause nécessaire qui les soutienne (tel Atlas portant le monde). Mais on retrouve une fois de plus l'alternative : d'un côté une régression, de l'autre la décision arbitraire de prêter à quelque chose des « propriétés inconnues, inconcevables », qui le rendent autonome. Une chose dont l'uniformité continue ne requiert aucune explication en dehors d'elle-même. Et ce pourrait être aussi bien le monde dans son ensemble que tout autre chose. Nous reviendrons sur l'uniformité de la nature dans les deux prochains chapitres.

LE SAGE ARCHITECTE

Le même Cléanthe, qui reçoit pour mission de réfuter l'argument cosmologique, est le porte-parole d'un autre essai pour prouver l'existence d'une Divinité : l'argument du *dessein*, l'idée que le ciel et la terre proclament la gloire du créateur. Cet argument fut la pièce maîtresse de la théologie au XVIIIe siècle, et continue d'exercer une forte influence. Je suivrai la discussion classique qu'on en trouve dans les *Dialogues* de Hume. Voici la présentation qu'en fait Cléanthe :

> *Jetez vos regards partout sur le monde, contemplez le tout et chacune de ses parties ; vous trouverez qu'il n'est rien qu'une grande machine, divisée en une infinité de machines plus petites, qui admettent à nouveau des subdivisions à un degré qui dépasse ce que les sens et les facultés humaines peuvent discerner et expliquer. Toutes ces diverses machines, et même leurs parties plus petites, sont ajustées les unes aux autres avec une précision qui ravit d'admiration tous les hommes qui les ont jamais contemplées. La minutieuse adaptation des moyens aux fins à travers toute la nature ressemble exactement, bien que les dépassant de beaucoup, aux productions de l'industrie humaine – du dessein, de la pensée, de la sagesse et de l'intelligence humaine. Par conséquent, puisque les effets se ressemblent, nous sommes conduits à inférer, par toutes les règles de l'analogie, que les causes aussi se ressemblent et que l'Auteur de la nature est en quelque manière semblable à l'esprit de l'homme, bien que doué de facultés beaucoup*

> *plus vastes, proportionnées à la grandeur de l'ouvrage qu'il a exécuté. Par cet argument* a posteriori, *et par cet argument seulement, nous prouvons à la fois l'existence d'une Divinité et sa similitude avec l'esprit et l'intelligence humaine*[50].

Cet argument présente deux aspects importants. En premier lieu, il s'agit d'un argument par *analogie*. Le monde ressemble aux objets conçus par l'homme. Aussi, de même qu'il serait raisonnable, en présence d'une montre, d'imaginer un concepteur humain, il est raisonnable, face au cadre entier de la nature, de postuler un divin concepteur. En second lieu, c'est un argument *a posteriori*. Autrement dit, il part de l'expérience, ou de ce que nous savons du monde tel que nous le trouvons. Mais c'est ici que l'argument du dessein perd de son éclat.

Après que le darwinisme a commencé à offrir une explication naturelle de l'ajustement mutuel des systèmes biologiques complexes, l'argument a perdu un peu de son lustre. Mais, en vérité, Hume (et Kant) touche juste sans recourir à aucune autre explication de choses telles que l'adaptation biologique. Et c'est tout aussi bien, car l'argument ne porte pas fondamentalement sur la biologie, qui nous donne seulement un exemple des ajustements de la nature. La cosmologie en fournit d'autres. (Par exemple, suivant une estimation courante autorisée, les chances d'un ajustement des diverses constantes cosmologiques pour rendre possible la vie organisée sur la planète sont de 1 à $10/10^{125}$:

chiffre inimaginable. Aussi a-t-il peut-être fallu un sage architecte pour les ajuster.)

Mais comment Hume, en la personne de Philon – son porte-parole dans les *Dialogues* – s'efforce-t-il de réfuter l'argument du concepteur ? Philon fait valoir que l'argument érige une des opérations que nous rencontrons dans la nature, l'opération de la pensée, en « règle pour le tout ».

> *Mais dussions-nous prendre les opérations d'une partie de la nature sur une autre pour le fondement de notre jugement sur l'origine du tout (ce qui jamais ne sera admissible) : pourquoi encore choisir un principe aussi chétif, aussi faible, aussi borné que la raison et le dessein des animaux tels qu'ils se trouvent sur cette planète ? Quel privilège particulier a cette petite agitation du cerveau que nous appelons pensée pour que nous devions en faire ainsi le modèle de tout l'univers ? Sans doute, notre partialité en notre faveur nous la présente en toute occasion ; mais la saine philosophie doit se garder soigneusement d'une illusion aussi naturelle*[51].

L'argument de l'analogie ne saurait être fiable qu'à certaines conditions. Premièrement, les bases de l'analogie doivent être extrêmement semblables. Deuxièmement, il faut avoir une certaine expérience des explications probables. Autrement dit, il nous faut connaître autant que possible le genre de cause qui produit ce genre d'effet. Par exemple, un trou dans un arbre ressemble beaucoup à un trou dans un corps humain. Mais, de là à penser, « par analogie », que l'arbre risque d'en mourir comme l'homme, c'est forcer le raisonnement. Il nous faut davantage d'observations, une intelligence plus fine de la manière dont les choses dépérissent avant de pouvoir en tirer sagement une telle inférence. C'est ce second type d'expérience qui fait cruellement défaut en théologie, car nous n'avons pas la moindre idée du genre de « chose » qui fait exister des univers physiques entiers.

De surcroît, les images ne viennent que trop aisément, et Philon trouve grand plaisir à en inventer. Pour commencer, si l'univers ressemble à une montre, il ressemble davantage encore à un légume :

> *Le monde ressemble manifestement plus à un animal ou à un végétal qu'à une montre ou à un métier à tricoter. Il y a donc davantage de probabilité pour que sa cause ressemble à la cause des premiers. La cause des premiers est la génération ou la végétation. La cause du monde est donc, nous pouvons l'inférer, quelque chose de semblable ou d'analogue à la génération ou à la végétation*[52].

Naturellement, un théiste s'empressera d'observer que cela ne nous conduit nulle part, car cela nous ramènerait simplement à une nouvelle cause légumière, sur l'origine de laquelle il faudrait encore s'interroger. Mais il en va de même si nous sommes ramenés à quelque chose qui ressemble à un esprit. Si Cléanthe, défendant le raisonnement, arrête la régression là, il ne saurait reprocher à Philon, hostile à l'argument, d'arrêter la régression sur un légume. Il s'en explique ainsi :

Si je fais reposer mon système de cosmogonie sur les premières [la végétation et la génération], plutôt que sur la dernière [la raison], c'est à mon gré : l'affaire semble entièrement arbitraire. Et quand Cléanthe me demande quelle est la cause de ma grande faculté végétative ou générative, je suis également en droit de lui demander la cause de son grand principe raisonnant. Ces questions, nous sommes convenus de nous en abstenir des deux côtés ; et c'est tout son intérêt dans le cas présent de s'en tenir à cette convention. À en juger par notre expérience limitée et imparfaite, la génération a quelques privilèges sur la raison ; car nous voyons chaque jour la seconde naître de la première, et jamais la première de la seconde[53].

Cette dernière observation est dévastatrice. Cléanthe s'enorgueillit de la nature « scientifique » de son raisonnement : un argument par analogie, tiré de l'expérience. Mais l'expérience nous montre alors combien l'existence même de l'intelligence est fragile, et tributaire d'autres choses. Dans notre expérience, l'esprit requiert un cerveau, qui est chose fragile, dépendante, tardive et exceptionnelle dans la nature. La « génération » – autrement dit la croissance d'un animal ou d'un légume à partir d'une vie animale ou végétale antérieure – est chose commune en comparaison et, aussi loin que nous pouvons remonter dans nos observations, nécessaire à l'existence de l'intelligence. Sur la base de l'expérience, l'existence d'un esprit qui se suffit à lui-même est donc beaucoup moins probable que quelque autre cause physique responsable de tout.

L'observation de Philon paraissant ici imparable,

il est bon de spéculer un peu sur l'attrait de l'argument du dessein. Pourquoi la réplique de Philon ne plaît-elle guère ? À mon sens, la cause fondamentale est la même que pour certains problèmes du libre arbitre. Nous croyons plus satisfaisant d'arrêter la régression à l'« intelligence » plutôt qu'à la « génération » parce que nous imaginons avoir dans notre propre expérience l'exemple d'un événement mental *non causé* : ainsi quand je prends l'initiative d'une action, donnant naissance à un événement matériel. Et nous en faisons un modèle de la création arbitraire d'un univers par une divinité intelligente. En pensant de la sorte, nous oublions l'observation de Schopenhauer (voir le chapitre 3) : il arrive que nous agissions sans être conscients de la causation, mais il ne s'ensuit pas, et il n'est pas vrai, que nous ayons conscience de l'absence de causation. Cette interaction entre l'argument du dessein et la conception interventionniste du libre arbitre présente un aspect moral intéressant. Ou pourrait dire que les deux images – celle d'un Dieu surnaturel et celle d'un « soi » également soustrait à la nature – se nourrissent mutuellement. Et chacune conduit à nier la souveraineté de la nature. Elle pousse à voir le monde comme une chose que « nous » dominons, comme Dieu le domine. Alors qu'en vérité le monde est une chose dont nous sommes une toute, toute petite partie.

Les images, je l'ai dit, ne valent pas grand-chose, et Philon s'en donne à cœur joie avec une autre catégorie. Supposez que nous ayons renoncé à toutes ces objections pour accorder à Cléanthe son « dessinateur », son « créateur ». Et après ? Les dessins sont parfois le produit d'un seul esprit. Mais plus souvent, comme dans le cas des grands projets telle la construction d'un navire, ils sont le fruit du travail concerté de plusieurs esprits. Certains sont le fruit de meilleurs « dessinateurs » que d'autres :

> *En un mot, Cléanthe, quelqu'un qui suit votre hypothèse est peut-être capable d'affirmer ou de conjecturer que l'univers, un jour, naquit de quelque chose comme un dessein ; mais, passé cette proposition, il ne peut rendre sûre la moindre circonstance, et il reste libre ensuite de fixer tous les points de sa théologie par les fantaisies et les hypothèses les plus débridées. Ce monde, pour autant qu'il le connaisse, est très défectueux et imparfait, si on le compare à un étalon supérieur ; et il ne fut que le premier essai grossier de quelque Divinité en bas âge, qui l'abandonna par la suite, honteux de son piètre ouvrage ; ce n'est que l'œuvre de quelque Divinité chargée d'ans, production qui, depuis la mort de celle-ci, court perpétuellement à l'aventure, par l'effet de la première impulsion et de la force active qu'elle en avait reçues. [...] Et je ne puis, pour ma part, penser qu'un système de théologie aussi fantasque et si peu établi, soit sous aucun rapport préférable à l'absence totale de système*[54].

Ce qui nous conduit inévitablement au problème suivant.

LE PROBLÈME DU MAL

La plupart des systèmes religieux attendent davantage de leurs dieux que les qualités fort abstraites de l'« existence nécessaire ». Ils veulent encore l'amour et la sollicitude. Un dieu qui a créé le monde puis s'en est éloigné en le laissant livré à lui-même n'est pas un digne objet de culte, ni même une source d'autorité morale. La perfection morale compte parmi les attributs traditionnels de Dieu. Dieu doit être tout-puissant, cela va de soi, omniscient, mais aussi « tout aimant ». C'est alors, cependant, que surgit l'argument classique contre l'existence de Dieu : le fait est que, dans le monde qu'il (elle, ils ou ça) a créé, cet amour paraît tristement absent. Comme dit Philon :

> *Sa puissance, nous la posons infinie : tout ce qu'elle veut est exécuté ; mais ni l'homme, ni aucun autre animal ne sont heureux ; donc elle ne veut pas leur bonheur. Sa sagesse est infinie : elle ne se trompe jamais dans le choix des moyens qui mènent à la fin ; mais le cours de la nature ne tend pas à la félicité humaine ou animale ; donc il n'est pas établi dans ce but. Dans tout le champ de la connaissance humaine, il n'est pas d'inférences plus certaines et plus infaillibles que celles-ci. Sous quel rapport, dès lors, la bienveillance et la miséricorde de la Divinité ressemblent-elles à la bienveillance et à la miséricorde des hommes ?*
>
> *Les vieilles questions d'Épicure restent encore sans réponse. La Divinité veut-elle empêcher le mal, sans en être capable ? Elle est alors impuissante. En est-elle capable, mais sans en avoir la*

> *volonté ? Elle est alors malveillante. En a-t-elle à la fois le pouvoir et la volonté ? D'où vient alors que le mal soit*[55] *?*

Le problème de Cléanthe est que le monde tel que nous le connaissons est au mieux mélangé pour ce qui est du bonheur de ses créatures. La vie est rude et, pour beaucoup, brutale, pleine de manques et de souffrances. Le bien-être de maintes créatures dépend de la maladie et de la mort des autres. Mais il est absurde de partir d'une création mixte pour en arriver à un créateur parfait. Même un père ou une mère moyennement bon ne choisit pas délibérément de mettre ses enfants dans un environnement hostile s'il peut, sans que cela lui coûte rien, les placer dans un cadre meilleur. Les analogies chères à Cléanthe se retournent ici contre lui.

Imaginez que vous êtes dans un dortoir, au lycée ou à la fac. La situation n'est pas bien fameuse. La toiture fuit, il y a des rats dans les parages, la nourriture est presque immangeable, certains étudiants crèvent de faim. Une porte reste fermée. Celle de la direction. Mais la direction ne sort jamais. Vous commencez à vous interroger sur son compte. De l'état même du dortoir, pouvez-vous inférer que la direction, *primo*, sait exactement ce qu'il en est, *secundo*, a le plus grand souci de votre bien-être et, *tertio*, dispose de moyens illimités pour remédier à la situation ? Cette inférence est déraisonnable. Vous en inféreriez très certainement que la direction n'est pas au courant, qu'elle s'en fiche ou qu'elle n'y peut rien. Vous tombez sur un étudiant qui s'indigne : il est dans le secret des dieux, lui ! Il sait ce que pense la direction, et il peut vous assurer que celle-ci sait, qu'elle s'en préoccupe, et qu'elle a les ressources et les capacités de faire ce qu'elle veut : vous n'êtes pas plus avancé ! L'inférence irrésistible est, non pas que la direction est telle qu'il la décrit, mais que cet étudiant se fait des illusions. Peut-être les privations mêmes sont-elles à l'origine de ses hallucinations. Des multiples inconvénients de Windows, nul n'a jamais inféré que Bill Gates était infiniment bienveillant, omniscient et capable de tout réparer.

De semblables remarques valent pour l'idée que le monde est une « vallée de larmes », une sorte de banc d'essai pour ce qui nous attend. Les pensionnaires de mon dortoir pourraient croire que la direction observe comment ils se conduisent afin de les répartir l'année suivante entre les meilleurs dortoirs ou les pires – les parfaits ou les infernaux. C'est concevable. Mais, sur la foi des conditions présentes, ils n'ont pas la moindre raison de croire que c'est vrai. Le seul élément dont ils disposent, c'est ce qu'ils voient de la direction. Et si elle – il ou eux – ne veille pas à leur confort ici, pourquoi imaginer qu'elle le fasse ailleurs ? Autant imaginer que, puisqu'il fait chaud ici, il doit exister quelque part ailleurs un dortoir qui soit parfaitement chaud et un autre parfaitement froid. L'inférence est délirante.

Cléanthe y est particulièrement vulnérable, parce qu'il a tenté une inférence raisonnable, fondée sur une analogie – de la marche du monde à la nature du créateur. Mais même en laissant de côté les autres difficultés auxquelles se heurte l'argument du dessein, d'un monde mélangé et incomplet, il ne peut arriver au mieux qu'à un créateur mélangé et incomplet. Ou :

> *La vraie conclusion est que la source originelle de toutes choses est entièrement indifférente à tous ces principes, et ne préfère pas plus le bien au mal, que la chaleur au froid, la sécheresse à l'humidité, ou le léger au lourd*[56].

Déméa – le personnage enclin à accepter l'argument ontologique et cosmologique – se heurte à un autre problème. Comme son raisonnement ne va pas de la marche du monde à la divinité, il n'est pas vulnérable de la même façon à cette observation. La différence est que, puisque Cléanthe va du monde tel qu'il est à la nature du Dieu, il lui faut montrer que le monde est précisément *tel qu'on l'attendrait* en postulant un Dieu omnipotent et omniscient qui ne serait qu'amour. Il a besoin que le monde *cadre* avec l'idéc d'un être pareil. Déméa peut bien admettre qu'il n'est pas tout à fait tel qu'on l'attendrait, mais soutient seulement qu'il est *compatible* avec cette divinité. Il n'*infirme* pas l'idée d'un tel être.

Il lui reste encore à affronter les « vieilles questions d'Épicure ». La stratégie qu'il suit est devenue toujours plus populaire au fil des siècles suivants. Force lui est de se réfugier dans la nature mystérieuse et incompréhensible de l'esprit divin. Déméa réprouve la démarche impie de qui essaie de comprendre la bonté de Dieu sur le modèle des intentions, des perceptions ou de l'entendement des hommes.

Tout le problème est alors d'expliquer en quoi

le fait de croire en un dieu incompréhensible devrait avoir la moindre conséquence. Ainsi que Wittgenstein devait le dire plus tard, dans un autre contexte :

> *un rien servira tout aussi bien qu'un quelque chose dont on ne saurait rien dire*[57].

Hume lui-même, « le grand infidèle », se contente de laisser subsister le mystère. À la fin des *Dialogues*, le sceptique Philon est parfaitement disposé à lui faire place :

> *Si le tout de la théologie naturelle, comme quelques-uns semblent le soutenir, se résout en une seule proposition, simple, quoique assez ambiguë, ou du moins indéfinie, que la cause ou les causes de l'ordre dans l'univers présentent probablement quelque lointaine analogie avec l'intelligence humaine ; si cette proposition n'est pas capable d'extension, de variation ou d'explication plus particulière ; si elle ne fournit aucune inférence qui affecte la vie humaine ou qui puisse être la source d'une action ou d'une absence d'action ; et si l'analogie, imparfaite comme elle l'est, ne peut être étendue plus loin qu'à l'intelligence humaine, et ne peut être transférée, avec quelque apparence de probabilité, aux autres qualités de l'esprit ; si tel est bien le cas, que peut faire l'homme le plus curieux, le plus contemplatif et le plus religieux, sinon donner un franc et philosophique assentiment à cette proposition, aussi souvent qu'elle se présente, et croire que les arguments sur lesquels elle est établie excèdent les objections qui s'y opposent ? Certes,*

> *quelque étonnement naîtra naturellement de la grandeur de l'objet ; quelque mélancolie de son obscurité ; quelque mépris de la raison humaine, de ce qu'elle ne puisse donner de solution plus satisfaisante en ce qui regarde une question si extraordinaire et si magnifique*[58].

Le problème de Déméa sera désormais que, la divinité à laquelle il est arrivé étant un insondable mystère, il ne saurait en tirer aucune conséquence. Libre à vous de sonder la Brume Mystérieuse, si le cœur vous en dit : vous n'y trouverez jamais que ce que vous y avez mis. Réduite à son noyau dur respectable, la croyance religieuse se révèle complètement inerte. Elle est sans conséquence.

Le fait surprend – surprend si bien que de nombreux commentateurs se sont interrogés longuement sur la question de savoir si Hume était en vérité théiste ou athée. Beaucoup de gens pensent que la différence entre être théiste, croyant, et athée, incroyant, est d'une incroyable importance. Mais si « un rien fait aussi bien l'affaire qu'un quelque chose dont on ne saurait rien dire », la différence disparaît. Si tout ce qu'il est raisonnablement permis de croire est que la cause de l'univers ne va probablement pas sans quelque inconcevable analogie avec les autres opérations de la nature, il n'en résulte aucune compréhension *utilisable*, aucune intelligence réelle qui nous puissions extraire de ces brumes. Nous pourrions dire, suivant la remarque de Wittgenstein, que Hume « déconstruit ici » la différence apparente entre théisme et athéisme.

En particulier, s'il faut concevoir la « bonté de

Dieu » autrement que nous concevons le bien (si, par exemple, en ce sens différent, faire déferler une épidémie de peste bubonique sur des enfants sans défense pourrait être une manifestation de la « bonté » de Dieu), elle est sans implication aucune sur la manière dont je dois vivre ma vie. Cela ne me donne aucune manière de trancher si le plaisir est préférable à la peine, si je dois tendre l'autre joue ou pratiquer le « œil pour œil », pas plus que cela ne me dit si je dois préférer le chaud au froid. Or ce sont ces choses que la religion est censée prendre en charge. Et le fait a son importance parce que les gens imaginent que ce n'est pas sans conséquences sur notre manière d'agir. Et voilà que, si nous suivons la gamme traditionnelle des arguments, cela ne fait aucune différence que ce soit.

La théodicée est la branche de la théologie qui essaie de traiter le problème du mal. Une solution consiste à montrer que certaines valeurs paraissent présupposer des souffrances. Nous pouvons égayer les pensionnaires du dortoir qui laisse à désirer en célébrant les vertus de la patience ou de la force d'âme : des biens qui ne sauraient fleurir sans privations ni difficultés. L'ennui est que nous-mêmes pensons que les choses vont mieux quand les situations requérant ces vertus perdent une partie de leur acuité. Les imperfections de Windows ont sans doute nourri les vertus de patience et de force d'âme, mais même Microsoft n'en a jamais pris prétexte pour défendre la perfection de son produit. De fait, c'est bien pourquoi il continue à essayer de l'améliorer.

Encore une fois, face à ce problème, des gens défendent la croyance en une divinité réellement bonne, bonne en un sens que nous pouvons comprendre, par ce qu'on appelle « l'argument du libre arbitre ». L'idée, c'est que Dieu a créé un univers bon et, du fait de sa bonté, nous a créés doués du libre arbitre. En abusant de la liberté qu'il nous a octroyée, cependant, nous avons nous-mêmes introduit le mal dans un monde autrement parfait. C'est cette idée qu'exprime le mythe de la Chute et de l'expulsion du Paradis.

Cette défense suscite maintes objections. Premièrement, elle semble tributaire d'une conception du libre arbitre qui paraît elle-même incohérente : la conception interventionniste suivant laquelle quelque chose qui ne fait pas partie de l'ordre naturel (le Vrai Moi) interfère à l'occasion dans l'ordre naturel. Sans cela, en effet, si le libre arbitre est compris de manière compatibiliste, c'est avec une dotation naturelle, que je dois en définitive à Dieu selon le théiste, que je prends ma décision. Si Dieu n'avait pas voulu que Staline massacre des millions d'hommes, il n'aurait pas dû créer la nature qui a finalement donné naissance aux modules de décision de cette personne.

Deuxièmement, il n'est tout simplement pas vrai que les maux affligeant les êtres humains soient dus en totalité ou même largement à des décisions humaines. Ils sont dus à la maladie, à la souffrance, au besoin et aux accidents. Ils affligent la création animale aussi bien que les êtres humains – et ils ont existé bien avant qu'il n'y eût des êtres humains.

Troisièmement, quand bien même on accepterait la métaphysique du libre arbitre, on pourrait attendre d'un Dieu bon qu'il protège une partie des faibles des abus du libre arbitre dont les forts se rendent coupables. Un parent pourrait bien reconnaître qu'il est bon de laisser les enfants choisir par eux-mêmes, et leur donner quelque liberté. Mais si des enfants plus âgés montrent une tendance alarmante à tuer et à mutiler les plus jeunes, le parent serait bien avisé de les tenir à l'œil, ou de protéger les plus jeunes en détournant les aînés de leurs projets. Par malheur, ce n'est pas ce que fait Dieu dans le monde tel que nous le connaissons. Il n'existe pas de parcs à bébés naturels, où les faibles soient séparés des forts. Il nous faut tenter de créer nos propres zones de sécurité.

Pour ma part, j'ai le sentiment que les traditions religieuses ne sont jamais meilleures que lorsqu'elles prennent leurs distances vis-à-vis des vertus classiques de Dieu. Certaines traditions élèvent Dieu au-dessus du bien et de la vertu ou, pour reprendre l'expression prosaïque de Hume, en font un être qui « ne préfère pas plus le bien au mal, que la chaleur au froid ». Dans d'autres traditions, il n'est aucunement tout-puissant, mais sujet à des forces qui ne sont pas de son cru. Chacune d'elles fournit au moins une sorte de théodicée. Mais si nous nous préoccupions réellement d'élucider la nature de l'esprit de Dieu à partir de la nature de sa création, nous pourrions prendre au sérieux l'idée qu'il (elle, eux, ça) est un Dieu doué d'un sens de l'humour tordu. Après tout, comme dit la blague juive, il a conduit le peuple élu quarante années durant à travers le désert pour le larguer dans la seule partie du Moyen-Orient privée de pétrole.

MIRACLES ET TÉMOIGNAGE

Peut-être les arguments fondamentaux que nous avons examinés manquent-ils leur objectif. Mais beaucoup de gens imaginent que les miracles corroborent solidement la foi. Un prophète peut faire valoir les lettres de créance divines en prévoyant l'avenir, en opérant des guérisons miraculeuses, en apparaissant après la mort ou par d'autres signes de ce genre.

La plupart d'entre nous n'avons pas le privilège direct de voir de tels événements. Nous tenons plutôt nos croyances de ce que d'autres en disent : de leurs témoignages, que nous lisons dans la Bible, le Coran, les *Vies de saints*, ou même le *National Enquirer*. Par exemple, nous ne voyons pas un membre amputé retrouver sa taille normale, mais peut-être avons-nous entendu dire que cela s'est vu quelque part, dans les collines. Que le fait est confirmé, rigoureusement incontestable. Certes les gens n'ont pas été eux-mêmes enlevés par des extraterrestres, mais ils peuvent croire sincèrement d'autres personnes qui disent l'avoir été, ou que leurs frères ou cousins l'ont été. Même si nous n'avons pas revu dernièrement Elvis, enterré de longue date, nous pouvons lire que certains l'ont vu et le croire.

Hume posait une question pertinente : quand est-il raisonnable de croire un tel témoignage ?

Supposons que nous laissions de côté l'élément « miraculeux » : la question de savoir si un événement de cette espèce est dû à des puissances invisibles ou à une intervention divine. Reste qu'un candidat au miracle doit être non seulement surprenant, mais l'être totalement : ce doit être le genre de chose qui n'arrive jamais dans le cours ordinaire du monde (nous ne parlons pas ici du sens auquel toute la création est miraculeuse, puisque cela nous ramènerait à l'argument cosmologique). Pour établir des lettres de créance divines, il ne suffit donc pas que quelqu'un soit le héros d'événements inhabituels. Il faut des événements réellement incroyables : des gens qui s'élèvent dans les airs, du plomb qui flotte, de l'eau qui se transforme en vin, des morts qui reviennent à la vie. Le faiseur de miracles putatif est mis au défi de continuer : allez, épatez-moi ! Quand est-il donc raisonnable de croire les témoignages relatifs à des événements bizarres, qui sortent totalement de l'ordinaire ?

Hume commence par une affirmation assez directe sur les propos des hommes. C'est un fait, croyons-nous, qu'ils sont le plus souvent vrais. Et Hume de soutenir : si, d'une prémisse du style « Cette personne me dit *p* », nous concluons par inférence, « Donc *p* est probablement vrai », nous faisons la même chose qui si d'un fait précis, comme « la balle de base-ball se dirige vers la fenêtre », nous inférons un autre fait, « elle va casser le carreau ». Ces inférences sont *empiriques (a posteriori)* et se fondent sur notre expérience du monde. La véracité du témoignage humain est une question de fait et se fonde sur l'expérience. Et quand les choses se révèlent fausses, nous ne nous appuyons pas sur elles. Il peut y avoir « contrariété d'évidence », c'est-à-dire des éléments qui vont dans un sens quand d'autres indiquent une voie différente :

Cette contrariété d'évidence, dans le cas présent, peut provenir de plusieurs causes différentes : de l'opposition des témoignages contraires, du caractère ou du nombre des témoins, de la manière dont ils produisent leurs témoignages ou de l'union de toutes ces circonstances. Nous entretenons des doutes sur une question de fait quand les témoins se contredisent les uns les autres ; quand ils ne sont pas assez nombreux, ou qu'ils sont d'un caractère douteux ; quand ils ont intérêt à porter une affirmation ; quand ils énoncent leur témoignage avec hésitation ou, au contraire, avec des affirmations trop violentes. Il y a beaucoup d'autres points du même genre qui peuvent diminuer ou détruire la force d'un argument tiré du témoignage humain[59].

Autrement dit, c'est l'expérience elle-même qui nous indique quand il ne faut pas être trop crédule. Mais imaginons maintenant que le fait attesté soit absolument stupéfiant, proche du miraculeux.

C'est exactement ce même principe de l'expérience qui nous donne un certain degré d'assurance en l'attestation des témoins et qui nous donne aussi, dans ce cas, un autre degré d'assurance contre le fait qu'essaient d'établir les témoins ; cette contradiction engendre nécessairement un balancement et une destruction mutuelle de croyance et d'autorité[60].

Avant de prendre le temps d'analyser cet axe de réflexion, il nous faut voir où il conduit. Hume en tire une conclusion célèbre :

> *On en conclut manifestement (et c'est une maxime générale digne de notre attention) « qu'aucun témoignage ne suffit pour établir un miracle, sauf si le témoignage est de telle sorte que sa fausseté serait encore plus miraculeuse que le fait qu'il essaie d'établir ; et, même dans ce cas, il se produit une destruction mutuelle des arguments, et l'argument le plus fort nous donne seulement une assurance proportionnée au degré de force qui reste après déduction de la force inférieure ». Quand un homme me dit qu'il a vu un mort rappelé à la vie, je considère immédiatement en moi-même s'il est plus probable que cet homme me trompe ou qu'il se trompe, ou que le fait qu'il rapporte s'est réellement produit. Je pèse, l'un en regard de l'autre, les deux miracles ; et, selon la supériorité que je découvre, je prononce ma décision et rejette toujours le plus grand miracle. Si la fausseté de son témoignage était encore plus miraculeuse que l'événement qu'il rapporte, alors, et alors seulement, il peut prétendre gouverner ma croyance et mon opinion*[61].

L'argument est passible de diverses analyses. On peut utilement imaginer quelque chose de ce genre :

Supposez qu'on me parle d'un événement *m* hautement surprenant ou improbable. De fait, imaginons que *m* soit la chose la plus improbable que vous puissiez imaginer. Mon évidence, pour *m*, est : « Cette personne dit que *m* est arrivé. » J'ai maintenant le choix entre deux visions des choses :

> (a) Cette personne dit que *m* est arrivé. Mais *m* ne s'est pas produit.

(b) Cette personne dit que *m* est arrivé. Et *m* s'est produit.

Or, (a) et (b) contiennent chacun *un* élément surprenant : dans (a), la surprise vient de ce que la personne en question ait dit faux ; dans (b), que *m* se soit produit. Je dois donc peser ce qui est le plus surprenant ou improbable, puis rejeter « le plus grand miracle ».

Le problème, comme Hume se fait une joie de l'observer, est qu'il est fort commun que le témoignage soit faux. Il est des cas flagrants de mensonges délibérés. Des cas d'hallucinations. Des trous de mémoire notoires. Dès qu'il y a transmission d'information, des erreurs s'insinuent : erreurs de traduction, méprises, formulations métaphoriques prises à la lettre, et ainsi de suite. Donc (a) n'implique pas le même genre de probabilité que (b). La vision (b) implique le miracle : un événement à peu près aussi improbable qu'on puisse l'imaginer. Quant à la vision (a), elle implique une chose dont nous avons d'une manière ou d'une autre confirmation, à savoir que les gens se trompent. « Qu'aucun témoignage ne suffise pour établir un miracle, sauf si le témoignage est de telle sorte que sa fausseté serait encore plus miraculeuse que le fait qu'il essaie d'établir » est donc, pour tout témoignage, un obstacle incroyablement difficile à franchir. Et quand bien même, nous nous retrouvons au bout du compte dans un état de confusion, si bien que la sagesse dicte de suspendre son jugement.

De fait, Hume enchaîne en soutenant qu'aucune évidence invoquée à l'appui d'un système religieux n'est jamais à même de franchir l'obstacle. Il fait diverses observations : les nouvelles de miracles viennent souvent de temps et de lieux barbares et lointains ; de personnes dont les passions s'enflamment ; de gens qui ont tout intérêt à vendre une histoire :

> *Le sage prête une foi très académique à toute relation qui favorise la passion de qui la rapporte, qu'elle magnifie son pays, sa famille ou lui-même, ou que, de tout autre manière, elle s'accorde avec ses inclinations et ses tendances naturelles. Mais y a-t-il une tentation plus grande que de paraître un missionnaire, un prophète, un ambassadeur du ciel ? Qui n'affronterait beaucoup de dangers et de difficultés pour atteindre un caractère aussi sublime ? Ou si, avec le secours de la vanité et d'une imagination échauffée, on s'est d'abord converti soi-même et si l'on est entré sérieusement dans l'illusion, qui aura scrupule à employer des pieuses fraudes pour soutenir une cause aussi sacrée et aussi méritoire*[62] *?*

Il souligne combien les gens aiment qu'on leur rapporte ce genre de choses :

> *La passion de la surprise et de l'étonnement, qui naît des miracles, est une émotion agréable ; aussi nous donne-t-elle une tendance sensible à croire les événements dont elle procède. Cela va si loin que même ceux qui ne peuvent pas jouir immédiatement de ce plaisir, et ne peuvent croire à ces miraculeux événements dont on les informe, aiment pourtant à participer à cette satisfaction*

de seconde main et par rebondissement, et qu'ils mettent leur orgueil et leur plaisir à exciter l'admiration d'autrui.

Avec quelle avidité sont reçus les merveilleux récits des voyageurs, leurs descriptions de monstres marins et terrestres, leurs relations d'aventures étonnantes, d'hommes étranges et de mœurs inhabituelles ? Mais si l'esprit de religion se joint à l'amour du merveilleux, c'est la fin du sens commun et, dans ces circonstances, le témoignage humain perd toute prétention à l'autorité[63].

Puis il fait une observation plus subtile, concernant la relation entre les différentes religions, qui, toutes, ont leur budget de miracles :

[...] Considérons que, en matière de religion, tout ce qui est différent est contraire ; et qu'il est impossible que les religions de la Rome ancienne, de la Turquie, du Siam et de la Chine soient toutes établies sur une base solide. Par suite, tout miracle qui, prétend-on, a été accompli dans l'une de ces religions (et, toutes, elles regorgent de miracles), et qui a pour but direct d'établir le système particulier auquel il se rapporte, a aussi, bien que de manière plus indirecte, la même force pour détruire tout autre système. Quand il détruit un système rival, il détruit également le crédit des miracles qui ont établi ce système ; si bien qu'on peut considérer comme des faits contraires tous les prodiges des différentes religions et les évidences de ces prodiges, qu'elles soient faibles ou fortes, comme opposées l'une à l'autre[64].

À qui protesterait que de si nombreuses personnes ne sauraient avoir tort, Hume ferait la même réponse.

De quelque manière qu'on aborde la question, un nombre immense de gens doivent se tromper.

L'argument de Hume est, en l'occurrence, merveilleusement économique. Un philosophe moins subtil aurait sans doute essayé de présenter une conclusion métaphysique, telle que l'absolue impossibilité des miracles. Hume n'a que faire d'une telle conclusion et se garde de la défendre. Il admet la possibilité métaphysique d'une divinité qui intervienne. Il *pourrait* exister une divinité qui *pourrait*, à l'occasion, faire marcher quelqu'un sur l'eau, ou lui permettre de nourrir cinq mille bouches avec quelques miches de pain et un peu de poisson. Reste que l'expérience est notre seul guide pour savoir si de semblables événements se produisent. S'il nous faut croire qu'ils arrivent du fait d'un témoignage, celui-ci doit être bon : très bon, à vrai dire miraculeusement bon. Or, nous ne trouvons jamais de bons témoignages.

Les esprits peu familiers du raisonnement de Hume le soupçonnent parfois d'être indûment *cynique*, de se montrer méfiant, soupçonneux envers ce que rapportent les autres. Je n'en crois rien ou, du moins, je ne pense pas qu'il soit plus suspicieux que ne le justifient les tendances des gens. Après tout, il faut être extrêmement innocent pour nier, par exemple, qu'il soit sage de se méfier des nouvelles qui flattent les passions de qui les rapporte. Voici une citation tirée du journal britannique *The Independent*, à propos d'un constat du Collège royal des psychiatres :

> *Si l'on en croit le Royal College of Psychiatrists, un homme sur six est névrosé. Ils doivent*

> *aussi penser que nous sommes tous crédules. Sortir une information : la façon politiquement correcte de vanter vos services. La prochaine ? L'Institut du Bâtiment déclare que sept maisons sur dix doivent être reconstruites ? ou l'Association des Garagistes, que treize véhicules sur vingt ont besoin de sérieuses révisions ?*

L'analyse de la seconde partie du grand essai de Hume est en fait l'ancêtre de toute étude savante. Les psychologues étudient de nos jours des dysfonctionnements cognitifs communs : défaillances de la perception, de la mémoire, influences des autres, qualités infectieuses de la confiance et amour du merveilleux – considérés comme autant d'influences qui interfèrent avec la capacité des gens à distinguer le vrai du faux. Nous sommes pour l'essentiel de très bons instruments pour repérer le vrai et rejeter le faux, mais nous ne sommes pas aussi bons qu'il nous plaît de le croire, et souvent nous ne sommes pas bons du tout.

On peut formuler avec élégance l'argument de Hume à partir du théorème de Bayes, que j'explique dans le chapitre suivant. Peut-être le lecteur voudra-t-il retourner à cette façon de le présenter après avoir assimilé l'explication que j'en donne là-bas. Dans la terminologie de Bayes, *h* est l'hypothèse qu'un miracle s'est produit, et *e* le fait qu'une ou plusieurs personnes *disent* qu'il s'est produit. La probabilité antérieure que se soit produit le miracle est très, très faible. Le « taux de base » est proche de zéro. Et cela, parce qu'un miracle est le genre de choses qui n'arrivent jamais ou presque jamais. Le matin, quand je vais au bureau, ma femme pourrait bien me mettre en garde contre le froid, la circulation ou mes collègues. Mais elle ne le fait pas contre les éléphants volants, l'esclavage sexuel des Martiens ou les conversations avec l'Elvis vivant. Mais imaginons maintenant que quelqu'un ou un texte nous assure qu'un miracle s'est produit. Malheureusement, c'est tout à fait le genre de chose qui arrive. La probabilité antécédente qu'une telle évidence voit le jour n'est jamais très faible, parce qu'il y a quantité d'autres hypothèses, naturelles qui l'expliquent. Ce sont les fragilités humaines ordinaires : tromperie, hallucinations, passions enflammées, erreurs, etc. Même les défenseurs d'un ensemble de miracles qui ont leurs faveurs doivent croire à ces fragilités s'ils veulent écarter les imposteurs. L'Église de Rome a tout un service chargé de débusquer les faux miracles. Les chrétiens n'étaient pas tentés de croire que Mahomet avait pris son envol de nuit de La Mecque jusqu'à Jérusalem puisque ses titres de faiseur de miracles contredisaient ceux de Jésus. Mais cela signifie que la probabilité antérieure de *e* est relativement forte. Il existe aussi de multiples manières d'engendrer des « faux positifs ». Bayes, nous le verrons, nous invite à comparer ces probabilités antérieures afin d'évaluer dans quelle mesure l'hypothèse est probable compte tenu de l'évidence. L'idéal serait une hypothèse qui ne soit pas si improbable, et une preuve qui ne puisse surgir aisément, sauf si l'hypothèse est vraie. Mais, dans ce type de cas, les probabilités antérieures sont exactement à l'opposé. L'hypothèse est immensément improbable, et la preuve peut facilement surgir pour d'autres raisons. Le calcul de Bayes plaide donc toujours contre la vérité du témoignage et pour l'uniformité de la nature.

Non que les nouvelles de choses qui sortent jusqu'ici de notre expérience soient nécessairement fausses. C'est en découvrant des choses de ce genre que la science progresse. Mais nous raisonnons bien quand nous demeurons sceptiques, le temps que ces phénomènes se répètent et soient établis au point de faire partie des uniformités de la nature.

Sitôt que nous pensons à la théologie des miracles, les choses deviennent pires encore. Car une divinité qui met en branle les lois de la nature et ne revient jamais sur sa décision possède au moins une certaine dignité. Un dieu qui tolère à l'occasion des à-coups et des suspensions, des tours de prestidigitation glorifiés, est moins impressionnant. Pourquoi ces miracles ? Pourquoi à ce moment-là ? On ne s'y serait pas attendu. Un petit miracle ou deux pour qu'un Hitler ou un Staline casse sa pipe semblerait bien plus utile que le changement de l'eau en vin à l'occasion d'un banquet de noces. Il est sans doute excellent pour Dieu de laisser saint Giuseppe léviter devant des images de lui, mais, toutes choses égales par ailleurs, on aurait préféré une quarantaine miraculeuse ou la destruction du virus du Sida. Sachant que le monde était sous la houlette d'un Dieu bon, c'est du moins ce qu'on aurait pu attendre *a priori*. Or le monde tel que nous le connaissons ne le confirme pas. Nous verrons sous peu comment ce type de raisonnement est à son tour passible d'une analyse bayesienne. Le point faible est ici le degré de conformité entre la preuve et l'hypothèse, le deuxième des trois chiffres cruciaux dans le théorème de Bayes.

INFINI – RIEN

Aucun des arguments métaphysiques considérés ne confirme vraiment l'hypothèse que l'univers est la création d'un Dieu traditionnel. Et l'analyse que fait Hume du témoignage des miracles détruit leur valeur de preuve. Face à ces vides, la foi religieuse peut essayer de trouver d'autres arguments.

Un argument intéressant et ingénieux est connu sous le nom de « pari de Pascal », du nom du mathématicien et théologien français Blaise Pascal (1623-1662). Contrairement aux arguments envisagés jusqu'ici, il prétend non pas démontrer la *vérité* de la croyance religieuse, mais faire valoir combien il est *utile* de croire à un dieu monothéiste, dans sa version judaïque, chrétienne ou musulmane.

L'argument se présente ainsi. Pascal commence par un aveu d'ignorance métaphysique :

> *Parlons maintenant selon les lumières naturelles.*
>
> *S'il y a un Dieu il est infiniment incompréhensible, puisque n'ayant ni parties ni bornes, il n'a nul rapport à nous. Nous sommes donc incapables de connaître ni ce qu'il est, ni s'il est. [...]*
>
> *Qui blâmera donc les chrétiens de ne pouvoir rendre raison de leur créance, eux qui professent une religion dont ils ne peuvent rendre raison*[65] *?*

On ne voit pas bien pourquoi offrir cette excuse aux chrétiens, plutôt qu'aux fidèles des autres confessions, ou à ceux qui croient aux fées, aux spectres, à Elvis vivant ou à L. Ron Hubbard. Mais supposons tout de même que le choix soit entre la croyance religieuse et une vie de doute ou de négation :

> *[...] Il faut parier. Cela n'est pas volontaire. [...] Lequel prendrez-vous donc ? [...] Pesons le gain et la perte en prenant croix que Dieu est. Estimons ces deux cas : si vous gagnez vous gagnez tout, et si vous perdez vous ne perdez rien : gagez donc qu'il est sans hésiter*[66].

Très lucidement, Pascal voit bien que c'est une assez étrange raison de choisir une croyance. Mais il dit aussi, avec finesse :

> *[...] Votre impuissance à croire vient de vos passions. Puisque la raison vous y porte et que néanmoins vous ne le pouvez [...]. Apprenez de ceux [...] qui ont été liés comme vous et qui parient maintenant tout leur bien. [...] Suivez la manière par où ils ont commencé. C'est en faisant tout comme s'ils croyaient, en prenant de l'eau bénite, en faisant dire des messes, etc. Naturellement, même cela vous fera croire et vous abêtira*[67].

Maintenant que vous voilà volontairement « abêti », vous êtes devenu croyant. Il vous reste à moissonner les récompenses de la croyance : des gratifications infinies, si le genre de Dieu auquel vous croyez existe. Et s'il n'existe pas ? Eh bien, vous n'avez pas perdu grand-chose en comparaison de l'infini : juste ce que Pascal appelle les « plaisirs empestés » – comme de jouer au golf le dimanche au lieu d'aller à la messe.

La présentation classique de l'argument a la forme d'une boîte d'options de deux cases sur deux :

	Dieu existe	**Dieu n'existe pas**
Je crois en lui	+ infini !	0
Je ne crois pas en lui	– infini !	0

Les zéros de droite correspondent à l'idée que d'y croire ou non ne change pas grand-chose en mieux ni en pire dans cette vie. Celle-ci ne pèse guère au point d'être insignifiante en comparaison de ce qui est promis aux croyants. Le + infini correspond à une félicité infinie. Le – infini, en bas à gauche, correspond au Dieu jaloux traditionnel, qui expédie en Enfer ceux qui ne croient pas en lui, et encourage bien entendu ses fidèles à leur mener également la vie dure ici-bas. Mais on peut mettre un bémol. Même si nous remplaçons ce – infini par 0, le pari semble bon. Il vaudrait la peine même si Dieu ne châtiait pas l'incroyance parce que le choix reste déséquilibré par cet extraordinaire « + infini ». Dans la terminologie de la théorie de la décision, l'option de la croyance est dite « dominante », parce qu'elle peut gagner mais ne saurait perdre. Donc, allons-y !

Cet argument souffre malheureusement d'un problème fatal, qui est simple, sitôt qu'on l'a mis en évidence.

Pascal part d'une position d'ignorance métaphysique. Nous ne savons rien de ce qui est au-delà de l'expérience. Or le cadre du pari suppose que nous savons bel et bien quelque chose. Nous sommes censés savoir les récompenses et les sanctions qui s'attachent à la croyance au Dieu des chrétiens. C'est un Dieu qui sera satisfait qu'on aille à la messe et qui nous récompensera ; en revanche, il sera indifférent ou, dans l'hypothèse la pire, sérieusement chamboulé si l'on n'y va pas. Mais ce sont là des options factices. Car songeons que si nous sommes véritablement ignorants sur un plan métaphysique, il est au moins aussi probable que les options se présentent ainsi :

> Il existe effectivement un dieu très puissant et très bon. Il (elle, ils ou ça) en a décidé ainsi. Les bons êtres humains sont ceux qui suivent la lumière naturelle de la raison, qui leur est donnée pour surveiller leurs croyances. Ces hommes bons suivent les arguments et se gardent donc des convictions religieuses. Ceux qui ont l'esprit assez fort pour ne pas croire à des choses pareilles vont au ciel. Les autres vont en enfer.

Ce n'est pas un dieu aussi familier que le Dieu jaloux de la tradition, avant tout soucieux que les gens croient en lui. (Pourquoi Dieu est-il si jaloux ? Hélas, sa jalousie ne pourrait-elle être la projection des ambitions et des émotions sectaires des hommes ? Qui n'est pas avec nous est contre nous ! Sceptique, Voltaire disait que, si Dieu a créé l'homme à son image, l'homme lui a retourné le compliment.) S'agissant de Pascal, le problème est cependant que, si nous ne savons vraiment rien, nous ne savons pas si le scénario décrit à l'instant est moins probable que le scénario chrétien qu'il nous a présenté. De fait, pour mon compte, un Dieu qui châtie la croyance est tout aussi probable, et beaucoup plus raisonnable, qu'un dieu punissant l'incroyance.

Et, naturellement, on pourrait ajouter l'observation de Hume : si, pour Pascal, le choix est simple – la messe ou l'incroyance –, les questions sont autrement plus larges dans le monde en général : le Coran ou la messe, L. Ron Hubbard ou le Swami Maharishi, ou encore l'Aquarian Concepts Community Divine New Order Government ou la First Internet Church of All. Le pari doit passer ces choix sous silence.

ÉMOTION ET VOLONTÉ DE CROIRE

Nous pouvons maintenant envisager brièvement l'optique « fidéiste » : certes les arguments sont négligeables, mais les gens n'en ont pas moins le droit de croire ce qu'ils veulent. Et la foi aveugle n'est pas forcément sans mérite, comme a du mérite la mère qui refuse de reconnaître la culpabilité de son fils malgré des preuves accablantes.

Mariés par profession à la vérité et à la raison, les philosophes ne sont pas enclins à recommander cette attitude. La foi qui défie la raison peut passer pour bénédiction aux yeux de qui la partage – mais pour crédulité et superstition aux yeux des autres – et elle a lamentablement tendance à entraîner dans son sillage fanatisme et zélotisme. Au chapitre deux de son essai *De la liberté*, John Stuart Mill (1806-1873) évoque en termes mémorables l'atmosphère d'« esclavage intellectuel[68] » (*mental slavery*) qui s'installe en l'absence d'une intelligence critique et en recherche. Même une vérité qui est professée « à l'état de préjugé, de croyance indépendante de l'argument et de preuve [...] n'est qu'une superstition de plus qui s'accroche par hasard aux mots qui énoncent une vérité[69] ». Une étude classique (de W.K. Clifford, auteur anglais de la fin du XIXe siècle) compare les croyances auxquelles on adhère sur des bases insuffisantes à des plaisirs dérobés[70]. Et voici une citation de Samuel Taylor Coleridge qui vient à propos :

> *Celui qui commence par aimer le christianisme mieux que la vérité continuera en aimant sa secte ou son Église davantage que le christianisme, et finira par s'aimer lui-même plus que tout*[71].

Mais, si séduisantes que soient ces vues, il est réellement très difficile de montrer que la foi aveugle est nécessairement une très mauvaise habitude. Si, étant arrivés à la proposition inerte de Hume, nous l'investissons ensuite d'espoirs, de peurs et de résolutions, sans oublier les embellissements de nos credo particuliers, où est le mal ? La simple piété n'est-elle pas une Bonne Chose ?

D'aucuns pensent que la croyance aléatoire est une bonne chose. J'ai devant moi la publicité d'une société, qui se présente comme « votre supérette métaphysique ». Elle est spécialisée dans les livres New Age, l'essence florale, les huiles essentielles et l'aromathérapie, la thérapie magnétique, la *light balance therapy*, l'astrologie et la numérologie, le tarot et la lecture des runes, les cristaux et les gemmes, et, pour finir, comme une touche pitoyable, quelque chose qui approche de la santé : des herbes médicinales. Pourquoi les penseurs devraient-ils se moquer de la piété simple des gens ?

Bien entendu, il existe des piétés simples qui ne bénéficient pas de cette protection générale. Si je sonde la Brume Mystérieuse et que j'en ressorte convaincu que Dieu m'enjoint de tuer des jeunes femmes, ou des quidams qui n'ont pas la bonne couleur de peau, qui vont à l'église, ou dont la sexualité n'est pas dans les normes, ce n'est pas si bien. Il nous faut donc nous servir de nos valeurs humaines, de notre sens du bien ou du mal, du juste et du faux, pour distinguer un retour admirable d'un retour démentiel.

Il semble que nous soyons ici irrémédiablement dans le domaine de l'éthique. Il serait impossible, dans un espace aussi réduit, d'évaluer les nuisances et les bénéfices de la croyance religieuse, tout comme il est difficile, mais pas impossible, d'estimer les bienfaits et les dégâts causés par la croyance à la thérapie magnétique, au Feng Shui, etc. De toute évidence, elle a une fonction et répond à des désirs ou à des besoins humains. Certains besoins font partie du lot commun de l'humanité : j'ai déjà évoqué la nécessité de cérémonies à des étapes cruciales de la vie, ou le besoin de poésie, de symboles, de mythes et de musique pour exprimer les émotions et les relations sociales que nous avons besoin d'exprimer. Très bien. Malheureusement, certains désirs peuvent être un peu moins admirables : le désir séparatiste ou schismatique, le désir d'imposer notre mode de vie aux autres, de trouver des justifications morales au colonialisme, à l'impérialisme tribal ou culturel – et tout cela sans la moindre culpabilité sous prétexte que c'est au nom du Seigneur. Pour tout mystique pacifique et bienveillant, il existe un aumônier des armées, convainquant les troupes que Dieu est avec elles. Personnellement, je n'ai jamais vu d'autocollant du style, « Si vous Aimez Jésus, Haïssez », mais parfois je me demande bien pourquoi. Ce serait un bon slogan pour la Droite religieuse.

Peut-être s'étonnera-t-on de voir le débat tourner à la discussion d'un problème d'ordre moral ou pratique. On pourrait croire à une opposition purement intellectuelle de la Raison (bonne) et de la Foi (mauvaise ou, tout au moins, suspecte). Mais c'est Hume lui-même qui a obscurci le tableau. Pour des raisons que nous allons aborder sous peu, il semble qu'entre une bonne part de confiance ou de foi brute dans maints éléments quotidiens du sens commun. Dans le chapitre premier, nous avons déjà vu la foi « superstitieuse » que nous attachons au monde extérieur ou au temps passé. Dans les deux chapitres qui suivent, nous aborderons d'autres domaines où Hume, le premier, a vu que notre confiance quotidienne était davantage affaire de foi que de raison.

À l'évidence, l'attitude qu'on adopte envers le « fidéisme » qui laisse simplement les croyances religieuses particulières s'émanciper de la raison peut être en bonne partie tributaire de ce qui s'est produit dans un passé récent quand tel était le cas.

Hume est né moins de vingt ans après les dernières exécutions religieuses légales en Grande-Bretagne, et lui-même eut à souffrir de l'hostilité fervente des croyants. Si aujourd'hui, autour de nous, nous voyons les Églises organiser des pique-niques et des œuvres de charité, nous ne serons pas si inquiets. Mais suffisamment de gens redescendent de la montagne avec leurs certitudes pratiques pour nous suggérer la prudence.

Peut-être trouvera-t-on un jour quelque chose qui réponde aux besoins sans flatter les mauvais désirs, mais l'histoire humaine laisse penser qu'il serait peu sage d'y compter.

Chapitre 6

Raisonnement

Ce chapitre nous initie à quelques catégories fondamentales à employer dès qu'il est question de raisonnement. Nous voulons que nos raisonnements soient bons. Nous voulons suivre des méthodes fiables afin de séparer le vrai du faux et nous former des croyances sur notre monde. Mais quelles sont ces méthodes fiables et quel crédit méritent-elles ? Nous nous proposons ici de survoler rapidement la logique formelle avant d'aborder les problèmes du raisonnement inductif et certains éléments du raisonnement scientifique.

UN PEU DE LOGIQUE

Les *prémisses* sont les premières parties opératoires d'un raisonnement. C'est le point de départ : ce que l'on accepte ou suppose pour ce qui est du raisonnement. Un raisonnement peut avoir une seule prémisse ou en avoir plusieurs. De ces prémisses, un raisonnement tire une *conclusion*. Si nous nous penchons sur le raisonnement, peut-être parce que nous rechignons à accepter la conclusion, nous avons deux options. Premièrement, nous pouvons rejeter l'une des prémisses ou plusieurs. Mais, deuxièmement, nous pouvons aussi rejeter la manière dont la conclusion est tirée des prémisses. La première réaction est que l'une des prémisses est *fausse*. La deuxième est que le raisonnement est *erroné*. Bien entendu, un raisonnement peut prêter le flanc aux deux critiques : ses prémisses sont fausses et le raisonnement qui en est tiré n'est pas valable. Mais ce sont deux critiques distinctes (et les deux mots, faux et erroné, correspondent à cette distinction).

Dans la vie quotidienne, on critique aussi des raisonnements pour d'autres motifs. Certaines prémisses peuvent ne pas être très raisonnables. Il est stupide d'échafauder tout un raisonnement sur la prémisse que je gagnerai à la loterie la semaine prochaine, parce que ça n'a pas l'ombre d'une chance d'arriver. Il est souvent impropre de recourir à des prémisses qui sont elles-mêmes controversées. Dans certaines circonstances, c'est manquer de tact et de goût que de soutenir certaines choses. Mais « logique » n'est pas synonyme de « raisonnable ». La logique se soucie de savoir si les raisonnements sont valables, non pas s'il est sensé de les avancer. Inversement, bien des gens qualifiés d'« illogiques » peuvent en effet formuler des arguments valables, mais être piqués à d'autres égards.

La logique n'a qu'un seul souci. Elle se demande s'il *n'y a pas moyen* que les prémisses soient vraies sans que la conclusion le soit.

C'est Aristote (384-322 avant J.-C.) qui a le premier essayé de donner une taxonomie systématique des arguments valables et non valables. Aristote s'aperçut que toute théorie, quelle qu'elle soit, avait besoin de classer les arguments par les modèles de raisonnement qu'ils trahissent, ou ce qu'on appelle leur *forme*. L'une des formes de raisonnement les plus célèbres, par exemple, est connue sous le nom de *modus ponendo ponens*, ou *modus ponens* en bref :

> *p* ;
> Si *p*, alors *q* ;
> donc *q*.

Ici, *p* et *q* représentent n'importe quel élément d'information, ou proposition, de votre choix. La forme du raisonnement resterait la même qu'il s'agisse de vaches ou de philosophes. La logique étudie donc des formes d'information, non pas des exemples particuliers. Les raisonnements particuliers sont des exemples des formes, mais le logicien s'intéresse à la forme ou à la structure, de même qu'un mathématicien s'intéresse aux formes numériques et à la structure, sans se soucier de savoir si vous comptez des bananes ou des profits.

Nous voulons que nos raisonnements soient valables. Ce que cela signifie, nous l'avons dit : nous voulons qu'il n'y ait *pas moyen* que notre conclusion soit fausse dès lors que nos prémisses sont vraies. Nous devons donc étudier s'il y a « moyen » qu'un ensemble de choses, les prémisses, puissent être vraies, sans qu'autre chose, la conclusion, le soit également. Pour l'étudier, nous avons besoin de produire une science des *manières* dont les choses peuvent être vraies. Pour certaines façons fort simples de construire de l'information, nous pouvons le faire.

TABLES DE VÉRITÉ

Les postulats classiques sont d'abord que toute proposition (*p, q*...) ne possède qu'une des deux valeurs de *vérité*. Elle doit être vraie ou fausse, elle ne saurait être les deux en même temps. (« Mais supposez que je ne l'admette pas ? » Patience.) Le second postulat est que les termes auxquels la logique a affaire – de manière centrale, « et », « pas », « ou », et « si... alors » – peuvent être caractérisés en fonction de ce qu'ils font aux valeurs de vérité. (« Mais supposez que je ne l'admette pas ? » Patience, une fois encore.)

Soit « non-*p* ». Non-*p*, qu'on écrit souvent $\neg p$, est la négation de *p* : c'est ce que vous dites quand vous n'êtes pas d'accord avec *p*. De quoi que nous parlions, *p*, selon le premier postulat, est soit vrai (V), soit faux (F). Il n'est pas les deux. Que fait le « non » ? Il inverse simplement la valeur de vérité. Si *p* est vrai, alors $\neg p$ est faux. Si *p* est faux, $\neg p$ est vrai. Tel est le rôle du « non ». On peut résumer le résultat sous la forme d'un *tableau de vérité* :

p	$\neg p$
V	F
F	V

Le tableau donne le résultat, en termes de vrai ou de faux, pour chaque attribution de valeur de vérité aux composantes (cette attribution est appelée *interprétation*). On peut dresser un semblable tableau pour « et », sauf qu'ici il y a davantage de combinaisons à considérer. Nous supposons que « et » conjoint deux propositions, dont chacune peut être vraie ou fausse. Il y a donc quatre situations ou interprétations à considérer :

p	*q*	*p & q*
V	V	V
V	F	F
F	V	F
F	F	F

Nous est ici donnée la valeur de vérité pour la combinaison globale, la conjonction, en fonction de la combinaison des valeurs de vérité des composantes : les quatre interprétations différentes de la formule.

Le fait que nous puissions donner ces tableaux est résumé par cette proposition : la conjonction, et la négation, sont *fonctionnelles de vérité* ou sont des opérateurs fonctionnels de vérité. La logique propositionnelle élémentaire étudie les fonctions de vérité. Outre « non » et « et », ces opérateurs incluent « ou » (*p* ou *q*, considéré comme vrai sauf quand *p* et *q* sont tous deux faux) ; et une version de « si *p*, alors *q* », considéré comme vrai sauf dans le cas où *p* est vrai mais *q* faux. Si nous écrivons ce dernier cas de figure sous la forme « $p \rightarrow q$ », sa table de vérité est :

p	q	$p \to q$
V	V	V
V	F	F
F	V	F
F	F	F

On parle aussi à ce propos d'opérateurs booléens. Les gens familiers des bases de données et des systèmes de comptabilité sur ordinateur sauront ce que sont les recherches booléennes, qui mettent en application exactement la même idée. La recherche de gadgets de plus de cinq ans dans l'entrepôt de York donne un résultat chaque fois qu'elle trouve un gadget réunissant les *deux* conditions. La recherche de clients qui n'ont *pas* payé au 1er décembre donne un résultat inverse de la recherche de ceux qui ont payé au 1er décembre. La recherche des clients qui ont acheté *soit* une machine à laver *soit* une tondeuse à gazon fait sortir ceux qui ont acheté l'une et ceux qui ont acheté l'autre.

Nous voyons désormais une raison d'être de certaines règles d'inférence. Soit la règle suivant laquelle de « *p* & *q* » nous pouvons dériver *p* (ou également *q*). On ne saurait ainsi passer du vrai au faux, parce que la seule interprétation (la ligne du haut) qui ait « *p* & *q* » vrai a aussi chaque ingrédient vrai. C'est donc une bonne règle. Nous voyons aussi pourquoi *modus ponendo ponens*, introduite plus haut, est une bonne règle. Elle a deux prémisses, « *p* » et « si *p,* alors *q* ». Peut-on trouver une interprétation (un « moyen ») où toutes deux soient vraies sans que *q* le soit ? Non. Parce que du moment que *p* est vrai, la seule interprètation de $p \rightarrow q$ qui permette qu'il soit vrai affiche aussi q comme vrai.

On trouve des animaux intéressants dans cette jungle. L'un d'eux est celui de la contradiction. Soit la formule :

$$p \,\&\, \neg p.$$

Elle exprime une contradiction : l'ultime non-non. Et nous avons désormais un sens précis où c'est un non-non. Car il est facile de montrer, à partir des deux tables que nous possédons, que, *quelle que soit* la valeur de vérité de p, la valeur de vérité de cette formule apparaît comme V. Il n'y a donc *pas moyen* qu'elle soit vraie. Parce que quand l'un des éléments conjoints est vrai, l'autre est faux : il y a toujours un élément faux. Et la table de vérité de la conjonction montre qu'en ce cas la formule générale est fausse.

Supposez maintenant que nous compliquions les choses en la niant :

$$\neg (p \,\&\, \neg p).$$

Les parenthèses indiquent ici que le $\neg$ extérieur nie l'ensemble. Elles ont le même rôle que dans 3 x (4 + 2), qui montre que le résultat doit être 18, alors qu'avec (3 x 4) + 2 nous aurions 14. Cette mise entre parenthèses est d'une importance extrême en logique, comme elle l'est en arithmétique : en sachant où tombent les parenthèses, on peut éviter quantité de sophismes du raisonnement formel ou informel. C'est ce qu'on appelle connaître le *champ* d'opération des négations, des conjonctions et du reste. Dans cet exemple, la négation extérieure opère sur le reste de la formule dans sa totalité. Une tout autre lecture serait donnée par $\neg p$ 8 $\neg p$, qui conjoint simplement $\neg p$ à lui-même, et, incidemment, est faux au cas où p est vrai (répéter deux fois quelque chose de faux ne le rend pas plus vrai). L'une des merveilleuses vertus de la logique formelle est de sensibiliser aux *ambiguïtés* de champ, qui apparaissent quand on ne sait pas très bien où se situent les parenthèses, ou, en d'autres termes, ce qui gouverne quoi. Si on ne le sait pas, on ne sait pas *de quelles façons* les prémisses et les conclusions pourraient être vraies, et donc s'il pourrait y avoir *un moyen* que les prémisses soient vraies sans que la conclusion le soit.

Cette nouvelle formule, $\neg$ (p 8 $\neg p$), renverse la valeur de vérité de l'ancienne contradiction. Elle est donc vraie, quelles que soient les valeurs de vérité de ses composantes. On parle alors de *tautologie*. C'est une notion importante. En bonne logique propositionnelle, si nous avons les prémisses blablabla et la conclusion yadda-yadda, nous voulons que « si blablabla, alors yadda-yadda » soit effectivement une tautologie. Il n'y a pas d'interprétation (pas moyen d'assigner des valeurs de vérité) qui rende les prémisses vraies quand la conclusion est fausse. En ce cas, le raisonnement est valable exactement au sens dont nous avons parlé.

Une façon de découvrir si un raisonnement est valable est assez courante pour mériter un nom. On peut découvrir si « si blablabla, alors yadda-yadda » est valable en ajoutant « non yadda-yadda » à « blablabla » et en voyant si on peut en sortir une contradiction. Si tel est le cas, le raisonnement est valable. Cela correspond directement au fait qu'il n'y a pas moyen que les prémisses soient vraies et la conclusion fausse. Il n'y a pas d'interprétation ni de modèle pour cet état de choses. La contradiction fait obstacle. On parle à ce propos de réduction à l'absurde, *reductio ad absurdum*. Telle était la forme de l'argument ontologique d'Anselme, au chapitre 5.

En mathématiques, nous pouvons avoir non seulement 2 + 2, mais aussi 3 x (2 + 2) et ((2+3) x (2 + 2)) – , et ainsi de suite éternellement ; de même en va-t-il avec l'information. Dans la mesure où des éléments complexes d'information sont produits en appliquant et en réappliquant des combinaisons fonctionnelles de vérité, nous restons parfaitement maîtres des interprétations sous lesquelles nous avons le vrai et le faux.

RIEN À CRAINDRE

La logique étudie donc la structure de l'information. Son propos est de mettre en évidence cette structure et ce faisant de montrer aussi ce qui découle de quoi : ce qui suffit à prouver *p* et ce qui suit de *p*, pour tout *p* de quelque complexité. La connexion entre structure et preuve est précisément celle-ci : la structure nous montre s'il n'y a *pas moyen* que les prémisses soient vraies sans que la conclusion soit vraie. Parce que comprendre la structure de l'information, c'est comprendre comment elle peut être vraie.

Jusque-là, nous avons examiné la complexité de

l'information venant de ce que des propositions sont niées, conjointes ou connectées par implication. Mais nous ne sommes pas entrés dans les propositions. Pour ce qui est de l'analyse, « certaines personnes sont philosophes » et « toutes les personnes sont philosophes » se ressemblent. Ce ne sont jamais que des exemples de proposition *p*. Mais nous ne saurions forcer l'entrée de la proposition et comprendre comment ces deux propositions signifient des choses différentes.

La percée qui a résolu le problème a créé la logique moderne. Elle est l'œuvre du mathématicien et logicien allemand Gottlob Frege (1848-1925) dans son séminal *Begriffsschrift* (« écrit-concept ») de 1879. Soit ce raisonnement : toute enquête cesse quelque part, si bien qu'il est un point où toute enquête s'arrête (on suppose parfois que les fondationalistes rencontrés au chapitre 1 avançaient quelque chose de ce type). Quelque chose doit être faux, car un parallèle serait : tout le monde a une mère, donc il existe quelqu'un qui est la mère de tout le monde. Ou, tout le monde noue ses lacets, donc existe quelqu'un nouant les lacets de tous. Jusqu'à Frege, on voyait bien que quelque chose n'allait pas, mais, faute de comprendre comment ce genre d'information est construite, on ne pouvait dire de quoi il s'agissait.

La clé, pour comprendre l'apport de Frege, est de réfléchir en termes de deux types d'information très différents. Le premier est très familier. Il correspond au fait d'attacher un terme à un nom ou une autre expression qui renvoie à telle chose ou telle personne : Bill est riche, Tony grimace, ceci est une orange. Nous avons ici un terme sujet (les noms « Bill » et « Tony », et le démonstratif « ceci »), et l'on dit des choses de ce qu'ils identifient : « est riche », « grimace » ou « est une orange ». Ces mots représentent des conditions que les choses pourraient remplir. On les appelle des « prédicats » : les choses riches satisfont le prédicat « est riche », les autres pas. C'est la forme d'information élémentaire sujet-prédicat.

Nous pouvons alors faire quelque chose de surprenant. Supposez que nous supprimions le terme qui représente le sujet. Il ne nous reste qu'une phrase béante, prédicative : « est riche », et ainsi de suite. Le mieux est de signaler l'absence par ce qu'on appelle une variable, généralement écrite *x, y, z*... comme en algèbre. Nous avons donc « *x* est riche ». Ce n'est plus une phrase porteuse d'information, parce que personne n'est dit riche. C'est une phrase avec un trou : un prédicat, ou une phrase ouverte, dans le jargon des logiciens.

Et c'est ici qu'intervient la magie. Imaginez que je vous demande d'introduire une phrase ouverte dans un domaine particulier, dans une salle de classe, par exemple, ou la ville de New York, et de revenir me donner une information. Vous *pourriez* uniquement reconstruire un élément d'information comme celui dont nous sommes partis, nommant un individu en particulier et affirmant qu'il ou elle est riche. Mais vous n'êtes pas tenu d'agir ainsi. Vous pouvez faire tout autrement. Vous pouvez revenir et me dire *combien* de fois le prédicat est satisfait. Et vous pouvez me le dire sans me préciser qui le satisfait. Tout se passe comme si vous utilisiez la phrase ouverte en pointant le « *x* » sur toutes les personnes du domaine l'une après l'autre, en notant combien de fois vous obtenez un résultat. Supposez que nous symbolisions le prédicat par la lettre grecque « phi » : ϕ. Et vous demandez donc « *ceci* est-il ϕ, *ceci* est-il ϕ ? » pour chacun des membres du domaine. Puis vous me dites ce qui s'est passé.

La chose la plus simple que vous pourriez me dire est, peut-être, qu'au moins une fois, quelque part, vous avez obtenu un résultat. C'est l'équivalent de « quelque chose est ϕ ». Ou vous pourriez me dire que quelque part ça n'a rien donné : « Quelque chose est non-ϕ. » Opposez cette proposition au fait de ne rien obtenir nulle part : « Rien n'est ϕ. » À moins que vous n'ayez fait mouche chaque fois : « Tout est ϕ. »

« Quelque chose est ϕ » est indiqué par un nouveau symbole : le *quantificateur existentiel.* Il s'écrit $(\exists x)\ \phi x$ (le fait que la variable vienne après le prédicat dans « ϕx » alors qu'en français les prédicats terminent généralement les phrases et que des choses comme des noms les commencent est hors de propos). Si vous n'avez jamais le moindre résultat, vous pouvez entrer $\neg\ (\exists x)\ \phi x$: rien n'est ϕ. Si, quelque part, vous obtenez un résultat qui ne convient pas, vous avez le très différent $(\exists x)$ $\neg\ (\phi x)$. Si vous n'avez nulle part un résultat autre qu'un bon résultat, vous avez $\neg\ (\exists x)\ \neg\ \phi x$, ce qui veut dire que nulle part ne se trouve quoi que ce soit qui ne soit pas ϕ. Ou, en d'autres termes, pour ce qui est de ce domaine, tout est ϕ. Ce dernier type d'information est suffisamment important pour avoir son propre symbole, le *quantificateur universel* qui s'écrit $(\forall x)\ \phi x$: « Tout est ϕ. »

Leibniz pensait que, si nous avions une notation

suffisamment logique, dispute et confusion cesseraient : les hommes s'assiéraient autour d'un table pour résoudre leurs différends par le calcul. Si l'invention du quantificateur n'a pas accompli cette utopie, elle a étonnamment fait progresser dans cette direction. Toute sa puissance se manifeste quand nous avons affaire à des quantifications multiples. Voici une information qui fait intervenir plus d'un quantificateur. Quand nous avons plus d'un quantificateur, nous utilisons des variables différentes (*x, y, z*...) pour indiquer les différents vides auxquels ils correspondent. Pour illustrer l'idée, on voit avec quelle facilité est décortiqué l'argument non valable : tout le monde a une mère, donc quelqu'un est la mère de tout le monde. Si nous écrivons « *x* est la mère de *y* » sous la forme « $x\mathrm{M}y$ », nous symbolisons le premier membre par $(\forall y)\ (\exists x)\ x\mathrm{M}y$; le second par $(\exists x)\ (\forall y)\ x\mathrm{M}y$. En quoi sont-ils différents ?

Commençons par une phrase affirmant une relation de maternité entre deux personnes : Beth est la mère d'Albert. Évacuez la référence à Beth, et nous obtenons la phrase ouverte $x\mathrm{Ma}$ (ou « a » abrège Albert). Nous savons que ce prédicat est satisfait (il est satisfait par Beth), et nous savons donc $(\exists x)\ x\mathrm{Ma}$. Quelqu'un est la mère d'Albert. Évacuons maintenant la référence à Albert : $(\exists x)$ $x\mathrm{M}y$. Nous avons de nouveau une phrase béante, ou ouverte, avec un *y* qui marque le vide. Elle correspond au prédicat « avoir quelqu'un comme mère ». Nous pouvons l'emporter dans le domaine et pointer la variable *y* chaque fois : cette personne-*ci* a-t-elle une mère, et *celle-ci*... ? Si nous obtenons « oui » chaque fois (ce qui est le cas), nous pouvons universellement quantifier $(\forall y)$ $(\exists x)$ $x\mathrm{M}y$. Tout le monde a une mère.

Passons maintenant à la seconde formule. Pour l'obtenir, nous partons pareillement de Beth (b) qui est la mère d'Albert. Mais, cette fois, nous commençons par évacuer la référence à Albert : $\mathrm{bM}y$. Et nous faisons le tour du domaine. *Si* nous pouvions (dans le monde réel, nous ne le pouvons pas) écrire $(\forall y)$ $\mathrm{bM}y$, ce serait que Beth est la mère de tout le monde (sur qui que vous pointiez la variable y, il s'avère que Beth est sa mère !). Ce que l'on vient de supposer de Beth, on pourrait le supposer vrai de quelqu'un (sinon de Beth) : en ce cas, on peut évacuer la référence à Beth, faire le tour du domaine avec « être mère de tout le monde », ou $(\forall y)$ $x\mathrm{M}y$, et finir par trouver quelqu'un qui réponde oui. En ce cas, vous pourriez écrire $(\exists x)$ $(\forall y)$ $x\mathrm{M}y$. Mais il faut bien voir qu'il s'agit d'une procédure *entièrement* différente. Elle nous donne une information d'un type entièrement différent (fausse du domaine des êtres humains). Et la structure quantificationnelle met en évidence la différence, parce que l'enchaînement des quantificateurs montre comment l'information est construite.

Dans le monde réel, personne n'est la mère de tout le monde. Avant de comprendre la quantification, cela aurait pu paraître étrange, comme si l'espèce humaine n'était née de Rien. On aurait pu croire à une thèse métaphysique rampante. Mais la chose est maintenant apprivoisée. Elle signifie simplement $\neg$ $(\exists x)$ $(\forall y)$ $x\mathrm{M}y$. Et c'est une vérité élémentaire. Tout au moins, tant que vous n'utilisez pas la relation « mère » pour inclure des types d'ascendance plus éloignés, auquel cas vous pourriez prétendre qu'il existe quelqu'un, une Ève biologique, la première femme *homo sapiens*, qui est la mère de tout le monde. Pour ma part, cependant, j'y verrais simplement un usage illégitime ou métaphorique. Ma grand-mère n'est pas littéralement ma mère.

Nous pouvons donner une information plus précise sur le nombre de fois qu'une condition est satisfaite dans un domaine. Nous pourrions dire qu'il y a *exactement* une chose qui satisfasse la condition. Ce qui veut dire que chaque fois que vous marquez un point, si vous pointez la variable sur le reste des choses du domaine, vous tombez toujours sur la même chose chaque fois que vous obtenez un bon résultat. Il n'y a pas deux bons résultats distincts. C'est le cœur de la célèbre théorie des descriptions définies chère à Russell. Pour qu'il soit vrai que l'unique roi de France ait une barbe, il faudrait qu'il y ait quelqu'un qui règne sur la France et pas d'autre personne qui règne sur la France, et il devrait être vrai de quiconque gouverne la France qu'il porte une barbe. Sans quoi la proposition est fausse.

La structure quantificationnelle n'est qu'une chose, mais une chose très importante à ne pas perdre de vue. Le langage ordinaire excelle à produire des ambiguïtés qu'elle dissipe aisément. « Toutes les jolies filles aiment un matelot », dit la chanson. Il est donc un heureux matelot qu'elles aiment toutes ? Elles en aiment toutes un, mais peut-être est-ce un matelot différent qu'elles aiment ? Soit un matelot, pris au hasard : toutes les jolies filles l'aiment donc ? Des choses très différentes, vraies dans des circonstances différentes.

Une ambiguïté apparentée est responsable de quelque trente mille morts par an aux États-Unis. « Une milice bien réglementée étant nécessaire à la sécurité d'un État libre, il ne faut pas porter atteinte au droit des gens de posséder une arme. » Au droit de chacun ? Au droit des gens collectivement, comme dans « l'équipe peut avoir un bus » ? Si les pères fondateurs avaient pu raisonner en termes de structure quantificationnelle, on aurait pu éviter bien du sang versé.

LANGAGE ET LOGIQUE

Le logicien étudie les formes d'information que nous venons de décrire, et, bien entendu, d'autres formes complexes de ce genre qui apparaissent. Mais le travail du philosophe comporte un autre aspect, qui est de décider quand l'information formulée dans le langage ordinaire présente l'une ou l'autre de ces formes. Et, surprise, ce n'est pas une mince affaire.

Prenez, par exemple, la différence entre « Elle était pauvre et elle était honnête » et « Elle était pauvre, mais elle était honnête » ? La première phrase illustre clairement la forme « *p* & *q* ». Mais qu'en est-il de la seconde ? Elle suggère *certainement* autre chose, du style il est étonnant ou digne d'être remarqué qu'une personne pauvre soit honnête. Mais *dit*-elle vraiment cela ? Une suggestion plus simple pourrait être qu'elle dit rigoureusement la même chose que la première, mais qu'elle le dit de manière à insinuer ou à laisser entendre que la combinaison est surprenante ou remarquable. Peut-être seule l'information plus simple est-elle donnée à rigoureusement parler, mais l'est-elle d'une façon suggestive (au point d'être, comme ici, terriblement déplaisante). Les philosophes du langage sont donc conduits à distinguer ce qui est strictement dit ou affirmé – l'information portée par le propos, ce qu'on appelle sa *condition de vérité* – de ce qui est suggéré ou impliqué, non pas comme une stricte conséquence logique, mais par la manière dont les choses sont organisées, ce qu'on appelle l'*implicature*.

Le langage est un instrument si souple et si subtil qu'il n'est quasiment pas de limite à la façon dont les nuances de présentation de l'information affectent les implicatures. Un exemple célèbre est la manière dont le simple fait de ne pas dire quelque chose peut être lourd de sous-entendus :

> « Que penses-tu du nouveau prof de logique ?
> — Je me suis laissé dire qu'il est réputé pour ses tomates. »

Ce qui est dit ici n'a pas grand rapport, sinon aucun, avec le fait que le nouveau professeur soit ou non compétent. Mais le fait que ce soit la seule réponse obtenue indique sans conteste ce que pense l'interlocuteur : ce n'est pas un bon professeur. Le choix de la terminologie peut avoir ses propres implicatures. Voyez la différence entre

> Jean est le frère de Fred.
> Les parents de Fred ont un autre enfant de sexe masculin.

La seconde façon de transmettre exactement la même information est ici chargée de sens – de sombres connotations psychanalytiques, peut-être. L'ordre dans lequel sont dites les choses est aussi porteur d'implicatures sur l'ordre des événements. Bien que ce qui est dit soit rigoureusement vrai, il serait fallacieux de raconter la vie d'une enfant qui a appris à lire puis a écrit de la poésie en disant qu'elle a écrit de la poésie et a appris à lire.

Dans l'étude du langage, la manière dont les implicatures sont engendrées relève de la *pragmatique*, tandis que la structure de l'information relève de la *sémantique*. Soit la question dont se sert le redoutable avocat pour semer le trouble chez l'accusé : « Avez-vous cessé de battre votre femme – oui ou non ? » Le prévenu ne saurait répondre « oui » sans reconnaître qu'il l'a fait autrefois ; il ne saurait répondre « non » sans produire la fâcheuse impression qu'il le fait encore. Aussi est-il embarrassé, et le tour fait son office. Comment pouvons-nous faire mieux ? Eh bien, supposez que nous analysions « X a arrêté de faire Y » comme une conjonction : « X faisait jadis Y et X ne fait pas maintenant Y. » Cela explique pourquoi il n'est pas bon de répondre « oui » à l'avocat : il s'ensuit qu'autrefois vous battiez votre femme. Dire « non », en revanche, est intéressant. Si nous consultons la table de vérité pour la conjonction, nous voyons qu'une conjonction peut être fausse de *trois* façons différentes : *p* vrai, *q* faux ; *p* faux, *q* vrai ; et tous deux faux. Et dans les trois cas, ce sont des façons où la négation d'une conjonction peut être *vraie* (la négation inverse la valeur de vérité). Dans notre affaire, il est capital pour le mari innocent d'établir qu'il se trouve dans le cas de figure *intermédiaire* : il est faux qu'il l'ait fait autrefois, vrai qu'il ne le fait pas maintenant. L'ennui est qu'un seul mot « non » est insuffisant pour établir de quelle façon la conjonction est fausse, et le risque est de voir le jury penser qu'il n'a pas arrêté parce qu'il continue (vrai qu'il l'ait fait autrefois, vrai qu'il le fasse aujourd'hui, donc faux qu'il ait arrêté).

Le témoin innocent a besoin d'assez de mots pour spécifier quelle combinaison le décrit. Il ne saurait donc s'en tenir à une réponse d'un seul mot « non » (même si elle est vraie). Ce qu'il doit faire, c'est dire d'un seul souffle : « Non, je n'ai pas arrêté, parce que je n'ai jamais commencé » ou l'équivalent. Si nous traitons ainsi la question de l'avocat, nous pouvons dire qu'elle « présuppose » que le prévenu battait autrefois sa femme, mais uniquement en un sens pragmatique : quiconque posant la question le tiendrait normalement pour acquis. Démasquer les présupposés qui se cachent derrière les questions et les opinions est une partie importante de la réflexion.

Certains présupposés soulèvent même des questions sur les postulats que nous faisons quand nous interprétons « et », « non » et surtout « si... alors » comme des fonctions de vérité, convenablement décrites par des tables. Il *semble* parfois que ce soient des choses plus complexes. Par exemple, prenez le cas de Fred qui est invité à une soirée, à laquelle en fait il ne se rend pas. Imaginez deux assassins essayant d'établir où il se trouve. L'un dit, « si Fred se rend à la soirée, il ira en taxi ». L'autre : « Si Fred y va, ce sera à dos d'éléphant. »

Intuitivement, l'une des supputations au plus est vrai : en Occident, probablement la première. Mais si nous examinons « Fred se rend à la soirée → ... », nous verrons qu'elles sont toutes *deux* vraies. Parce qu'il est faux que Fred aille à la soirée, et la table pour → donne le bon résultat, quelle que soit la valeur de vérité de l'autre proposition. Les philosophes ont beaucoup débattu de la question de savoir si le conditionnel « si... alors » signifie la même chose que la fonction de vérité →. De nos jours, prévaut souvent une attitude légèrement plus détendue, puisqu'on reconnaît qu'en tout état de cause → donne le cœur de la notion, et que le reste peut-être traité de manière soit sémantique, soit pragmatique.

Avant d'abandonner cette brève esquisse de la logique formelle, prenons le temps d'examiner un type de réaction qu'elle provoque parfois. Les gens pensent quelquefois que la logique est *coercitive* (« masculine ») ou qu'elle implique de favoriser une forme de « pensée linéaire » par opposition à la « pensée latérale ». Ces deux accusations sont totalement erronées. La logique formelle est trop modeste pour les mériter.

Premièrement, que pourrait-on entendre par l'accusation de contrainte ? La logique formelle permet de déterminer si un ensemble de propositions implique une contradiction. S'il y a contradiction, elle est fausse. La plupart d'entre nous voudrons éviter d'adhérer à des ensembles de propositions qui impliquent des choses fausses, parce que nous nous soucions que nos croyances soient vraies. Si quelqu'un n'est pas comme ça, nous pouvons être tentés de lui donner une leçon de morale. Mais nous ne coiffons pas, ce faisant, le chapeau du logicien formel. Le travail de celui-ci s'arrête au résultat.

Peut-être pourrait-on se sentir contraint par le postulat mentionné dès le début : que toute proposition est vraie ou fausse, qu'aucune n'est les deux. Peut-être devrions-nous essayer des postulats plus complexes : par exemple, nous devrions faire place à de vagues propositions qui sont vraies à un certain degré, ou à des propositions qui ne sont ni vraies ni fausses mais relèvent de quelque tiers statut. Tout cela est bel et bon : voilà des idées respectables, et il est d'autres logiques qui les élaborent. Mais on doit à l'honnêteté de prévenir que, pour diverses raisons, elles deviennent peu maniables et encombrantes. Il est généralement sage de se féliciter des postulats simples « à deux valeurs ».

Une troisième source du sentiment de contrainte introduit des problèmes plus larges. Si quelqu'un formule un certain nombre de points de vue, ou produit un raisonnement, il peut être grossier et coercitif d'insister pour les voir comme des raisonnements de telle ou telle forme, et donc contradictoires, et donc non valables. Cela peut être une manière de faire fi des autres facteurs que nous avons déjà mentionnés : présupposés, prémisses refoulées, etc. Cependant, ce n'est pas la logique qui est en faute, mais la manière peu charitable de dire ce qu'on a à dire. En elle-même, la logique est indifférente, même aux propos qui semblent incarner des propositions directes. Dans la nouvelle « La Dame au petit chien » de Tchekhov, Anna Sergeïevna dit à son mari qu'elle se rend souvent à Moscou pour y consulter son médecin, « et son mari la crut sans la croire ». La logique formelle ne nous invite pas à tomber sur Tchekhov à bras raccourcis à cause de cette contradiction flagrante. Nous savons bien que Tchekhov suggère autre chose, qui est que son mari la croit à moitié, qu'il est partagé entre la confiance et la méfiance. C'est la contradiction patente qui nous pousse à chercher d'autres interprétations.

Qu'en est-il de l'accusation suivant laquelle la logique formelle privilégie la pensée « linéaire » ? Là encore, c'est absurde. La logique formelle ne dirige le cours des pensées de personne, pas plus que les mathématiques ne vous disent que compter ou mesurer. Que les propositions viennent de la spéculation, de l'imagination, de la fantaisie pure de la science la plus posée ou d'autre chose lui est parfaitement indifférent. Tout ce qu'elle dit, c'est s'il y a moyen que toutes les propositions d'un ensemble, quelle que soit la manière dont on y est arrivé, puissent être vraies ensemble. Mais ce peut être une perle sans prix.

RAISONNEMENTS PLAUSIBLES

La logique formelle excelle à nous permettre d'éviter la contradiction. De même, elle excelle à nous dire ce que nous pouvons tirer d'un ensemble de prémisses. Encore faut-il avoir les prémisses. Or nous raisonnons non seulement pour déduire des choses d'informations données, mais aussi pour accroître nos croyances ou ce que nous prenons pour de l'information. Ainsi, dans la vie quotidienne, nombre de nos raisonnements les plus intéressants ne sont pas censés être valables au regard des normes que nous avons décrites. Ils sont supposés *plausibles* ou *raisonnables*, plutôt qu'à toute épreuve. *Il y a* moyen que tel raisonnement ait des prémisses vraies mais une conclusion fausse, même si c'est peu probable.

On peut néanmoins aller un peu plus loin et appliquer quelques-unes des idées que nous avons rencontrées, même à des raisonnements plausibles. Pourquoi est-il stupide, par exemple, d'être sûr que mon pari à la roulette sera gagnant ? Parce que ma seule information est que j'ai placé ma mise sur *x* et que dans la plupart des cas la roue ne s'arrêtera pas sur *x*. Nous sommes ici en présence d'un espace des possibles, et si nous pouvions montrer que la *plupart* des possibilités laissées ouvertes par nos évidences sont celles où la conclusion est aussi vraie, nous avons quelque chose qui correspond à un raisonnement plausible. Dans le cas de la roulette, la plupart sont celles où la conclusion d'un *x* gagnant est fausse.

La roulette et les autres jeux de hasard sont précisément des petits domaines organisés de sorte que nous connaissions les possibilités et que nous puissions mesurer les possibilités. Il y a cinquante-deux résultats possibles quand nous retournons une carte, et si nous le faisons à partir d'un paquet qui vient d'être honnêtement battu, chaque possibilité a une chance égale. Le raisonnement probabiliste peut alors aller de l'avant : nous pouvons déterminer, par exemple, combien nous avons de chances d'avoir deux figures chaque fois que nous tirons sept cartes. Ce raisonnement probabiliste est précisément une façon de mesurer l'éventail des possibles laissé ouvert par la spécification et de voir dans quelle proportion on trouve tel ou tel résultat.

Sur quoi reposent nos attributions de probabilités dans le monde réel ? Supposez que nous envisagions notre position comme ceci. À mesure que nous avançons dans la vie, nous voyons comment les choses arrivent. Dans le cadre de notre expérience, certaines généralisations semblent confirmées : l'herbe est verte, le ciel bleu. L'eau rafraîchit, le chocolat nourrit. Et cette expérience nous sert de guide à travers des étendues spatio-temporelles plus vastes. Je n'ai aucune expérience directe de la consommation de chocolat au XVIIIe siècle, mais j'imagine qu'il était nourrissant ; je n'ai pas d'expérience de ses qualités nutritives demain, mais j'imagine qu'il continuera d'être nourrissant. Nos croyances et notre confiance vont au-delà du cercle limité des événements qui entrent dans notre champ de vision immédiat.

Hume pose le problème ainsi :

> *L'*expérience *passée, on peut l'accorder, donne une information* directe *et* certaine *sur les seuls objets précis et sur cette période précise de temps qui sont tombés sous sa connaissance ; mais pourquoi cette connaissance s'étendrait-elle au futur et à d'autres objets qui, pour autant que nous le sachions, peuvent être semblables seulement en apparence ; telle est la question principale sur laquelle je voudrais insister. [...] Du moins faut-il reconnaître qu'ici l'esprit tire une conséquence ; qu'il fait un certain pas ; qu'il y a une opération de la pensée et une inférence qui réclament une explication. Les deux propositions que voici sont loin d'être les mêmes :* j'ai trouvé

> que tel objet a toujours été accompagné de tel effet *et* je prévois que d'autres objets qui, en apparence, sont semblables, s'accompagneront d'effets semblables. *J'accorderai, si vous voulez, que l'une des propositions peut à bon droit être inférée de l'autre : en fait, je le sais, elle en est toujours inférée. Mais si vous insistez sur ce que l'inférence est faite par une chaîne de raisonnement, je désire que vous produisiez ce raisonnement.*

L'expérience ne va pas au-delà de portions limitées d'espace et de temps. En particulier, toute notre expérience appartient au passé et au présent. Si nous faisons des inférences concernant le futur, ce sont des inférences, et Hume entend connaître la « chaîne de raisonnement » qu'elles emploient.

L'inférence de ce qui est vrai d'une région limitée de l'espace et du temps à une conclusion vraie de parties différentes de l'espace et du temps est appelée « inférence inductive ». Ce qui tracassait Hume est connu sous le nom de « problème de l'induction ».

LA LOTERIE POUR LA HARPE D'OR

Voici de la science-fiction. Vous êtes des esprits désincarnés, habitant une espèce de ciel. Je suis Dieu. Je vous dis que je m'apprête à vous incarner, à vous donner une vie que vous mènerez dans un univers physique que j'ai préparé à votre intention : la Terre. Au terme de votre séjour dans l'Univers, vous retournerez au Ciel. Contrairement à ce qui se passe dans la vie ordinaire des hommes, vous vivrez tous le même laps de temps : mettons, neuf actes.

Pour rendre les choses intéressantes, je vais vous proposer une sorte de loterie. Chacun de vous recevra un billet. Les billets correspondent à la couleur du ciel dégagé en milieu de journée pour chacun des neuf actes. Je conclus une alliance avec vous, comme font les dieux : je ne changerai jamais la couleur autrement qu'au commencement d'un acte. Un seul d'entre vous recevra un billet qui corresponde à la couleur effective du ciel à chaque acte. J'ajoute que cette personne, la gagnante, recevra la Harpe d'or quand vous reviendrez au Ciel. C'est un prix très précieux. Le Ciel est bien, mais le Ciel avec ladite Harpe, c'est encore mieux. Un billet pourrait donc se présenter ainsi :

rouge									
orange					x				
jaune				x		x			
vert		x	x				x		
bleu	x							x	
violet									x
temps	1	2	3	4	5	6	7	8	9

Ce billet correspond à un ciel qui est d'abord bleu, puis vert, puis jaune et orange, avant de s'assombrir en bleu et même en violet. Au possesseur de ce billet, on donnera le nom de Sinueux.

Certains d'entre vous reçoivent des tickets rectilignes :

rouge									
orange									
jaune									
vert									
bleu	x	x	x	x	x	x	x	x	x
violet									
temps	1	2	3	4	5	6	7	8	9

Son possesseur, on l'appellera Tout-Droit.

S'il n'y a qu'un billet pour chacun d'entre vous, il y aura nécessairement 6^9, soit un nombre en vérité fort imposant, d'entre vous possédant un billet correspondant à chaque distribution possible de couleurs. En conséquence, votre chance d'être le gagnant n'est que de $1/6^9$, ce qui est infime.

Hume y insiste : nous ne pouvons rien savoir dès le début dans cette situation. Nous ne saurions savoir *a priori* quel ticket gagnera. Avant l'heure, tandis que nous sommes encore tout excités à discuter des billets, il n'y a aucune raison de préférer l'un à l'autre. Car nous savons tous que Dieu peut favoriser les lignes sinueuses ou droites. À moins qu'il ne préfère Noueux :

rouge									
orange									
jaune						x	x	x	x
vert									
bleu	x	x	x	x	x				
violet									
temps	1	2	3	4	5	6	7	8	9

Le ciel dégagé en milieu de journée est d'abord bleu dans les cinq premiers actes, puis devient jaune et le reste jusqu'à la fin. Ainsi au Ciel, avant même d'avoir la moindre expérience du monde dans lequel Dieu est sur le point de nous plonger, aucun billet n'a de meilleure chance qu'un autre.

Nous allons maintenant sur Terre.

Aussitôt, 5/6 d'entre nous peuvent jeter leurs billets. Tout billet qui n'indique pas le bleu dans la première case est perdant. De même, au premier jour de chaque acte suivant, 5/6 des survivants peuvent se débarrasser de leurs billets, jusqu'au début du neuvième acte, où il n'en reste que six. Et, un jour après, il n'y a qu'un seul gagnant.

Mais tirons le rideau à la fin du cinquième acte. Tout-Droit et Noueux s'en sont bien tirés. Ils ont vu leurs concurrents tomber les uns après les autres, lors des cinq occasions précédentes. De fait, le nombre de survivants à la loterie est tombe de 6^9 à 6^4, et leurs chances de gagner se sont accrues en conséquence.

Mais supposez qu'ils se mettent à discuter. Tout-Droit fait tout pour convaincre Noueux que son billet est de loin le gagnant le plus probable : il veut bien le lui troquer, mais à un prix astronomique. Probablement nous rangerions-nous du côté de Tout-Droit. Mais supposons que Noueux résiste, protestant qu'au vu des événements précédents on n'a aucune raison de parier sur Tout-Droit plutôt que sur lui. Que peuvent-ils se dire l'un à l'autre ?

Chacun peut se prévaloir de ses succès antérieurs. Mais tous deux ont les mêmes succès à leur actif. Chacun a obtenu cinq bons résultats. Et il n'y a rien d'autre à dire. Après tout, aucun d'eux ne peut scruter l'avenir. Comme nous, ils sont englués dans le temps et ne peuvent s'en extraire.

Ce que voudrait Tout-Droit, c'est un argument en faveur de l'*uniformité de la nature*. Autrement dit, un argument expliquant que, Dieu étant parti d'un ciel bleu et s'y étant tenu jusque-là, probablement va-t-il continuer à s'y tenir. Mais Noueux peut faire valoir que Dieu a commencé avec un ciel conforme au sien, et, par un semblable raisonnement, plaide qu'il va probablement continuer ainsi.

Tout-Droit voudrait un argument dont Hume dit qu'il est introuvable. Or, ainsi que je l'ai dit, au fond de nous, nous sommes tous du côté de Tout-Droit. Qu'y a-t-il de mal à soutenir que, puisque la nature a toujours été uniforme jusqu'ici, probablement continuera-t-elle de l'être ?

> *Il est donc impossible qu'aucun argument tiré de l'expérience puisse prouver cette ressemblance du passé au futur, car tous les arguments se fondent sur la supposition de cette ressemblance.*

Bien entendu, Hume sait que nous apprenons tous de l'expérience et que nous tablons tous sur l'uniformité de la nature. Il pense que nous partageons cette propension naturelle avec les animaux. Le fait est simplement que ce n'est pas autre chose : un exercice naturel. Un usage, une habitude, qui n'a aucun titre particulier en termes de raison. Quand nous raisonnons par induction, il y a moyen que nos prémisses soient vraies et notre conclusion fausse. La nature peut changer. En fait, cela peut arriver de nombreuses manières, puisque la nature a de multiples façons de changer. Il n'y a aucune contradiction à l'imaginer. Et de fait, semble-t-il, nous ne pouvons même pas soutenir que de tels changements sont *improbables*. Si nous le pensons, c'est seulement que nous n'avons pas eu l'expérience. Or croire notre expérience représentative, à cet égard comme à tout autre, présuppose l'uniformité de la nature. Il semble que nous jetions un pont entre passé et futur, mais nous ne saurions prétendre que le pont est fiable.

CHANCE

Voici un problème bien éloigné de celui de l'induction, mais qui introduit un instrument incroyablement utile pour réfléchir à quantité de choses. C'est un problème sur lequel la plupart des gens se trompent.

Imaginez que vous décidiez de vous assurer que vous n'êtes pas porteur de quelque maladie. Supposez que ce soit une maladie très rare, qui ne concerne qu'environ une personne sur mille. Mais vous allez chez le médecin, qui déclare posséder un excellent test. Un test *fiable à plus de 99 %* ! Fort de ces éléments, vous vous soumettez au test. Horreur ! Le test est positif. Vous avez été testé positif et le test est fiable à plus de 99 %. Quelle est vraiment votre situation ou, en d'autres termes, quelles chances avez-vous d'avoir la maladie ?

La plupart des gens disent, c'est terrible ; vous êtes presque certain d'avoir la maladie.

Mais supposez que, étant penseur, vous interrogiez le médecin sur ce qu'il en est de cette fiabilité à 99 %. Et qu'il vous donne ces éléments :

(1) Si vous avez la maladie, le test vous le dira.
(2) Il arrive, mais c'est très rare, que le test donne des « faux positifs ». Uniquement dans de très rares cas – environ 1 % – il indique que quelqu'un est malade quand il ne l'est pas.

Au total, on arrive bien à une fiabilité de plus de 99 %. Vous pourrez croire que vous êtes encore quasi certain d'avoir la maladie. En réalité, c'est complètement faux. Compte tenu des éléments, votre chance d'avoir la maladie est un peu moins de 10 %.

Pourquoi ? Eh bien, supposez que 1 000 personnes se soumettent au test. Étant donné l'incidence générale de la maladie (le « taux de base »), on pourrait s'attendre à ce que l'un d'eux soit malade. Le test le dira. Il dira aussi que 1 % des autres personnes testées, soit une dizaine de personne, a la maladie. Onze personnes pourraient donc s'attendre à être testées positives, alors qu'une seule aura la maladie. Il est vrai que la nouvelle était mauvaise – vous êtes passé d'une chance sur 1 000 à une chance sur onze – mais il est encore beaucoup plus probable que vous soyez en bonne santé plutôt que le contraire. La mauvaise réponse tient au sophisme de l'ignorance du taux de base.

Dans une circonstance pareille, comment faut-il donc calculer les chances ?

Il nous faut partir d'une formule pour la probabilité d'une chose quand une autre est donnée. Supposez que nous voulions savoir quelle est la probabilité de (*a*), qu'une personne prise au hasard dans une classe porte un jeans Levi. Peut-être 20 %. Et quelle est la probabilité de (*b*), qu'une personne prise au hasard porte un blouson Levi ? Peut-être 20 % également. Quelle est donc la probabilité qu'une personne prise au hasard porte à la fois le jeans et le blouson ? On pourrait croire 20/100 x 20/100 = 4 %. Mais ce serait faux. Car les deux faits ne sont pas nécessairement indépendants. Autrement dit, la chance de trouver quelqu'un portant le blouson sera très vraisemblablement différente si l'on a affaire à des gens qui ont un jeans. La quasi-totalité de ceux qui ont des jeans, peut-être, ont aussi un blouson, et inversement. En ce cas, la probabilité de (*a*) et (*b*) vraies d'une personne prise au hasard serait elle-même de 20 %. À moins que les gourous de la mode ne disent qu'il ne faut *jamais* porter les deux. Auquel cas, la probabilité de (*a*) et (*b*) vraies pourrait tomber à zéro.

Pour y voir clair, nous avons besoin d'exprimer la probabilité de trouver quelqu'un portant le blouson *dès lors* qu'il a le jeans. La probabilité de (*a*) étant donné (*b*) s'écrit Prob (*a/b*). La probabilité de (*b*) étant donné (*a*) est Prob (*b/a*). Le bon chiffre s'obtient donc ainsi :

$$\text{Prob } (a \,\&\, b) = \text{Prob } (a) \times \text{Prob } (b/a)$$

Ou également :

$$\text{Prob } (a \,\&\, b) = \text{Prob } (b) \times \text{Prob } (a/b)$$

La première équation dit que la probabilité de porter jeans et blouson = la probabilité de porter des jeans x la probabilité de porter le blouson *étant donné que* vous portez des jeans. Dans ce dernier cas, on parle de « probabilité conditionnelle ». La seconde dit qu'elle est aussi égale à la probabilité de porter le blouson x la probabilité de porter un jeans *étant donné que* vous portez le blouson. Celles-ci doivent être identiques, par symétrie, puisque *a & b* est la même proposition que *b & a*.

Un ecclésiastique anglais du nom de Thomas Bayes (1702-1761) s'est penché sur ce résultat. Chacune d'elles étant égale à Prob (*a & b*), les deux sont égales :

$$\text{Prob}(a) \times \text{Prob}(b/a) = \text{Prob}(b) \times \text{Prob}(a/b)$$

On peut donc écrire la probabilité de *b* étant donné *a* :

$$\text{Prob}(b/a) = \frac{\text{Prob}(b) \times \text{Prob}(a/b)}{\text{Prob}(a)}$$

Cette équation assez effrayante est une version simple de ce qui est connu sous le nom de théorème de Bayes.

L'application du résultat se fait ainsi. Supposez que nous ayons maintenant une hypothèse et des éléments d'information à son sujet. Nous nous intéressons à la probabilité de l'hypothèse *h*, étant donné l'élément *e*. Nous pouvons l'écrire sous la forme Prob (*h/e*). C'est ce qu'on appelle la probabilité *postérieure* de l'hypothèse – sa probabilité après l'entrée en ligne de compte de l'élément. Le théorème nous dit alors que :

$$\text{Prob}\ (h/e) = \frac{\text{Prob}\ (h) \times \text{Prob}\ (e/h)}{\text{Prob}\ (e)}$$

Ce qui nous oriente sur trois choses différentes dont dépend la probabilité postérieure.

Prob (h). Elle est connue comme la probabilité antérieure ou antécédente de h.

Prob (e/h). C'est la probabilité de l'élément e, étant donné h. C'est un indicateur de la *concordance* entre l'hypothèse et les éléments.

Prob (e). C'est la probabilité antérieure ou antécédente de l'élément lui-même.

Intuitivement, on peut présenter les choses ainsi. Il y a trois facteurs. Premièrement, quelle est la probabilité de l'hypothèse ? Deuxièmement, comment les éléments s'accordent avec l'hypothèse ? Quelle chance a-t-on d'obtenir lesdits éléments ?

Il est souvent utile de traiter ce dernier chiffre en termes de *différentes manières* dont les éléments pourraient se présenter. C'est un chiffre qui augmente avec le nombre d'explications alternatives des éléments très probables. Et quand il augmente, la probabilité de l'hypothèse donnée sur l'élément diminue. Les concurrentes sont trop nombreuses. En pratique, donc, le chiffre du bas indique combien il existe d'autres façons d'expliquer l'élément et quelle est leur probabilité. Nous en mesurons intuitivement l'importance. Quand la call-girl Mandy Rice-Davies a entendu dire qu'un aristocrate niait avoir eu une liaison avec elle, elle a répondu : « Mais naturellement, ça va de soi ! » Elle rappelait en fait aux gens que la probabilité antécédente de ce type de témoignage était élevée *indépendamment* de la vérité de l'hypothèse, et que cela minait sa valeur de preuve. On pouvait conjecturer à l'avance que, quelles que fussent leurs relations, l'aristocrate aurait dit ce qu'il a dit. En conséquence, qu'il ait parlé comme il l'ait fait n'avait aucune valeur.

L'idéal serait : l'hypothèse est très probable de manière antécédente. La preuve est précisément ce que vous escomptiez, étant donné l'hypothèse. Et il n'y a pas beaucoup d'autres manières *probables* (sinon aucunes) de voir surgir l'élément d'information.

Dans le cas de la maladie, le théorème de Bayes met en avant le taux de base : la probabilité antécédente que vous ayez la maladie, 1/1000. Le chiffre suivant, la concordance entre le résultat du test et l'hypothèse que vous avez la maladie, est excellente : 1, en fait, puisque le test dit toujours que vous l'avez si tel est le cas. Mais, à la dernière ligne, nous trouvons le nombre de façons qu'on avait d'obtenir l'élément recherché. De manière informelle, il y a le 1 chance sur 1000 du résultat vrai, *plus* 10/1000 d'un faux positif. C'est ainsi qu'on arrive à une chance totale, compte tenu de l'élément en question, de 1/11 (approximativement).

On dispose maintenant d'une façon élégante de représenter l'impasse dans laquelle se trouve Tout-Droit et Noueux dans la loterie de la Harpe d'or. Soit T la série de neuf complète – bleu chaque fois

– du billet de Tout-Droit. Et E, la partie qui relève de notre expérience : les cinq résultats, bleu chaque fois, obtenus jusqu'ici. Donc

$$\text{Prob (T/E)} = \frac{\text{Prob (T) x Prob (E/T)}}{\text{Prob (E)}}$$

La probabilité antécédente ou antérieure de S était de $1/6^9$. Mais le deuxième chiffre est bon. Si T décrit effectivement la manière dont les événements se produisent, le résultat E, *i.e.* les cinq premières lectures, est exactement ce qui était attendu. Leur probabilité est en fait de 1, étant donné T. Et la probabilité antérieure de E ? C'est juste cinq lectures de bleu, soit $1/6^5$ étant donné que le bleu est une des six possibilités rivales. En effectuant le calcul, on obtient que Prob (T/E) est de $1/6^4$: exactement ce à quoi nous étions parvenus intuitivement.

L'ennui est que la même formule donne exactement le même résultat pour le billet de Noueux, N. On voit facilement que le résultat a la probabilité 1, étant donné N, et que la probabilité antérieure du résultat est la même dans les deux cas.

Notez bien que le problème n'est pas de « prouver » que T gagnera, ou que N ne gagnera pas. Il est simplement de trouver *une bonne raison* d'attendre T plutôt que N. Il s'agit de comparer des probabilités. La position de Hume est que même cela ne peut se faire en faveur de T. La raison ne se prononce pas, elle ne saurait les départager. Et suivant l'analyse de Bayes, il semble avoir raison. Le débat entre Tout-Droit et Noueux est plus que jamais dans l'impasse. En fait, s'il n'y avait pas de raison de préférer le billet T au billet N dans le Ciel, *a priori*, il n'y a aucune raison de le préférer après que les résultats sont tombés. Du moins le semble-t-il.

Nous pourrions revisiter divers domaines : la possibilité du Zombie, l'argument du dessein, la probabilité d'un Dieu bon créant ou admettant le mal, et surtout la discussion des miracles avec le théorème de Bayes. C'est un outil d'une importance considérable. Les sophismes dont il nous préserve – ignorer le taux de base, ignorer les risques de faux positifs – sont dangereux et s'insinuent partout où des gens essaient de penser.

Très souvent, naturellement, il est impossible de quantifier les probabilités « antérieures » avec la moindre exactitude. Il faut bien voir que ça n'a pas nécessairement tant d'importance qu'on pourrait le croire. Deux facteurs atténuent le problème. Premièrement, même si nous attribuons une fourchette à chaque chiffre, il se peut que *toutes* les façons de calculer l'issue donnent un résultat assez semblable. Et, deuxièmement, il est possible que, face à des éléments assez solides, toutes les divergences d'opinion antérieures soient balayées. Les enquêteurs partant d'attitudes antécédentes très différentes envers Prob (*h*) pourraient finalement assigner des valeurs semblablement élevées à Prob (*h/e*), quand (*e*) devient assez probant.

À titre indicatif, il vaut la peine de signaler qu'il existe des méthodes très orthodoxes d'inférence statistique qui essaient de court-circuiter les idées bayesiennes. La recherche scientifique se contente bien souvent de vérifier qu'un résultat ne se produirait par hasard qu'un modeste pourcentage de fois (moins de 5 %, ou moins de 1 %, par exemple). Mais elle en infère *ensuite* que, probablement, le résultat n'est pas dû au hasard – qu'il existe un facteur causal significatif ou un genre de corrélation. Ce raisonnement courant est en fait éminemment douteux, et Bayes montre pourquoi. Si la probabilité antécédente qu'un résultat soit dû à autre chose que le hasard est très, très faible, même des résultats immensément improbables ne la réduiront pas à néant. Si je plonge ma main dans un sac préalablement secoué, dispose sept lettres de Scrabble face cachée sur une table, les aligne, puis les retourne, le résultat effectif – mettons PQAERTU – sera bel et bien très improbable. Je pourrais faire la même chose cent ans et ne pas le répéter. Mais c'était du hasard, un point c'est tout. Dans ce cadre, *tout* résultat sera très improbable, et nous ne devrions pas pouvoir en inférer qu'il s'explique par autre chose que le hasard. C'est le type même de raisonnement qui inspire les efforts de cinglés pour prouver que la meilleure explication du schéma d'occurrence des voyelles dans les pièces de Shakespeare est l'hypothèse qu'il écrivit le Nom de la Bête 666 fois. Bref, ce n'est pas le simple fait qu'un résultat soit improbable qui doit nous pousser à rechercher une explication particulière. Il nous faut une raison supplémentaire de penser que le résultat improbable n'est pas le simple fait du hasard. Le hasard excelle à faire surgir des improbabilités.

EXPLICATIONS ET PARADIGMES

L'induction est la démarche qui consiste à prendre ce qui relève de notre expérience pour représentatif du monde hors de notre expérience. C'est un procédé de projection ou d'extrapolation. Mais ce n'est qu'un aspect d'un procédé plus large pour essayer d'accroître notre intelligence des choses. Dans la dernière section de ce chapitre, j'entends introduire quelques raisonnements que cela implique.

Soit un système complexe. Nous avons divers traits qui semblent interagir. Nous pouvons trouver en quoi ils semblent interagir en observant des changements et des variations. Nous pourrions peut-être les comparer les uns aux autres et trouver des relations fiables. La loi de Boyle, suivant laquelle la pression d'une masse de gaz donnée est inversement proportionnelle à son volume, à une température donnée, en est un exemple. C'est une loi *purement* empirique. On constate que l'expérience la confirme, et on le vérifie partout à travers le monde. Certaines disciplines seraient ravies de pouvoir aller jusque-là. L'économie, par exemple, aspire à trouver les traits *justes* d'un système économique et à établir de manière *fiable* les relations qu'ils entretiennent. Et cela se révèle très difficile. Il y faut de l'art et du doigté, et la plupart des efforts se brisent dans les flammes. Nous oublions volontiers qu'il en allait de même des sciences physiques. Par exemple, il a fallu un siècle d'efforts aux chercheurs pour apprendre à identifier l'énergie d'un système mécanique comme son trait saillant, dont la conservation leur permettait de prédire son comportement. C'est un fait historique qu'il faudrait faire écrire cent fois aux professeurs de science, prompts à traiter les enfants de « bouchés » sous prétexte qu'ils ne pigent pas tout de suite.

Si un économiste a quelque chose à dire des bonnes variables et des relations qu'elles entretiennent, on peut parler alors de modèle économique. Mais quand bien même posséderions-nous pareille chose, peut-être aurions-nous encore le sentiment de ne pas comprendre ce qui se passe. Isaac Newton (1642-1727) avait une loi faisant de l'attraction gravitationnelle entre les corps une fonction de leurs masses et de la distance les séparant : la fameuse loi du carré inverse. Mais ses contemporains et lui avaient le sentiment que cela ne les aidait pas vraiment à comprendre *pourquoi* la gravité opérait comme elle le fait. De même en va-t-il avec la loi de Boyle : si c'est tout ce que nous avons, nous comprenons quelque chose du système. Mais nous ne comprenons pas vraiment *pourquoi* il se comporte comme il le fait. Pourquoi la pression doit-elle varier en fonction inverse du volume ? Si c'est toujours le cas, pourquoi en va-t-il toujours ainsi ? Et pourquoi la constance de la température a-t-elle tant d'importance ?

On a répondu à toutes ces questions en offrant un modèle en un sens plus robuste. La théorie cinétique voit les gaz comme des volumes de molécules en mouvement. La pression est le résultat de l'impact de ces molécules sur les murs du récipient. Les molécules accélèrent quand la température augmente. Une fois que le gaz est perçu ainsi, nous avons un *mécanisme* et, moyennant des postulats convenables, on peut dériver de la nature du mécanisme des lois empiriques telles que la loi de Boyle.

Trouver un mécanisme n'évite pas le problème de l'induction. Le comportement uniforme et continu des éléments dans un mécanisme est une projection ou une extrapolation de ce que nous avons trouvé jusqu'ici, autant que tout autre chose. Mais elle réduit le nombre de postulats indépendants que nous sommes obligés de faire. Quelques traits stables, et interactions fiables entre eux, pourraient expliquer d'autres traits. Si nous tenons les traits stables pour acquis, nous pouvons expliquer les autres à partir d'eux. Ceux-ci représentent les traits *explicatifs* et *simplificateurs* de la science.

Encore faut-il s'entendre sur ce que sont des « mécanismes » satisfaisants. Des choses dont nous comprenons « clairement » et « distinctement » le comportement ? Autre chose ? La réponse à cette question ouvre l'un des chapitres les plus excitants de la pensée moderne. Tout le monde ou presque est enclin à croire qu'il est des espèces de systèmes que nous comprenons mieux que d'autres. Pour la plupart des gens, certaines formes de causation, comme une manœuvre, paraissent particulièrement intelligibles, tandis que d'autres, comme l'action à distance, ou les effets du corps sur l'esprit, paraissent très mystérieuses. En fait, jusqu'à Hume, presque tout le monde – aussi bien les philosophes que les praticiens des sciences naturelles comme Newton – le pensait. Ils pensaient que nous avions une connaissance *a priori* de ce qui *cause* quoi et, plus encore, de ce qui *ne saurait* causer quoi. Nous l'avons déjà vu. Même Newton croyait qu'il était clair que l'attraction gravitationnelle ne pouvait être un cas d'action à distance. Dans son idée, le premier idiot venu pouvait voir que, si le Soleil exerce une attraction sur la Terre, ce doit être qu'il existe une sorte de chaîne entre eux. La causation devait être une affaire de poussées et de tractions :

> *Que la gravité soit innée, inhérente et essentielle à la matière, telle qu'un corps puisse agir sur un autre à distance à travers un vide, sans la médiation d'autre chose, par quoi leur action et leur force puissent se transmettre de l'un à l'autre, est pour moi une si grande absurdité que je ne crois pas qu'un homme qui jouit d'une faculté ordinaire de méditer dans les questions philosophiques puisse jamais l'admettre.*

Assurément, il « tombe sous le sens », il est « clair et distinct » ou *« a priori »* qu'un corps ne saurait agir quelque part où il n'est pas ! Nous raisonnons encore comme ceci quand, par exemple, nous tentons de montrer par la raison pure que l'Univers doit être une création de Dieu. Nous supposons que nous savons quel genre de choses *doit* causer un effet, et lequel ne le pourrait *pas*.

Hume envoie promener ce rationalisme :

> *J'oserai affirmer, comme une proposition générale qui n'admet pas d'exception, que la connaissance de cette relation ne s'obtient, en aucun cas, par des raisonnements* a priori ; *mais qu'elle naît entièrement de l'expérience, quand nous trouvons que des objets particuliers sont en conjonction constante l'un avec l'autre. Qu'on présente un objet à un homme dont la raison et*

> *les aptitudes soient, par nature, aussi fortes que possible ; si cet objet lui est entièrement nouveau, il sera incapable, à examiner avec la plus grande précision ses qualités sensibles, de découvrir l'une de ses causes ou l'un de ses effets. Adam, bien qu'on admette l'entière perfection de ses facultés rationnelles dès son tout premier moment, n'aurait pu inférer de la fluidité et de la transparence de l'eau que celle-ci le suffoquerait, ou de la lumière et de la chaleur du feu que celui-ci le consumerait.*

Ainsi que le devrait un bon psychologue, il donne une explication du préjugé suivant lequel nous pouvons disserter *a priori* de cause et d'effet :

> *Nous imaginons que, si nous étions subitement introduits dans ce monde, nous pourrions dès l'abord inférer qu'une bille de billard communique du mouvement à une autre par impulsion, et que nous n'aurions nul besoin d'attendre la réalisation de cet événement pour prononcer avec certitude à son sujet. Telle est l'influence de la coutume que, là où elle est la plus forte, elle ne masque pas seulement notre ignorance naturelle, mais elle se cache elle-même et semble ne pas intervenir, uniquement parce qu'elle intervient au suprême degré.*

Les philosophes et les hommes de science, Hume le savait, soupiraient après un idéal d'« intuition » des lois de la nature : un genre de géométrie ou d'algèbre leur permettant de voir pourquoi les événements surviennent en configurations qui sont nécessaires, mathématiquement certaines. Ils aspiraient à une perception « claire et distincte » des raisons pour lesquelles les choses doivent être telles qu'elles sont. Or, pense Hume, cet objectif est une illusion. Rien de ce que fait l'homme de science n'y parviendrait.

Il est bon de rappeler ici que, quand Newton publia ses *Principia mathematica* en 1687, révélant les lois du mouvement, il y eut des hommes de science de son temps pour être déçus. Ils voulaient un aperçu de ce qu'*est* l'attraction gravitationnelle, mais Newton leur dit uniquement ce qu'elle *fait*. Newton dit simplement comment les corps accélèrent l'un vers l'autre, et c'est tout. Hume soutient que le genre de choses que fit Newton est le *seul genre de choses* que la science puisse jamais faire. Tout le reste, à l'en croire, n'est qu'idéal incohérent. Dans la citation suivante, les « philosophes » sont des hommes de science et la « philosophie naturelle » est ce qu'on appellerait aujourd'hui science naturelle, notamment la physique et la chimie :

> *D'où nous pouvons découvrir la raison pour laquelle aucun philosophe, raisonnable et modeste, n'a jamais prétendu assigner la cause dernière d'une opération naturelle, ni montrer distinctement l'action du pouvoir qui produit un seul effet dans l'univers. On accorde que le dernier effort de la raison humaine est de réduire les principes, qui produisent les phénomènes naturels, à une plus grande simplicité et de résoudre les nombreux effets particuliers à un petit nombre de causes générales au moyen de raisonnements tirés de l'analogie, de l'expérience et de l'observation. Mais les causes de ces causes générales,*

nous tenterions vainement de les découvrir ; et nous serons toujours incapables de nous satisfaire en en donnant une explication particulière. Ces ressorts et ces principes ultimes sont totalement soustraits à la curiosité et aux recherches de l'homme. L'élasticité, la gravité, la cohésion des parties, la communication du mouvement par impulsion, tels sont probablement les causes et les principes derniers que nous puissions jamais découvrir dans la nature ; et nous pouvons nous estimer suffisamment heureux si, par une enquête et des raisonnements précis, nous pouvons remonter des phénomènes particuliers jusqu'à ces principes généraux ou non loin d'eux. La plus parfaite philosophie naturelle recule seulement un peu plus loin notre ignorance.

Nous avons en fait ici un magnifique rejet de l'idéal rationaliste. À sa place, il ne semble nous rester que des systèmes *plus ou moins familiers*. À tout moment, ceux avec lesquels nous sommes à l'aise nous offrent des « paradigmes » ou des systèmes à comparer aux autres. Ils nous donnent un sentiment de ce que nous tiendrions pour une explication satisfaisante. Mais sans l'idéal rationaliste, nous prenons conscience que ce sentiment est peut-être lui-même changeable. Si nous remplaçons « raison » par « us et coutumes », nos us et coutumes ne peuvent-ils changer ? Ils le peuvent, a soutenu Thomas Kuhn (1922-1996), le fameux philosophe de la science. La science « normale » procède à la lumière d'un ensemble de paradigmes, ou de vues implicites sur le genre d'explications que nous devrions espérer. Des périodes de science révolutionnaire surviennent quand les paradigmes sont eux-mêmes contestés. La science doit être vue comme une « série d'interludes paisibles ponctuée de violentes révolutions intellectuelles ». Après les révolutions, notre sentiment change de ce qu'est une explication acceptable de l'agencement des choses.

Il est des gens que ce genre de pensées met aussitôt dans tous leurs états. Dans leur esprit, elles suggèrent une sorte de « relativisme » : certaines personnes ont leurs « paradigmes », d'autres en ont d'autres, et il n'appartient à personne de les départager. Or ce n'est pas justifié. Il peut y avoir des paradigmes meilleurs ou pires. Regarder le ciel comme un voile opaque à travers lequel nous voyons des points de ciel au-delà avait autrefois valeur de paradigme ou de modèle des cieux. Nous nous croyons mieux informés, ce que je crois moi aussi. On peut demander aux paradigmes de prouver ce qu'ils valent, et il en est certains qui ne résistent pas.

Supposons donc que nous approchions effectivement le monde avec un ensemble particulier de catégories préférées, en partie fixées par notre culture et notre histoire. Il ne s'ensuit toujours pas que tous les ensembles de ce genre soient également « bons ». D'aucuns ont été mis au rebut pour une raison bonne et suffisante. Un environnement scientifique est, dans l'idéal, un milieu dans lequel un processus constant d'expérimentation, de prédiction et de test filtre les mauvaises idées. Seules entrent dans la génération suivante celles qui survivent. Non que, dans les faits, les milieux scientifiques soient aussi idéaux que cela : à tout moment, la science peut toujours se targuer de son lot d'œillères, de préjugés et de distorsions. Mais le processus contient en lui-même des mécanismes de correction. Souvenons-nous du chapitre 1, quand nous avons reproché à Descartes de ne pas tenir compte de la nature « autocorrectrice » des sens, par laquelle sont détectées les illusions. La science contient pareillement en elle les moyens de corriger les illusions de la science. Telle est sa gloire suprême. Quand nous tombons sur des entreprises intellectuelles qui ne comptent pas de tels moyens – on pourrait citer la psychanalyse, les grandes théories politiques, la science « new age », la science créationniste –, nous ne sommes pas tenus de nous y intéresser.

Au fil de ce chapitre, nous avons découvert certains éléments notables de nos raisonnements. Nous avons vu certaines des idées qui sous-tendent la logique formelle. Nous avons distingué des formes de raisonnement inductif et vu combien ils sont tributaires d'une foi brute dans l'uniformité de la nature. Nous avons une idée de la manière de raisonner en ce qui concerne la probabilité des choses. Et nous avons jeté un coup d'œil aux processus de modélisation et d'explication, ce qui nous a conduits à nous méfier des raisonnements *a priori* sur les causes et les effets. Tout cela nous donne des outils à employer pour réfléchir au monde et à la place que nous y occupons.

Chapitre 7

Le Monde

Dans les six chapitres précédents, nous avons visité six zones de problèmes : les pensées sur notre fiabilité générale, les pensées sur l'esprit et le corps, les pensées sur la liberté et le destin, les pensées sur le soi, les pensées sur Dieu et les pensées sur l'ordre de la nature. Ce sont chaque fois des zones de difficulté notoires, où la structure de nos pensées ou la manière de bien penser sont difficiles à discerner. Nous pourrions espérer, en comparaison, que penser au monde qui nous entoure pose relativement peu de problèmes. Dans ce chapitre, nous abordons des domaines où un peu de réflexion sème également le trouble à ce propos.

COULEURS, ODEURS, SONS, SENSATIONS ET GOÛTS

Voici le grand contemporain de Descartes, le physicien Galilée (1564-1642) :

> *Or je dis que, chaque fois que je conçois un matériau ou une substance corporelle, j'éprouve*

aussitôt le besoin de le penser ainsi borné, possédant telle ou telle forme, grand ou petit par rapport à d'autres choses, et en un lieu spécifique à un moment donné, en mouvement ou au repos, touchant ou ne touchant point quelque autre corps, en quantité unique ou en nombre plus ou moins grand. De ces conditions, je ne saurais séparer une telle substance par aucun effort de mon imagination. Mais qu'elle soit blanche ou rouge, douce ou amère, bruyante ou silencieuse, d'odeur suave ou méphitique, mon esprit ne se sent pas obligé d'en faire des accompagnements nécessaires. Sans les sens comme guides, la raison ou l'imagination sans aide n'arriveraient probablement jamais à des qualités comme celles-ci. Aussi je crois que les goûts, les odeurs, les couleurs et ainsi de suite ne sont rien de plus que de simples noms pour ce qui concerne l'objet dans lequel nous les plaçons, et qu'ils ne résident que dans la conscience. Dès lors, si le vivant était éliminé, toutes ces qualités seraient effacées et anéanties.

Galilée formule ici que ce que l'on a appelé depuis la distinction entre les qualités *premières* et *secondes* des choses matérielles. Les qualités secondes sont les objets immédiats des sens : couleurs, goûts, sons, odeurs, toucher. Pour Galilée, elles n'« élisent domicile » que dans l'animal sensible (*i.e.*, qui perçoit). De surcroît, selon Descartes, on n'a aucune raison de supposer qu'elles « ressemblent » à ce qui dans la nature les cause : l'arrivée des photons à l'œil, dans le cas de la couleur, par exemple.

Descartes avait, pareillement, une piètre estime

des sens en tant que vecteurs de la vérité (pensez à la boule de cire du chapitre 1) :

> *Ces [...] perceptions des sens [n'ont] été mises en moi que pour signifier à mon esprit quelles choses sont convenables ou nuisibles au composé dont il est partie [...]. Je m'en sers néanmoins comme si elles étaient des règles très certaines, par lesquelles je pusse connaître immédiatement l'essence, et la nature des corps qui sont encore hors de moi.*

L'un de ses exemples de prédilection était la perception d'une douleur au pied, après que les « esprits animaux » eurent conduit leur énergie, leur « jet de flamme », jusqu'aux nerfs et dans le cerveau. Dieu le conçut en sorte que l'esprit reçoive la meilleure sensation qui se puisse (encore une fois, le bon plaisir de Dieu). Le mouvement particulier du cerveau aurait pu transmettre autre chose à l'esprit. Cependant, « rien de tout cela n'eût si bien contribué à la conservation du corps ». Autrement dit, si Dieu avait fait en sorte que j'interprète l'agitation dans le cerveau comme, par exemple, le simple signal d'une perturbation de mon *cerveau*, je mettrais du temps à soustraire mon pied blessé de ce qui lui fait mal. On peut observer ici que la position de Descartes vaut négation de l'épiphénoménalisme. C'est *parce que* les événements mentaux sont une chose ou l'autre que nous bougeons rapidement le pied. Si le mental était inerte, Dieu ferait arriver ce qu'il lui plaît sans affecter notre bien-être.

Le singulier langage de Descartes dissimule une

observation étonnamment moderne. Si nous substituons « évolution » à « Dieu », nous pouvons la formuler ainsi. Pour qu'une créature prospère, elle doit recevoir de son milieu une information qui corresponde à ses vrais besoins. Tout ce qui est nécessaire à cette fin, c'est que l'information la pousse à agir de la bonne façon. Si un prédateur arrive, il faut une information qui stimule la fuite. Pour cette fonction, cependant, peu importe l'expérience qui est faite. Si le prédateur marche sur une brindille, les « mouvements » que cela induit dans l'oreille pourraient faire en sorte que la créature entende un bruit fort, un son discordant, une harmonie, une hauteur de son plus ou moins élevée, ou tout simplement dégage une mauvaise odeur ; mais du moment qu'elle perçoit quelque chose, les sens font leur travail. Les sens ne nous fournissent que des données « confuses » – par opposition à « claires et distinctes ».

Cela laisse aussi Dieu sur la touche. Si nous demandons pourquoi il arrive que les sens nous trompent, nous font penser que les couleurs sont extérieures à nous quand elles ne le sont pas, la réponse vient en deux parties. Premièrement, il a créé le « meilleur système qui se pût concevoir » afin de produire une sensation particulièrement propice à la préservation de la personne en bonne santé. Les sens, on l'a vu, peuvent nous abuser. Mais Descartes souligne que c'est nous, non pas la nature ni le dessein de Dieu, qui sommes en défaut si nous nous méprenons sur les données des sens comme transmettant directement une information sur les propriétés réelles des choses. Ce serait traiter des données confuses comme si elles étaient claires et distinctes.

Quand nous nous servons de notre intelligence, procédant par abstraction à partir des données des sens, quel genre de monde nous reste-t-il ? Le mathématicien Descartes croyait que la vraie propriété de la *res extensa* était, comme son nom l'indique, l'extension spatiale. Toute le reste n'était que le « remplissage » sensoriel, possiblement illusoire du volume spatial par des choses comme les couleurs ou le toucher – des choses dont il pensait, comme Galilée, qu'elles ne logeaient vraiment que dans l'esprit. Ainsi, autant qu'ils inaugurent le dualisme de l'esprit et du corps, Descartes et ses contemporains ouvrent un dualisme entre le monde tel qu'il est pour nous (parfois appelé « l'image manifeste ») – le monde coloré, chaud, odoriférant, bruyant, confortable, familier – et le monde tel qu'il est objectivement ou absolument (« l'image scientifique ») – le monde qui ne contient rien que des particules physiques et des forces disséminées à travers les espaces infinis du cosmos.

Pourquoi pense-t-on que la science fait entrer les couleurs et le reste dans l'esprit ? L'argument le plus probant semble passer par la relativité de la perception. On est enclin à penser le « relativisme » comme une menace, ou une tentation, propre à la philosophie morale, où nous sommes fâcheusement familiers de la manière dont les situations paraissent différentes suivant les gens. Mais c'est un relativisme plus général qui relève ici la tête. Voici à quoi ressemblerait une thèse relativiste concernant les goûts, les odeurs, les sons et le toucher :

> Soit une partie du monde, ou un objet dans le monde, qui dégage une certaine odeur, etc., pour un observateur O. Son odeur, etc., sera une fonction des structures sensorielles propres à O. Il y aura ou il pourrait *donc* y avoir une autre créature O* avec des structures sensorielles différentes, pour qui la même partie du monde ou le même objet sentirait, etc., tout autrement. O et O* peuvent mener chacun une vie tout aussi efficace et adaptée. On n'a *donc* aucune raison de dire qu'un seul d'entre eux, O ou O*, a perçu les bonnes odeurs, etc. Il n'y a *donc* pas de distribution correcte des odeurs, etc., dans le monde. Mieux vaut *donc* penser que les odeurs, etc., sont entièrement dépendantes de l'esprit.

L'argument était bien connu du monde antique, avant de revenir en force au XVIIe siècle. Il appelle un certain nombre de remarques.

Premièrement, il ne dépend pas de l'existence réelle d'une créature O* différente. Il suffit qu'on puisse voir comment *pourrait* exister une créature de ce genre : dont la réceptivité aux couleurs soit entièrement différente, ou que son appareil auditif sensibilise à d'autres fréquences sonores ou carrément à d'autres formes d'énergie. La thèse prend bien entendu tout son relief quand on tombe sur des exemples frappants. Quiconque possède un chien ne peut croire que le monde des odeurs qu'habite le chien ressemble beaucoup au nôtre. Et certains se souviennent peut-être à quel point le goût de la bière ou du vin sec était différent la première fois, avant que l'habitude ne s'installe. Il existe clairement des sensibilités différentes : pour commencer, tous les mammifères, sauf certains primates, sont aveugles aux couleurs. Il est des substances, le phénol thio-urée par exemple, qui ont un goût amer prononcé pour une forte proportion d'êtres humains, mais aucun goût pour d'autres. Et ainsi de suite.

Mais, indépendamment de ces cas bien réels, nous voyons comment il pourrait y avoir des formes de vie qui s'accommodent à merveille de « remplissages » sensoriels complètement différents. Certains règlent leurs postes de télévision pour avoir des couleurs criardes et éclatantes : ils n'en voient pas moins les mêmes scènes.

La deuxième prémisse semble elle aussi incontestable. Elle représente un élément de connaissance que nous avons sur le monde. Nous savons que certains types de condition, par exemple, peuvent nous conduire à goûter les choses très différemment. Le rhume, par exemple, nous fait perdre en bonne partie notre odorat. Nous savons aussi combien la vision de la couleur dépend de la sensibilité de trois types de récepteur dans l'œil (cf. chapitre 2). Nous savons que les chauves-souris naviguent par des moyens acoustiques dont nous sommes privés.

La conclusion initiale paraît donc inévitable. Songez donc : deux postes de télévision peuvent recevoir le même signal, mais l'apparence de l'image dépend de la structure particulière du poste. Aussi pourrait-il exister des télévisions qui, recevant le même signal, pourraient donner des résultats différents (et il en existe, bien entendu).

La prémisse suivante est cruciale, et on l'oublie souvent quand on débat du relativisme en d'autres domaines comme l'éthique. Tout argument visant quelque chose comme une conclusion définitive doit en passer par là. Il ne suffit pas de faire observer que des créatures différentes perçoivent le monde différemment, si cela permet l'interprétation qu'un seul ensemble d'entre eux a *bien* perçu le monde. L'analogie avec les postes de télévision le montre bien. Certes, pourrait dire quelqu'un, la manière dont un poste montre une image en réponse à un signal peut varier. Si la télévision est la mauvaise espèce pour ce signal, elle ne montre que des tempêtes de neige, par exemple. Mais cela signifie simplement que la télévision passe à côté de l'information qui existe, qui est objectivement là, portée par le signal. Dire que l'information n'est pas vraiment là, indépendamment du récepteur n'est pas un argument. Si l'émetteur diffuse un discours inaugural, une télévision qui montre une tempête de neige fait pire que celle qui retransmet le discours. Elle ne fait pas aussi bien, mais autrement. Or c'est précisément ce que cet argument de la relativité entend montrer. Il y a donc une faille.

Il y en aurait une n'était la prémisse que les différentes créatures pourraient vivre des vies adaptées, fonctionnant tout aussi bien. Cela comble le vide, en nous demandant de voir les divers observateurs comme en puissance aussi bien adaptés à leur monde. Pour Descartes, c'eût été une croyance avec un support théologique. Pour nous, ce peut être une explication évolutionniste. Les créatures qui ne reçoivent pas le genre d'informations dont elles ont besoin pour mener leur vie meurent. Ainsi, à la différence des télévisions, O et O* peuvent faire tout aussi bien l'un que l'autre, mais mener des vies avec des expériences sensorielles différentes : voir, sentir, entendre, goûter et toucher différemment. C'est cette égalité qui suggère, comme le dit plus tard Russell, que ce serait du « favoritisme » de dire que le monde est mieux représenté de l'une de ces façons que par toute autre.

Toutefois, la prémisse sur l'égale adaptation n'est pas forcément suffisante. Nous pouvons vouloir raisonner ainsi. Certes, les chiens, par exemple, sont des créatures adaptées, avec des systèmes sensoriels qui répondent à leurs besoins naturels. Mais distinguons les différentes dimensions de l'expérience sensorielle. Les chiens ont un flair merveilleux. Admettons donc qu'ils sentent des odeurs qui nous échappent. Ils font « autorité » en matière de distribution des odeurs. En revanche, ils ne perçoivent pas les couleurs. Ils ne font donc pas « autorité » en la matière. Nous sommes capables d'une discrimination visuelle plus fine entre objets que les chiens dans toute une gamme de lumières différentes. C'est à cela que sert notre vision des couleurs. Alors pourquoi ne pas dire que les vraies couleurs sont celles que voient les créatures les mieux adaptées à la couleur ? Et les vraies odeurs celles que sentent les créatures les mieux adaptées à l'odeur ? Et si nous pouvons le dire, les conclusions subséquentes n'en découleront pas.

Cela met certainement en évidence une faille de l'argument tel qu'il est formulé. Pour la combler, il faudrait une prémisse plus forte. Une solution pourrait être de prendre chaque dimension sensorielle D l'une après l'autre (vision, toucher, odeur, son, goût). Il y aurait cinq arguments différents, et chaque fois la prémisse cruciale serait :

> O et O* peuvent mener chacun une vie tout aussi efficace et adaptée à l'égard de la dimension sensorielle D.

Si on l'accepte, le reste de l'argument paraît marcher parfaitement. La raison d'être de la dernière initiative est assez évidente. Prenez le phénol thio-urée. En lui-même, il ne saurait avoir du goût et être insipide. De même, on ne saurait imaginer un monde contenant autant d'odeurs que d'appareils sensoriels possibles, adaptés pour enregistrer juste quelques molécules (ou leur absence) dans quelques combinaisons et concentrations. Un tel monde contiendrait un nombre infini d'odeurs coexistantes, puisqu'il n'y a pas de limite aux variétés possibles de détecteur.

La conclusion de l'argument porte le nom d'« idéalisme de la qualité seconde ». Il nous donne le résultat de Galilée, à savoir que les qualités qui sont les objets immédiats de l'expérience sensorielles sont « refoulées dans l'esprit ».

SOLIDE BON SENS

Descartes et nombre de ses successeurs n'en furent pas trop gênés. Descartes lui-même, on l'a vu, avait encore la « raison » pour l'informer des propriétés que les objets possédaient réellement. Il n'avait cure des aspects illusoires du monde de l'apparence – le fait que les couleurs soient, pour ainsi dire, dues à nous, non pas aux choses que nous voyons. Sa position sur ce point fut consacrée par John Locke dans la philosophie de langue anglaise.

Locke est très explicite. Il y a les

> *qualités originales et premières, qui sont la solidité, l'étendue, la figure, le nombre, le mouvement, ou le repos, et qui produisent en nous des idées simples.*

Il y a aussi

> *des qualités qui dans les corps ne sont effectivement autre chose que la puissance de produire diverses sensations en nous par le moyen de leurs premières qualités, c'est-à-dire par la grosseur, figure, contexture et mouvement de leurs parties insensibles, comme sont les couleurs, les sons, les goûts, etc. Je donne à ces qualités le nom de secondes qualités.*

Dans ce tableau, il y a le monde scientifique, celui des objets tels qu'ils sont vraiment au temps de Locke, un monde de petites particules qui s'agencent pour former des corps plus gros, chacun possédant les qualités premières, scientifiques. Telle est l'image scientifique. Il y a aussi l'image manifeste : le monde que nous pensons habiter avec ses couleurs, ses odeurs, ses goûts, ses bruits, sa chaleur ou son froid. Mais, si elle n'est dans l'esprit, l'image manifeste est au moins *due* largement à lui. Tel n'est pas le cas du monde scientifique.

Dans l'idée de Locke, les objets n'ont-ils réellement pas de couleur ni d'odeur ? Il est un sens où ils en ont : les objets ont le pouvoir de produire en nous des couleurs et des odeurs. Néanmoins, ces pouvoirs ne sont pas les couleurs ni les odeurs elles-mêmes :

> *Ce que je viens de dire des couleurs et des odeurs peut s'appliquer aussi aux sons, aux saveurs, et à toutes les autres qualités sensibles, qui (quelque réalité que nous leur attribuions faussement) ne sont dans le fond autre chose dans les objets que la puissance de produire en nous diverses sensations par le moyen de leurs premières qualités, qui sont, comme je l'ai dit, la grosseur, la figure, la contexture et le mouvement de leurs parties.*

Les diverses sensations en nous ne ressemblent aucunement aux pouvoirs qui leur donnent naissance.

Le point de vue de Locke passe souvent pour une forme de réalisme scientifique naturel, de bon sens. Nous pouvons remplacer ses petites particules de matière de grosseur et de figures particulières par des énergies, des forces et des champs, ou des particules subatomiques. Cependant, l'opposition essentielle entre le monde de la science et l'image manifeste demeure fondamentalement telle qu'il l'a présentée dans l'esprit de quantité de personnes.

Cela pose-t-il vraiment un problème ?

LES PROBLÈMES DE BERKELEY

En France, divers auteurs eurent du mal avec la vision cartésienne du monde. Notamment, si Dieu était, tout compte fait, un genre de trompeur (pour notre bien, naturellement) eu égard aux qualités secondes, peut-être pouvait-il aussi nous duper en ce qui concerne les qualités premières ? Si ça lui agrée de nous faire voir en couleurs, bien que les couleurs vues ne ressemblent à rien de la réalité physique, ne pourrait-il trouver bon de nous faire voir des objets étendus dans l'espace, bien que la réalité physique ne soit pas réellement spatiale ? Les couleurs sont ici une sorte de cheval de Troie qui a pour effet de réintroduire le Mauvais Génie que Descartes croyait avoir terrassé.

C'est un problème épistémologique. Toutefois, le malaise peut s'amplifier davantage encore si nous songeons à la métaphysique du monde scientifique. Essayons de réfléchir à ce qui emplit effectivement l'espace. Descartes avait banni toutes les qualités de la réalité physique sauf une, l'extension. Or tout le monde pensait que c'était intenable. L'« extension » est entièrement abstraite : 30 cm^3 d'espace est une chose ; 30 cm^3 d'espace avec un corps est une tout autre affaire. Il nous faut concevoir la réalité physique en termes de choses occupant l'espace, et pas simplement d'espace.

Fort bien, dirons-nous peut-être. Locke a des choses avec des propriétés telles que la « solidité » et le « mouvement ». Mais le mouvement ne nous aidera pas, à moins que nous ayons des *choses* mobiles. Concentrons-nous donc sur les choses. Un volume d'espace avec un objet dedans est connu par la solidité ou la résistance qu'offre ce dernier. C'est toute la différence entre 30 cm^3 d'espace empli de granit et 30 cm^3 d'espace vide. Qu'est-ce donc que la solidité ? Locke est très pénétrant à ce propos :

> *L'Idée de la solidité nous vient par l'attouchement ; et elle est causée par la résistance que nous trouvons dans un corps jusqu'à ce qu'il ait quitté le lieu qu'il occupe, lorsqu'un autre corps y entre actuellement. De toutes les idées qui nous viennent par sensation, il n'y en a point que nous recevions plus constamment que celle de la solidité. Soit que nous soyons en mouvement ou en repos, dans quelque situation que nous rencontrions, nous sentons toujours quelque chose qui nous soutient et qui nous empêche d'aller plus bas ; et nous éprouvons tous les jours en maniant des corps, que, tandis qu'ils sont entre nos mains, ils empêchent, par une force invincible, l'approche des parties de nos mains qui les pressent. Or ce qui empêche ainsi l'approche de deux corps lorsqu'ils se meuvent l'un vers l'autre, c'est ce que j'appelle solidité. [...] Mais si quelqu'un trouve plus à propos d'appeler impénétrabilité, ce que je viens de nommer solidité, j'y donne les mains. Pour moi, j'ai cru le terme de solidité beaucoup plus propre à exprimer cette idée, non seulement à cause qu'on l'emploie communément en ce sens-là, mais aussi parce qu'il emporte quelque chose de plus positif que celui d'impénétrabilité, qui est purement négatif, et qui peut-être est plutôt un effet de la solidité, que la solidité elle-même. Du reste, la solidité est de toutes les idées, celle qui paraît la plus essentielle et la plus étroitement unie au corps,*

en sorte qu'on ne peut la trouver ou l'imaginer ailleurs que dans la Matière [...].

La solidité des objets paraît se réduire à leurs « pouvoirs » d'exclure d'autres objets de l'espace qu'ils occupent. Mais pouvons-nous nous satisfaire d'une conception du monde dans laquelle il n'y a que des régions de l'espace différentes avec des pouvoirs différents ? N'avons-nous pas besoin aussi de quelque chose, de quelque substance, qui possède les pouvoirs ?

Au moins Locke admet-il que nous connaissons la solidité ; peut-être son épistémologie est-elle donc en ordre. Il paraît clair que nous connaissons la solidité par ce que nous sentons. Locke y insiste :

Si, après cela, quelqu'un me demande ce que c'est que la solidité, je le renverrai à ses sens pour s'en instruire. Qu'il mette entre ses mains un caillou ou un ballon, qu'il tâche de joindre ses mains, et il connaîtra bientôt ce que c'est que la solidité, et en quoi elle consiste, je m'engage à le lui dire, lorsqu'il m'aura appris ce que c'est que la pensée, et en quoi elle consiste, ou, ce qui est peut-être plus aisé, lorsqu'il m'aura expliqué ce que c'est que l'étendue, ou le mouvement.

Bien que Locke n'y fût pas particulièrement sensible, le problème grondait en son temps, et fit éruption au début du XVIIIe siècle dans les écrits de Pierre Bayle (1647-1706) en France et du philosophe irlandais George Berkeley (1685-1753). Ce dernier adresse un certain nombre d'objections dévastatrices à la vision cartésienne et lockéenne du monde. Sa position est qu'elle ne tient pas, qu'elle n'est cohérente ni métaphysiquement ni épistémologiquement. Son propos est complexe et à plusieurs niveaux, mais nous pouvons apprécier ses points forts sous deux rubriques.

(1) Revenons sur la façon dont, selon Locke, nous connaissons la solidité. Si c'est tout ce que nous pouvons dire, en quoi la solidité n'est-elle pas logée à la même enseigne que la couleur, la chaleur ressentie ou l'odeur ? Si ces sensations ne nous donnent pas d'idée réelle des qualités des choses réelles, étant simplement excitées en nous par les « pouvoirs » des choses réelles, comment la solidité ferait-elle mieux ? Comment passer des sensations de solidité dans l'esprit à quelque propriété ressemblante dans le monde ? Quelque solidité qu'il puisse y avoir « dans l'esprit », elle n'est pas la même que la solidité dans le monde. Nos idées ne sont pas solides, quel sens y a-t-il donc à dire qu'elles « ressemblent » aux choses solides ?

Et si la solidité disparaît du monde réel, que reste-t-il ? La réponse de Berkeley est bien connue : rien. Son monde se réfugie entièrement dans l'esprit. C'est la doctrine connue sous le nom d'idéalisme subjectif.

(2) Le point de vue lockéen semble nécessiter au moins que nous concevions un monde en termes de qualités purement premières, effaçant tout ce qui, selon lui, réside dans l'esprit. Mais le pouvons-nous ? « Je nie, objecte Berkeley, que je puisse abstraire l'une de l'autre, ou concevoir séparément,

ces qualités qui ne sauraient exister séparément. » Soit un objet physique ordinaire : une tomate, par exemple. Essayez donc d'« abstraire » sa couleur, son toucher, son odeur, son goût et les sensations que vous éprouvez en la prenant dans la main. Que reste-t-il ? Une tomate invisible, indétectable, intangible, qui ne vaut certainement pas mieux que pas de tomate du tout ! Hume formule magnifiquement cette objection (dans la citation qui suit, la « philosophie moderne » est la position de Locke) :

> *L'idée de solidité est celle de deux objets qui, en dépit d'une pression d'une force extrême, ne peuvent se pénétrer l'un l'autre et continuent toujours d'exister séparément et distinctement. La solidité est donc parfaitement incompréhensible isolément, si l'on ne conçoit pas des corps solides et si on ne leur conserve pas d'existence séparée et distincte. Or, quelle idée avons-nous de ces corps ? On écarte les idées de couleurs, de sons et des autres qualités secondes. L'idée de mouvement dépend de l'idée d'étendue et l'idée d'étendue de l'idée de solidité. Il est donc impossible que l'idée de solidité puisse dépendre de l'une d'elles. Car ce serait tourner dans un cercle et faire dépendre une idée d'une autre alors qu'en même temps la seconde dépend de la première. Notre philosophie moderne ne nous laisse aucune idée juste ni satisfaisante de la solidité, ni par suite de la matière.*

Ou, en d'autres termes : « Une fois les couleurs, les sons, la chaleur et le froid exclus du nombre des existences extérieures, il ne reste rien qui puisse nous apporter du corps une idée juste et cohérente. » Berkeley et Hume nient que nous puissions véritablement comprendre les prétendues propriétés du prétendu monde indépendant, si ce n'est en des termes tirés de notre expérience – de nos esprits. La « philosophie moderne » ou la vision scientifique nous oblige à faire place à une conception « scientifique » ou « absolue » de la réalité, pensée en termes de choses occupant l'espace, indépendantes de nous, dont les arrangements expliquent tout ce qui peut être expliqué à propos de l'univers entier, y compris nous et nos expériences. Mais si cette conception est faussée en son cœur, il nous faut aller voir ailleurs.

FORCES, CHAMPS ET CHOSES

Dans le passage cité, Hume demandait quelle conception nous restait des « corps » qui sont impénétrables l'un à l'autre et soutenait que, sans le « rembourrage » assuré par les qualités secondes, il n'y avait pas de réponse. Mais cela pose un problème plus général : quelle conception avons-nous *jamais* des corps, mis à part leurs pouvoirs d'interaction l'un avec l'autre et avec nous ?

Il n'y a pas lieu d'entrer ici dans les détails de la pensée physique, mais nous pouvons reprendre les mots mêmes de l'un des plus grands physiciens, Michael Faraday (1791-1867). Supposez que nous voulions distinguer une particule physique *a* des pouvoirs ou des forces *m* par lesquels elle fait connaître son influence. Faraday observe alors :

> *À mon sens [...], le* a *ou noyau disparaît, et la substance consiste en forces, ou* m, *et en vérité*

> *quelle notion pouvons-nous avoir du noyau indépendant de ses pouvoirs ? Quelle pensée demeure à quoi accrocher l'imagination d'un* a *indépendant des forces reconnues ? Pourquoi alors supposer l'existence de ce que nous ignorons, que nous ne saurions concevoir et pour quoi il n'y a point de nécessité philosophique ?*

La protestation de Hume quant aux corps en dehors de la solidité en prend ici un sale coup, si l'on peut dire. Nous n'avons pas à penser en termes de choses en dehors de leurs pouvoirs.

Dans ce cas, le monde de la physique, « l'image scientifique », se résout en un vaste flux de forces : vraisemblablement des choses telles que les forces de la gravitation, les attractions et répulsions électromagnétiques ou, si nous réglons sur l'amplification, les interactions fortes et faibles parmi les particules élémentaires. Mais se passe alors quelque chose de très fâcheux. Car n'oublions pas que l'argument est entièrement général, en sorte que ces « particules » elles-mêmes se résolvent en d'autres « forces ». C'est un problème parce que, normalement, quand nous pensons à des forces, ou à des choses telles que les champs gravitationnels ou magnétiques, nous tenons pour acquise quelque notion comme celle de particule. Nous comprenons l'existence d'un champ ou d'une force à quelque point de l'espace en termes de l'accélération qui se produirait *si* quelque particule-test y était placée. S'il y a un aimant sur la table, l'existence du champ magnétique autour de lui est lié à la manière dont d'autres choses (des « particules ») *auraient* tendance à bouger si elles étaient placées à diverses distances de lui. Dans les expériences scolaires familières, la limaille de fer joue le rôle des particules de fer.

Mais si, à la suite de Faraday, nous résolvons les particules elles-mêmes en d'autres pouvoirs, dispositions ou forces, nous ne saurions nous satisfaire de ce type d'image. Il nous faut essayer de comprendre ce que contient l'univers sans la béquille mentale que constitue toute espèce de chose que ce soit. Revient alors nous hanter la plainte de Hume à propos de l'impénétrabilité – que nous ayons besoin de savoir ce que c'est qui ne saurait pénétrer quoi. Tout se passe comme si la conception de bon sens de la différence entre l'espace occupé par un corps et l'espace qui n'est pas ainsi occupé avait été déplacée en faveur d'un espace où certains *si* sont vrais, par opposition à un espace où d'autres types de *si* sont vrais. Or nous soupirons après quelque chose qui *occupe* réellement l'espace, dont la présence explique les différences de *si*, les différences de potentiels et de pouvoirs.

Nous pouvons poser le problème dans les termes du chapitre 2. Si Dieu crée l'univers physique, jusqu'où doit-il aller ? Peut-il s'en tirer en ne créant que des forces ? En ce cas, l'univers semble se résoudre en un ensemble géant de *si*. Ou doit-il aussi créer des objets, pour que les forces s'y exercent, mais aussi, peut-être, pour expliquer comment naissent les forces ? Si nous choisissons cette dernière solution, quelle conception de ces objets pouvons-nous avoir ? La première conception paraît laisser l'univers sous la forme d'une sorte d'immense potentiel, tel un gigantesque miroitement.

Peut-être le mathématicien Descartes en était-il heureux (fascinante est la question de savoir s'il avait anticipé, à sa façon, la vision de Faraday). Mais le sens commun semble exiger quelque chose (de *solide*) qui emplisse les portions d'espace qui ont de la matière en elles.

Voilà un problème qui a beaucoup occupé Kant, lui-même un des pionniers de la résolution de la matière en « forces ». Pour lui, cette conception des choses était la meilleure qu'on pût jamais atteindre. Il pensait ainsi en partie parce que nous connaissons le monde par les sens, et que les sens sont fondamentalement *réceptifs*. Autrement dit, ils ne nous donnent jamais que les résultats des pouvoirs et des forces. Les sens ne sont pas adaptés pour nous dire *ce qui*, dans le monde, sous-tend la distribution des pouvoirs et des forces dans l'espace. Ils nous apportent simplement le résultat de cette distribution. Tout ce qui le sous-tend devrait être entièrement « nouménal » – demeurer hors de portée de l'investigation scientifique et, en l'occurrence, hors d'atteinte de l'expérience et de la pensée humaines.

Pour Hume, son problème d'impénétrabilité jetait le doute sur toute la métaphysique de la « philosophie moderne », mais il pensait également que la retraite de Berkeley dans l'idéalisme subjectif n'était pas tenable. Kant croyait lui aussi que le problème nécessitait de repenser de fond en comble la philosophie moderne.

CAMISOLES DE FORCE ET LOIS

Il existe une autre façon d'apprécier les problèmes soulevés dans la dernière section et qui consiste à s'interroger sur un autre élément de base de la compréhension scientifique : le concept de loi de la nature. Il faut pour cela revenir sur une chose rencontrée dans le dernier chapitre : la loterie de la Harpe d'or.

Après avoir examiné cette expérience de pensée, nous pourrions faire ce type de raisonnement. L'expérience de pensée est impressionnante, mais peut-être est-elle aussi fallacieuse. Car elle représente la situation comme si l'état du monde à chaque intervalle était *indépendant* de son état à tout autre intervalle. Comme si Dieu lançait un dé à six faces à la fin de chaque période, si bien qu'il y a une chance sur six que sorte une couleur ou une autre. Or, si telle était la situation, ce serait un sophisme que de soutenir que puisqu'un chiffre (le bleu) est sorti cinq fois, il est plus probable qu'il sorte la fois suivante. Raisonner ainsi, c'est succomber à ce qu'on appelle le sophisme du joueur. Cependant, dans le monde qui est le nôtre, nous ne savons pas que ce type de loterie fonctionne en permanence. Nous ne trouvons pas le chaos que cela nous conduirait à attendre. Nous ne trouvons que des uniformités. Il est donc beaucoup plus probable qu'existe quelque chose *qui garantisse l'ordre au fil du temps*. Il n'y a pas de lancer de dés indépendant de temps à autre : on dirait plutôt que Dieu a pris l'unique décision et s'y est tenu. Il doit y avoir une solution métaphysique au problème de l'induction, même s'il n'y a pas de solution purement probabiliste ou mathématique.

Cela peut paraître utile, mais l'est-ce réellement ?

Le problème est en partie, bien sûr, que même si l'univers ne réalise qu'une loi, comme une décision de Dieu, cette loi a fort bien pu être « que prévale le schéma N » plutôt que le schéma T. La loi immuable peut avoir ce caractère noueux. Après tout, nous en sommes tous réduits à connaître les segments qui se sont produits jusqu'ici. Et soutenir que, la nature *ayant été jusqu'ici uniforme de cette façon particulière*, il est probable qu'elle continuera de l'être de la même façon, Hume l'a indiqué, n'est jamais qu'une autre inférence inductive.

Encore une fois, cependant, le problème a un aspect métaphysique. Appelons *Camisole de force* ce qui garantit l'ordre. Une camisole est quelque chose comme une loi de la nature qui opère au fil du temps : une directive ou une garantie qui fixe l'ordre des choses. L'idée est donc que c'est grâce à cette directive ou à cette garantie que les choses « continuent de continuer », si l'on peut dire, comme par le passé. Le problème devient alors : pouvons-nous avoir la moindre conception de ce à quoi pourrait ressembler cette Camisole ?

Le problème ressemble ici beaucoup à celui de l'argument cosmologique évoqué au chapitre 5 et, de fait, on peut y voir une version de celui-ci. Les choses que nous rencontrons dans l'espace et dans le temps, y compris des choses telles que les résolutions humaines, sont par nature changeantes. Elles peuvent durer longtemps, mais en pratique elles vont et viennent. Une Camisole ne ressemble pas à cela. Car si elle est en principe inconstante, sa propre survie à travers le temps requiert une explication, et nous voici engagés dans une régression.

La situation est que nous espérons étayer la continuation ordinaire des régularités en citant « autre chose », quelque chose qui *confirme* que les événements doivent se produire comme ils le font. Mais ensuite il nous faut examiner la continuation régulière de cette autre chose. Si ce n'est qu'un « fait brut », il n'est pas plus probable que notre point de départ : l'ordre empirique. S'il nécessite une autre sorte d'étayage, nous sommes de nouveau en pleine régression. Si nous disons qu'elle est « nécessaire » ou contient en elle sa propre explication, nous attend le même scepticisme qui a accueilli l'argument cosmologique. Nous ne comprenons pas ce que nous voulons dire par là et nous n'avons pas de principes pour dire à quel genre de choses cette description pourrait s'appliquer.

Autrement dit, si une Camisole est le genre de chose qui va et vient, il ne nous restera aucune raison d'attendre sa continuation. Mais avons-nous idée de quoi que ce soit dont l'existence ne soit *pas* sujette au temps et au changement ? Pouvons-nous même le toucher, sans parler de l'embrasser, par notre entendement ? Ne se retrouve-t-on pas une fois de plus face au triste constat de Wittgenstein, « un rien servira tout aussi bien qu'un quelque chose dont on ne saurait rien dire » ? Ou, dans les mots de Hume,

> *les scènes de l'univers sont continuellement changeantes ; un objet en suit un autre en une succession ininterrompue ; mais le pouvoir ou la force, qui anime la machine entière, nous est entièrement caché et ne se découvre dans aucune des qualités sensibles du corps.*

Il semble que notre intelligence soit ici aussi confondue. Nous ne saurions avoir la moindre idée de ce qu'il faut pour que prévale une loi de la nature. Nous pouvons comprendre comment les événements surviennent, mais jamais entrevoir le moins du monde pourquoi ils *doivent* survenir comme ils le font.

Dans la dernière section, à la suite de Faraday et de Hume, nous avons vu que la conception scientifique « absolue » d'une réalité indépendante se heurtait aux problèmes des choses ou de leurs pouvoirs. Nous découvrons maintenant que notre conception de ces pouvoirs eux-mêmes, sous-tendus par les lois de la nature, est aussi fragile que possible.

LA RÉVOLUTION KANTIENNE

Les problèmes avec la « philosophie moderne » conduisirent Berkeley à se réfugier dans son propre esprit. Il décida que l'univers de notre compréhension était borné à nos propres idées, et à notre propre nature d'« esprits » ou d'« âmes ». Par chance, nous ne sommes pas tout à fait seuls dans cet univers subjectif, car nous pouvons être sûrs, pensait-il, que nos expériences doivent être injectées en nous par un esprit plus grand : Dieu (on peut anticiper maintenant le haut-le-corps de dérision de Hume face à ce raisonnement causal *a priori*). Mais personne n'a jamais soutenu que la solution de Berkeley était satisfaisante : on ne peut se défendre du sentiment que le Dieu de Berkeley joue le rôle du Mauvais Génie de Descartes, nous plongeant dans une réalité virtuelle totalement trompeuse.

Un philosophe, Kant, a souscrit au diagnostic de Berkeley. Pour lui, la « philosophie moderne » de Locke avait visé un « réalisme transcendantal », qui est intenable. « Réalisme », parce qu'il insiste sur un monde réel d'objets indépendants situés dans l'espace et le temps. « Transcendantal », parce que ce monde se situe hors de notre expérience et n'est qu'un objet d'inférence. Mais Kant convient avec Berkeley que l'inférence est trop précaire. Sur la position de Locke :

> *Je ne puis donc proprement percevoir les choses extérieures mais seulement conclure de ma perception interne à leur existence, en regardant cette perception comme l'effet dont quelque chose d'extérieur est la cause la plus prochaine. Or, l'inférence qui, d'un effet donné, conclut à une cause déterminée est toujours incertaine ; car l'effet peut résulter de plus d'une cause. Dans le rapport de la perception à la cause reste donc toujours douteuse la question de savoir si cette cause est intérieure ou extérieure, si par conséquent toutes les prétendues perceptions extérieures ne sont pas un simple jeu de notre sens interne, ou si elles se rapportent à des objets extérieurs effectivement réels comme à leur cause. Du*

moins l'existence de ces objets n'est-elle que conclue, et court-elle le danger de toutes les conclusions, tandis qu'au contraire l'objet du sens interne (moi-même avec toutes mes représentations) est immédiatement perçu et que l'existence de celui-ci ne souffre absolument aucun doute.

Pour Kant, la priorité est d'en finir avec ce modèle du « théâtre intérieur ». Nous avons déjà croisé son approche au chapitre 4, à propos du moi. Nous y avons vu les divers tours de force d'organisation très complexes nécessaires à la conscience de soi. Il nous faut organiser notre expérience non pas comme ce que Kant appelle une simple « rhapsodie » de perceptions, mais en termes d'ordre spatial et temporel. Nous ne pouvons nous concevoir qu'évoluant dans un monde indépendant d'objets situés dans l'espace. Comment Kant exploite-t-il cette intuition pour sortir de l'impasse laissée par la tradition inaugurée par Descartes ?

Le mérite de Kant est, en partie, d'avoir vu que Locke était attaché à une conception intenable de la compréhension. Pour Locke, le paradigme de la compréhension serait d'avoir quelque chose à l'esprit qui « ressemble » aux traits des choses qui la causent, comme une image. Berkeley partageait cet idéal. Certes, il croyait que la ressemblance ne pouvait réellement exister (« une idée ne ressemble jamais qu'à une autre idée »). Mais il en tira la conséquence que nous comprenons seulement le monde de nos idées. Kant voit bien que, quand on vient à l'espace et au temps, à la taille, à la forme et à l'ordre objectif, avoir un concept n'est pas avoir une image mentale. C'est avoir un principe organisateur ou une règle ; une façon de traiter le flux des données. Avoir les mêmes principes organisateurs ou les mêmes règles pourrait nous donner la même compréhension du monde malgré les *différences* d'expérience subjective.

Sous-entendu : les problèmes que nous avons rencontrés dans les deux dernières sections viennent de ce que nous recherchions des « choses » qui jouent certains rôles : le rôle d'objets se trouvant derrière ou à part des pouvoirs ou des forces, ou le rôle de quelque chose responsable des lois causales et physiques. Mais si nous arrivons à sevrer notre intelligence de cette dépendance à l'égard des choses, peut-être pouvons-nous faire mieux. Imaginez plutôt que nous voyions les pensées de causation et de loi, des choses dans l'espace et le temps, et l'espace et le temps eux-mêmes comme des *catégories* nécessaires de la pensée. Elles nous fournissent un cadre de principes pour organiser ou systématiser notre expérience. Elles n'apportent pas un ensemble de choses que nous « inférons » de notre expérience. L'idée, ici, est très proche des idées sur le « moi » trouvées chez Kant : en fait, c'est l'autre face de la même médaille. Si nous essayons de comprendre le moi en termes sensoriels, comme objet d'expérience, nous retrouvons le problème de Hume, à savoir qu'un tel objet n'existe pas. Mais si nous pensons plutôt à la façon dont un point de vue personnel ou égocentrique *organise* l'expérience, le rôle du moi comme élément de notre réflexion devient plus clair – de même que les illusions engendrées par ce rôle.

La révolution kantienne est introduite par un passage célèbre au début de la *Critique de la raison pure* :

> *On admettait jusqu'ici que toute notre connaissance devait se régler sur les objets ; mais tous les essais pour établir à leur endroit quelque chose* a priori *par des concepts, par quoi notre connaissance eût été étendue, n'aboutissait, dans cette hypothèse, à rien. Que l'on essaie donc une fois de voir si nous ne serions pas plus heureux dans les tâches de la métaphysique, en admettant que les objets doivent se régler sur notre connaissance, ce qui s'accorde déjà mieux avec la possibilité demandée d'une connaissance* a priori *de ces objets, qui doit établir quelque chose à leur égard avant qu'ils nous soient donnés. Il en est ici comme de l'idée première de Copernic : voyant qu'il ne pouvait venir à bout de l'explication des mouvements du ciel en admettant que toute l'armée des astres tournait autour du spectateur, il essaya de voir s'il ne réussirait pas mieux en faisant tourner le spectateur, et en laissant en revanche les astres en repos. On peut faire un essai du même genre en métaphysique au sujet de l'*intuition *des objets. Si l'intuition devait se régler sur la nature des objets, je ne vois pas comment on en pourrait savoir quelque chose* a priori *; que si, au contraire, l'objet (comme objet des sens) se règle sur la nature de notre faculté d'intuition, je puis très bien alors me représenter cette possibilité.*

C'est l'élément que Kant appelle « idéalisme transcendantal » tout en notant bien que ce n'est pas l'« idéalisme subjectif » de Berkeley. Et, naturellement, ce ne saurait être le « réalisme transcendantal » de Locke. Qu'est-ce donc ?

Tout se passe comme si, ayant l'expérience, nous « créions » ce faisant un monde qui doive s'y conformer. C'est une idée très étrange. C'est l'univers qui nous a créés après quelque treize milliards d'années, non pas nous qui l'avons créé. Kant ne cherche pas à le nier. Ce qu'il cherche à comprendre, c'est comment des concepts comme ceux de choses, de force, d'espace, de temps et de causation déterminent la manière dont nous pensons (et devons penser) le monde. L'intention n'est pas de *nier* quelque élément de compréhension scientifique, ou en fait du sens commun, mais d'*expliquer* comment ces éléments s'agencent dans notre pensée. Ce sont ces pensées qui structurent ce qu'il appelle le « monde phénoménal » : le monde que décrit la science et qui se manifeste à nous dans l'expérience des sens.

Kant ne pensait certainement pas que toute expérience sensorielle « crée » tant bien que mal un pareil monde. Il ne le pensait pas à propos des qualités secondes, par exemple :

> *Les couleurs ne sont pas de qualités des corps à l'intuition desquels elles s'attachent, mais seulement des modifications du sens de la vue, affecté par la lumière d'une certaine manière. Au contraire, l'espace, comme condition des objets externes, appartient nécessairement au phénomène ou à l'intuition des objets. La saveur et les couleurs ne sont point du tout des conditions nécessaires sous lesquelles seulement les objets peuvent devenir pour nous objets des sens.*

L'idée étant que l'espace, à la différence de la couleur, est une « condition » sous laquelle seulement les objets peuvent être objets des sens. L'espace a plus d'objectivité à cette fin que la couleur.

La difficulté centrale, dans l'interprétation de Kant, est de savoir s'il avance aussi loin qu'il le paraît par rapport à Berkeley. Imaginez ce dernier lui rendant grâce de trois intuitions :

(1) Nous devons rompre totalement avec la vision sensorielle de la compréhension chère à Locke et voir les concepts avec lesquels nous décrivons le monde en termes de règles, de principes et de structures organisatrices plutôt que d'images mentales.

(2) Notre expérience doit être ordonnée (suivant le mot du philosophe contemporain Jonathan Bennett, il doit y avoir une « limitation de vitesse ») pour qu'il y ait conscience de soi.

(3) Pour qu'elle soit ordonnée, nous devons nous concevoir comme occupant un point de vue dans l'espace, d'où nous percevons des objets durables dans l'espace et le temps, dont le comportement entre dans des schémas déterminés par les lois de la nature.

Tout cela semblerait apporter de l'eau au moulin de Berkeley. Ce dernier lui-même savait que nous *interprétons* notre expérience en termes spatio-temporels, objectifs. Il croyait cependant que nous devions « parler avec le vulgaire, mais penser avec le docte » : autrement dit, apprendre à considérer cette interprétation comme une sorte de *façon de parler*, plutôt que la description d'un monde objectif réel et indépendant.

Un facteur de confusion tient au fait que Kant dise des choses témoignant d'une grande sympathie pour une position proche de l'idéalisme subjectif de Berkeley. La « révolution copernicienne » ne l'empêche pas de dire des choses de ce genre :

> *Dans notre système, ces choses extérieures, à savoir la matière, dans toutes ses formes et ses changements, ne sont que de purs phénomènes, c'est-à-dire des représentations en nous, de la réalité effective desquelles nous avons immédiatement conscience.*

L'ingrédient qui distingue Kant de l'idéalisme subjectif est son idée que Descartes et ses successeurs n'ont pas pris les choses par le bon bout. Ils ont cru que l'expérience interne restait solide comme roc, tandis que le monde extérieur devenait problématique. Pour faire mieux,

> *la preuve réclamée doit donc faire voir que nous avons des choses extérieures aussi l'*expérience, *et pas seulement l'*imagination *; et c'est ce que l'on ne peut faire qu'en démontrant que notre expérience* interne *elle-même, indubitable pour Descartes, n'est possible que sous la supposition de l'expérience* externe.

L'« expérience externe » est ici l'expérience dans laquelle nous avons aussitôt conscience d'une réalité qui s'étend au-delà de nous. La question de savoir si, et comment, Kant réussit est un des grands problèmes de la pensée moderne.

L'ŒIL DU SPECTATEUR

Un vrai *réaliste*, ou adversaire de l'idéalisme, entend plaider la cause de faits ou d'états de choses qui sont entièrement indépendants de l'esprit. L'idéaliste nous rappelle constamment le travail de l'esprit, comment il sélectionne et façonne notre conception du monde que nous habitons. L'esprit, pour l'idéaliste, *crée* le monde dans lequel nous vivons, la *Lebenswelt* de nos pensées, de notre imaginaire, de nos perceptions. Kant, bien entendu, y est jusqu'aux coudes, puisque tout le cadre dans lequel nous pensons, notre « schème conceptuel » de l'espace, du temps, des objets, des causes et du moi est dû aux principes organisateurs de l'esprit.

Or, sans être des dualistes cartésiens, nous pourrions tout de même sympathiser avec cette conscience du travail de l'esprit dans la production du seul monde que nous comprenions. En vérité, la plupart des penseurs du XXe siècle (à la suite d'un courant du XIXe siècle) ont saisi au bond la balle de Kant et ont foncé avec plus d'enthousiasme encore qu'il ne le fit. En particulier, ils ont célébré ce que nous avons déjà rencontré sous la rubrique de « paradigmes » : l'idée de lentilles culturelles et historiquement changeantes à travers lesquelles nous percevons les choses – des palais ou des prisons conceptuels de notre propre fabrication.

Une fois de plus, cependant, j'introduirai les modernes *via* un classique, et une fois de plus nous pouvons partir de Berkeley. Dans le premier des *Trois Dialogues*, on trouve ce passage célèbre, avec Philonous qui représente Berkeley lui-même :

> *Philonous – [...] Et (pour laisser de côté tout ce qui a été dit jusqu'ici et le compter pour rien, si tel est votre souhait), je consens à faire dépendre toute l'affaire de la question suivante. Si vous êtes capables de concevoir la possibilité pour n'importe quel mélange ou combinaison de qualités, pour un objet sensible quel qu'il soit, d'exister en dehors de l'esprit, alors je veux bien vous accorder qu'il en est ainsi effectivement.*
>
> *Hylas – Si c'est à quoi se réduit la question, elle sera bientôt tranchée. Quoi de plus aisé que de concevoir un arbre ou une maison qui existent par eux-mêmes, sans être perçus, indépendants de tout esprit quel qu'il soit ? Je conçois justement, en ce moment même, qu'ils sont en train d'exister de cette manière.*
>
> *Philonous – Comment dites-vous, Hylas, pouvez-vous voir une chose qui soit dans le même temps non vue ?*
>
> *Hylas – Non, ce serait une contradiction.*
>
> *Philonous – La contradiction n'est-elle pas aussi grande si l'on parle de* concevoir *une chose qui soit* non conçue *?*
>
> *Hylas – Si, tout aussi grande.*
>
> *Philonous – L'arbre ou la maison auxquels vous pensez sont donc conçus par vous.*
>
> *Hylas – Comment en serait-il autrement ?*
>
> *Philonous – Et ce qui est conçu est à coup sûr dans l'esprit.*
>
> *Hylas – Incontestablement, ce qui est conçu est dans l'esprit.*
>
> *Philonous – Comment alors en êtes-vous venu*

à dire que vous conceviez une maison ou un arbre existant indépendamment et hors de tous les esprits quels qu'ils soient ?

Hylas – C'était une bévue, je l'avoue ; mais laissez-moi un moment pour considérer ce qui m'y a conduit... La méprise est assez plaisante. Je pensais à un arbre en un lieu solitaire, sans personne de présent pour le voir ; et, dans ma pensée, c'était là concevoir un arbre comme existant sans être perçu ni pensé ; car je ne m'avisais pas que moi-même je le concevais pendant tout ce temps-là. Mais je vois maintenant manifestement que tout ce que je puis faire est de forger des idées dans mon propre esprit. Je puis certes concevoir dans mes propres pensées l'idée d'un arbre, l'idée d'une maison ou l'idée d'une montagne, mais c'est tout. Et il y a loin de là à prouver que je puis les concevoir, existant hors des esprits de tous les êtres intelligents.

Philonous – Vous reconnaissez alors que vous ne pouvez pas concevoir, même à titre de possibilité, comment une seule chose corporelle sensible existerait autrement que dans un esprit.

Hylas – Je le reconnais.

Philonous – Et pourtant vous êtes décidé à vous battre pour la vérité de ce que vous n'arrivez même pas à concevoir.

Hylas – Je ne sais que penser, je le confesse, mais il me reste encore quelques scrupules.

Probablement Hylas a-t-il raison de conserver quelques scrupules, car l'argument de Philonous a largement suscité la critique, voire le mépris. Nous pourrions essayer de lui appliquer une partie de l'arsenal déployé contre l'argument ontologique ; nous demandant si Philonous ne se méprend pas, subrepticement, sur le sens d'expressions comme « dans l'esprit ». Nous pourrions aussi nous interroger sur la force de sa conclusion. Car il a beau penser qu'Hylas ne saurait concevoir qu'une maison ou un arbre existe autrement que « dans » *un* esprit, l'argument paraît également fait pour prouver la conclusion effroyablement forte qu'Hylas ne saurait concevoir comment une maison ou un arbre existe autrement que dans *l'esprit même* d'Hylas. Ce qui est trop radical, même pour Berkeley.

Néanmoins, comme d'habitude avec les penseurs, nous pourrions nous inquiéter qu'il y ait un grain de vérité dans la position de Philonous. Voici une façon de sympathiser avec elle. Imaginons un Hylas cherchant à montrer qu'il peut comprendre la notion réaliste d'un objet « indépendant » de ses formes réelles de compréhension. Il entreprend d'« abstraire » des contingences de son expérience perceptive, des contingences de ses propres façons de penser, ou de ses propres choix conceptuels. On peut voir alors Berkeley, en la personne de Philonous, lui rappelant que ce tour de force d'abstraction est impossible. Quoi qu'il réussisse à imaginer ou à concevoir, il est voué à lui appliquer sa propre perspective.

Par exemple, peut-être Hylas imagine-t-il son arbre avec un tronc marron et des feuilles vertes. Libre à Berkeley de protester alors que cela *ne répond pas* au défi d'imaginer un objet sortant de la perspective humaine, puisque les couleurs des choses sont des artefacts de cette perspective. Ce n'est nulle part plus clair qu'avec les qualités secondes, mais par cette observation du premier *Dialogue* Berkeley a préparé le lecteur à l'appliquer de manière plus générale. Voici une petite expérience de pensée qui l'illustre à merveille. Supposez que je vous demande d'imaginer une pièce, avec un miroir à un mur, ainsi qu'une table à quelque distance devant lui et, sur elle, une coupe de fleurs. Je vous préviens de ne pas vous imaginer *vous-même* dans cette pièce. Vous croyez pouvoir le faire. Je vous demande maintenant si la coupe de fleurs est dans le miroir. Si vous dites « oui », c'est que vous occupez subrepticement une perspective, et si vous dites « non », que vous en occupez une autre (car les fleurs apparaîtront dans la glace sous certains angles, mais pas sous d'autres). Vous ne pouvez guère répondre « ni oui ni non », pas plus que vous ne pouvez vous en sortir en disant qu'elles vont et viennent, puisque cela correspond à votre point de vue mobile autour de la pièce. Vous semblez pris au piège : le point de vue s'invite inopinément, sitôt que vous exercez votre imagination.

Berkeley nous rappelle l'influence universelle de notre perspective sur ce que nous imaginons ou comprenons. Nous pouvons mesurer la force et l'importance de sa position si nous considérons un instant un philosophe qui en a fait fi, à savoir G.E. Moore. Celui-ci a entrepris de réfuter que la beauté se trouve dans l'œil du spectateur : autrement dit, de défendre le réalisme en matière de beauté. Et il l'a fait par l'expérience de pensée de « l'isolement ». Moore nous demande d'imaginer deux mondes. L'un est plein de nuages pelucheux, d'arbres verts, de ruisseaux et d'autres agréments pastoraux. L'autre n'est qu'un tas de cendres et d'ordures. Nous spécifions maintenant qu'il n'y a personne dans ces mondes. Ils sont inobservés. Mais, assurément, l'un est plus beau que l'autre. Cela ne prouve-t-il pas que la beauté est indépendante de l'œil du spectateur ?

Philonous nous vaccine contre cet argument spécieux de Moore. C'est *nous* qui acceptons l'invitation à penser ces mondes. Et *nous* leur apportons nos propres réponses esthétiques, qui comportent sans doute un amour de la campagne et une aversion pour les cendres et les détritus. Or nous ne sommes pas allés voir *derrière* ces réponses, nous ne les avons pas mises en suspens en réagissant à ces mondes imaginaires. Bien au contraire, ce sont ces réponses *mêmes* que nous formulons dans nos verdicts. Tout ce que Moore parvient à faire, c'est que nous réussissons à juger des choses belles que nous pensions ou non qu'elles soient réellement vues, et cela ne réfute pas le point de vue idéaliste ou subjectif que la beauté n'en est pas moins dans l'œil du spectateur.

J'ai idée que la plupart des gens jugent que l'argument de Moore ne tient pas debout, et donnent jusque-là leur sympathie à Philonous. Mais la plupart trouvent aussi bancale la position de ce dernier. Si nous voulons rejeter Moore et Philonous en même temps, il nous faut travailler avec acharnement à trouver une position stable. On pourrait penser que Kant indique la voie. Accordons à Philonous des choses comme la beauté et les qualités secondes tout en tenant que « l'œil du spectateur » n'est pas aussi impliqué avec des catégories de pensée plus importantes telles que les notions d'espace, de temps, d'objets physiques, de soi et de causation. Nous verrons brièvement dans la section suivante comment même cette promesse de synthèse se perd dans une eau clapoteuse.

RÈGLES, UNIVERSAUX

La tradition idéaliste, en philosophie, souligne la place inévitable et vitale que joue la forme de nos esprits dans la « construction » du monde tel que nous le comprenons. Elle peut sélectionner différents traits qui façonnent nos esprits. Berkeley et la tradition empiriste partent de la nature subjective de l'expérience sensorielle, en particulier de l'expérience des qualités secondes. C'est le fait qu'elles « résident dans l'œil du spectateur » qui se révèle si contrariant.

À l'heure présente, ce sont les facteurs culturels et, surtout, linguistiques qui sont les plus saillants. Nous ne nous inquiétons pas tant de la subjectivité de l'expérience que des variations de la culture. Ainsi, maints philosophes de la culture applaudissent un axe de réflexion qu'on trouve chez Wittgenstein : les considérations se conformant à des règles. Wittgenstein s'interroge sur le moment de la compréhension, quand un concept nous est expliqué, et que nous nous apercevons : « Maintenant, je peux continuer » ou « Maintenant, je sais ce que cela signifie ». Il semble que nous ayons saisi une règle ou un principe qui sépare la bonne application d'un terme de ses applications incorrectes. C'est un réel exploit. Il est des personnes ou des animaux trop bêtes ou différents pour saisir (on a déjà vu l'exemple des chiens qui, au lieu de suivre la direction indiquée par le doigt, ont plutôt tendance à regarder le doigt). La façon dont nous accomplissons ce tour de force, et le fait qu'assez souvent nous le faisons de la même façon est, pour ainsi dire, un fait d'histoire naturelle. Il rend possible la communication et la compréhension partagée. Mais que nous le fassions de la même façon, ou d'une façon particulière, n'est pas une simple donnée, ni un fait qu'on doit tenir pour acquis. Encore faut-il que nos esprits soient modelés de la même façon. Mais qu'est-ce qui façonne nos esprits d'une manière ou d'une autre ?

C'est là le thème vénérable, largement médité par les philosophes grecs, des universaux. Comprendre les choses et les décrire requiert d'utiliser des concepts régis par des règles de la manière minimale ainsi décrite. Mais quelle est la « réalité » derrière ces règles ? On distingue traditionnellement trois grandes positions :

* RÉALISME (parfois PLATONISME). Ces règles ont une existence réelle, objective. Elles déterminent la bonne application des concepts à travers les exemples passés, présents, futurs et possibles. Nous les saisissons par quelque mystérieux acte d'appréhension, qu'on ne saurait aisément comprendre en termes naturels.

* CONCEPTUALISME. Les règles sont les créatures de l'esprit. Elles viennent à exister du fait de *nos* réponses partagées naissant de nos natures humaines partagées, ou peut-être de nos natures éduquées, façonnées par la culture. Ainsi, tous les concepts sont liés à notre propension à répondre :

des artefacts de nos dispositions à répondre aux choses.

* NOMINALISME. En réalité, il n'existe aucune règle. Il n'y a que des êtres humains avec leurs inclinations à appliquer des mots ou à les retenir. Il n'y a en la matière ni « correction » ni « incorrection », même si, bien souvent, les gens dont les applications divergent de celles du troupeau se verront reprocher d'être « incorrects ».

Il peut aider de prendre un exemple, où chaque position pourrait avoir ses attraits. Soit un concept plutôt douteux comme celui d'« hystérie » ou de « neurasthénie ». Un réaliste, employant le concept, supposera, qu'il y a là un vrai phénomène, avec de vraies limites (certaines personnes sont des hystériques, d'autres pas). En employant le mot, « nous découpons la nature aux articulations », pour utiliser une métaphore assez déplaisante. Un conceptualiste la repoussera. Il peut cependant embrasser le concept d'hystérie lui-même, supposant qu'il marque un principe ou une catégorie utile avec lequel tracer des frontières autour d'une espèce bien particulière d'état médical ou psychologique. Il réunit des cas qui nous frappent par leur ressemblance : en fin de compte, tel est le seul office du concept. Enfin, un nominaliste déclare que le mot n'est pas plus mauvais qu'un autre. Des gens sont disposés à l'utiliser : fort bien. Après tout, un mot est fait pour cela.

Naturellement, ces positions admettent de légères nuances, et chacune a ses forces et faiblesses apparentes. Pour le réaliste ou le platonicien, les autres ouvrent la porte à la fosse de l'idéalisme : l'esprit qui construit ou échafaude sa réalité (si l'hystérie n'est pas un vrai phénomène unifié, il ne rime à rien de décrire le monde en ces termes. On ne saurait atteindre ainsi une vérité objective). Pour le platonicien et le conceptualiste, le nominalisme est totalement intenable : la négation que le sens et l'application des concepts, et en fait que la pensée elle-même, soient réels. C'est une sorte d'« éliminativisme », de négation de l'acte même de pensée. Un esprit ne sert jamais qu'à cracher des réponses verbales à des stimuli, sans rien qui régit la vérité ou la justesse. Pour le nominaliste, cependant, le platonisme n'est pas crédible et le conceptualisme embrasse simplement la rhétorique de la règle suivie sans se prononcer sur le fond. Car quelle est la différence entre des règles qui sont « constituées » par nos dispositions ou nos réponses, et des règles que nous élaborons au fur et à mesure ? Et quelle différence y a-t-il entre celles-ci et pas de règles du tout ? Un conceptualiste, de ce point de vue, n'est qu'un nominaliste trop lâche pour l'admettre.

On raconte qu'à Paris, au Moyen Âge, les étudiants en vinrent aux coups autour de la question des universaux. Les enjeux sont élevés, car il y va de toute notre conception de notre capacité de faire une description vraie ou fausse du monde, et de l'objectivité des opinions que nous nous faisons. On peut soutenir que tel est toujours le problème le plus profond de la philosophie. Il structure la réaction (réaliste) de Platon aux sophistes (nominalistes). Ce qu'on appelle souvent le postmodernisme n'est en fait que du nominalisme, présenté de façon colorée comme la doctrine suivant laquelle il n'y a que des textes. C'est la forme de nominalisme représenté dans les lettres modernes, et qui paralyse les appels à la raison et à la vérité. La philosophie « analytique » oppose Platon à sa sophistique, essayant de réduire au silence son chant de sirènes.

Dans les dernières années, une sorte de réalisme « naturalisé », évitant les mystères du platonisme, a paru plausible à certains philosophes. D'après celui-ci, il existe bel et bien des propriétés que possèdent les choses, indépendamment du fait que nous les considérions d'une manière ou d'une autre. Et nos esprits sont construits en réponse à ces propriétés. L'évolution et la réussite nous forment à être sensibles aux vrais *types* causaux dans lesquels entrent les choses. Tandis que les conceptualistes ont raison de souligner la forme contingente de nos esprits, ils ont tort d'oublier que ces esprits n'existent pas dans un vide. Nos esprits sont naturellement façonnés par les structures causales du monde que nous habitons. Dans des circonstances favorables, nous « suivrons tous la même voie » parce que, dans le contexte du monde, c'est la bonne voie à suivre. Un tel naturalisme pourrait, par exemple, établir le contact avec l'ébauche de la science des couleurs donnée au chapitre 2. Il essaierait de montrer que la manière dont se font même les classifications des qualités secondes est loin d'être arbitraire. Et si celles-ci retrouvent quelque statut « réaliste », d'autres devraient suivre.

C'est un point de vue confortable, qui se rattache bien au « fondationalisme naturel » ou à la défense d'inspiration évolutionniste de l'harmonie entre nos esprits et le monde que nous avons rencontré à la fin du chapitre premier. Nous pouvons réellement espérer qu'il survive dans les océans de pensée que j'ai essayé de remuer dans ce chapitre. Mais il faut l'assurance que nos ennuis sont terminés, que l'image scientifique ou absolue du monde est bien en place à côté de l'image manifeste. Il nous faudrait croire, en fait, que Kant ou un successeur nous a gouvernés avec succès entre Philonous et Moore, ou qu'il a résolu le problème de Hume avec la « philosophie moderne » sans trop céder à l'idéalisme. Tout le monde n'en est pas convaincu.

Chapitre 8

Que faire

Nous nous sommes intéressés jusqu'ici à notre compréhension du monde, à la nature des choses et à la connaissance que nous en avons, aux façons de raisonner à leur sujet. Or, une bonne partie de notre raisonnement n'est pas tant théorique, soucieux de la façon dont le monde *est*, que pratique : nous voulons savoir comment agir en lui. Nous réfléchissons à ce qu'il faut faire et amassons considérations et arguments en faveur de tel ou tel cours. Comment y réfléchir ? Des encyclopédies et des traités entiers sont consacrés au sujet : l'éthique et la philosophie morale en forment le cœur, bien qu'elles ne l'épuisent pas, puisque les raisonnements pratiques ne sont pas de nature exclusivement morale, loin de là. Nous avons des questions techniques et esthétiques à traiter aussi bien que des problèmes moraux. Dans ce dernier chapitre, je n'ai aucunement l'intention de couvrir le terrain qu'occupent ces traités. C'est exclu dans un espace aussi restreint. Mais je crois qu'il existe des éléments d'une pensée adéquate en la matière, et je vais essayer de suggérer en quoi ils consistent.

RÉELLES PRÉOCCUPATIONS

La pensée pratique est largement de nature technologique. Nous avons un objectif et notre problème est de le satisfaire. Nous cherchons à adapter des moyens aux fins, avec les fins données à l'avance. La fin est fixée : réparer le réfrigérateur, cultiver des fleurs ou bâtir un pont. De toute évidence, nous pouvons être plus ou moins doués pour cela. Il n'existe pas une seule « façon de penser » qui nous permette d'atteindre nos objectifs en général, pas plus que la personne sachant réparer les frigos ne sait nécessairement faire pousser les fleurs ou construire un pont. Acquérir les talents nécessaires requiert de comprendre le système en question, et de savoir quels changements effectuer, et comment s'y prendre, afin de parvenir à la fin désirée.

On dit souvent que nos objectifs sont fixés par nos désirs, si bien que le raisonnement moyens-fins consiste à satisfaire efficacement nos désirs. C'est souvent vrai, tout au moins à titre d'approximation. Mais ce peut être trompeur. Si l'on conçoit les désirs comme une forme d'enthousiasme pour une fin – des choses qui font briller nos yeux –, nous agissons souvent parce que nous avons des *préoccupations* particulières – où désir n'est pas le mot juste. Ici, je coupe l'herbe quand je préférerais faire de la voile. Pourquoi ? Pas vraiment parce que j'ai *désiré* tondre la pelouse. Peut-être que je déteste ça. Mais il était temps de le faire, il fallait que quelqu'un le fasse. La nécessité de couper l'herbe me préoccupe. Je suis sur le point d'adopter des moyens efficaces à cette fin. Être préoccupé, en l'occurrence, signifie être animé par l'idée qu'il faut couper l'herbe. Je peux me dire que c'est mon *rôle* de le faire. Ou, simplement, qu'« il est temps », sans réfléchir délibérément à mes responsabilités de maître de céans ou je ne sais quoi. Je reconnais typiquement que l'herbe d'un autre a besoin d'un bon coup de tondeuse sans être conduit à m'en charger personnellement. C'est donc mon rôle de chef de famille qui m'a rendu particulièrement sensible à l'idée que *mon* herbe a besoin d'être taillée, même si je ne réfléchis pas sciemment à ce rôle.

Entre agir du fait de quelque préoccupation et agir parce qu'on en a envie, la différence est de taille. Elle est parfois délibérément passée sous silence quand les gens discutent ensemble. Imaginez un couple qui bat de l'aile. Annie a le sentiment de devoir quitter Bertie pour une raison *x* : peut-être un devoir envers d'autres ou un plan de vie qui l'oblige à bouger. Bertie peut faire monter la température émotionnelle en soulignant qu'Annie ne partirait pas si *elle n'en avait pas envie*. « Tu dois en avoir envie, sans quoi tu ne le ferais pas. » Ce sont des mots blessants, puisque c'est une manière de dire que quitter Bertie éveille une lueur dans l'œil d'Annie, bref que c'est un point positif dans la ligne de conduite qu'elle s'est fixée. Et ce peut être totalement injustifié. Peut-être Annie est-elle totalement abattue à l'idée de quitter son compagnon. Mais, comme pour l'herbe à couper, il le faut.

On pourrait suggérer que, si l'on a une préoccupation, c'est qu'il doit y avoir quelque chose en vue que nous désirons. Tondre la pelouse me préoccupe, mais je n'ai pas envie de le faire. Si je le fais, c'est que je dois désirer autre chose : peut-être simplement, ma tranquillité d'esprit, par exemple. Cela introduit une autre méprise très dangereuse, l'erreur consistant à croire que, chaque fois qu'une personne a un souci, ce qu'elle désire « réellement » est un état d'elle-même, comme sa tranquillité d'esprit. Les psychologues, notamment, ont été portés à penser le désir en termes d'accumulation de tension, l'agent étant ainsi conduit à libérer cette tension. Il est alors tentant d'imaginer que le véritable objet du désir était tout du long de libérer cette tension. Ce qui peut aussi inspirer des mots blessants : « Ce n'étaient pas les enfants affamés qui te préoccupaient vraiment, tu voulais simplement te sentir bien. » Et tout comportement est diagnostiqué comme fondamentalement égoïste, comme si l'on n'était jamais préoccupé que par son propre état, les autres buts et objectifs n'étant qu'une sorte de masque.

Cet ensemble de pensées, qu'on appelle parfois l'« égoïsme psychologique », est entièrement faux. Imaginez que vous vouliez de quoi manger. Dans l'ordre d'idées développé au paragraphe précédent, j'en déduis que vous voulez être soulagé de la tension née du désir d'avoir de quoi manger. Je vous enfonce mon poing dans l'estomac, ce qui vous fait passer l'envie. Vous ai-je donné ce que vous désiriez ? Pas du tout (même en oubliant que le coup a pu être douloureux). Ce n'est pas un *quelconque vieux* soulagement de tension que vous vouliez, mais de la nourriture. De même, ce n'est pas un quelconque vieux soulagement de tension que cherche une personne normale dévorée par la passion sexuelle. Sans quoi le bromure y suffirait. Or elle n'a que faire du bromure : elle veut du sexe.

Passons à des préoccupations de plus grande portée. Je suis un parrain de la mafia et je me crois insulté par Luigi. Vous êtes mes hommes de main et je vous ordonne de le dégommer. Vous vous retirez, avec une légère appréhension devant les dangers de la mission. Puis vous réfléchissez : au fond, ce que je veux, c'est être soulagé de la tension que me procure l'existence même de Luigi. Vous pouvez m'en délivrer d'une autre manière : me faire croire que vous l'avez tué. Ce que vous faites, en aménageant des apparences convaincantes. Avez-vous fait ce que je voulais ? Certainement pas. Je ne demandais pas à vivre dans un paradis de dupes en croyant à tort que Luigi est mort (et imaginez un peu ma réaction si j'apprends ce que vous avez manigancé !). Je voulais que vous tuiez Luigi.

Nous pourrions dire : l'un de nos soucis est de ne pas nous laisser abuser quant à la réalisation de nos aspirations.

Encore une fois, nous découvrons ici une cause centrale de conflit et de malentendu. Car la communication consiste souvent à répondre aux préoccupations d'autrui. Ce qui ne se fait pas si une partie a une préoccupation, et que l'autre tient celle-ci pour une sorte de problème ou d'obstacle en soi – quelque chose à gérer ou à soigner. Imaginez qu'Annie se préoccupe de sa carrière et de son épanouissement personnel. Bertie y répond non pas en réfléchissant aux moyens de l'y aider, mais en essayant de tempérer son souci : « Ne te mets donc pas dans tous tes états, ma chérie. Allons, allons, bientôt tu n'y penseras plus, allons dîner dehors, donne-moi la main, faisons un bébé... » La réponse est déplacée, tout comme mon coup de poing dans le ventre pour vous couper la faim. Mais probablement n'est-ce pas si *évident* que ça, tout au moins pas pour Bertie, et probablement même pas si Annie le plaque. Dans la terminologie introduite au chapitre 3, on peut dire que Bertie a « réifié » le souci d'Annie au point de le traiter *lui-même* comme le problème, au lieu de voir ce qui tracassait vraiment sa compagne. Dans la perspective d'Annie, cependant, c'est sa *carrière* qui est le problème, non pas le souci qu'elle a de sa carrière. Pour autant que Bertie ne partage pas cette perspective, ils ne s'entendent pas.

Ce point a d'immenses répercussions en rapport avec toute la culture et l'industrie de la « thérapie ». J'y reviendrai après avoir produit un ou deux éléments supplémentaires.

L'une de nos préoccupations, je l'ai dit, est de n'être pas dupés quant à la satisfaction de nos volontés. Un point parallèle est que souvent, mais pas toujours, l'un de nos soucis n'est pas simplement de *perdre* nos préoccupations. Imaginez le parrain qui veut vraiment la mort de Luigi si vous lui dites d'attendre dix ans et que son désir passera (« tout finira bien par s'arranger », pourrait-on dire). De même, allez dire à la jeune femme qui se soucie de sa carrière que si elle prend son mal en patience et attend d'avoir un bébé, cette préoccupation s'estompera. Elle n'a aucune *envie* que la préoccupation disparaisse. On peut exprimer cette idée en disant que le parrain *s'identifie* à son désir de vengeance, que la femme s'identifie à ses ambitions de carrière.

Or, il est bel et bien des situations où nous ne nous identifions pas à nos désirs et à nos préoccupations. Nous pourrions souhaiter en être débarrassés par tous les moyens. Une personne qui meurt d'envie d'une cigarette pourrait non seulement vouloir la cigarette, mais vouloir aussi se débarrasser de cette envie de toutes les façons possibles. Une thérapie ou une sorte d'ablation chirurgicale de l'état d'esprit ferait merveille... Si quelque chose ou quelqu'un vous « obsède », vous pourriez finir par vous dire qu'il serait bon de vous en défaire et, peut-être, par entreprendre de vous en débarrasser. Ranger un désir ou une préoccupation auxquels vous vous êtes identifié dans la catégorie des besoins pressants ou des obsessions est une façon de vous en éloigner, d'amorcer le processus de réification en vue de trouver quelque stratégie permettant de s'en détacher. La femme qui se soucie de sa carrière *pourrait* bien se ranger au sentiment de son mari et conclure que le problème, au fond, c'est son ambition, et chercher plus ardemment à s'en défaire par d'autres distractions. Mais, encore une fois, elle pourrait n'en rien faire, ou commettre une erreur en le faisant, car le souci peut être plus central pour son identité qu'elle n'a été conduite à le penser.

Cela montre bien que la différence entre les préoccupations auxquelles nous nous identifions et celles que nous pouvons réifier ne va pas toujours de soi. Nous pouvons ne pas savoir tant que nous n'essayons pas de voir s'il est possible (ou approprié) de nous défaire d'un souci ou s'il est seulement possible, ou approprié, d'aller de l'avant et d'essayer de l'exaucer.

Qu'est-ce donc qu'une préoccupation ? Être mû par une pensée ? Un aspect des choses engage nos motivations et devient un aspect qui *pèse* ou qui nous importe (il est intéressant de voir que les métaphores naturelles sont celles du poids ou de la pression). Divers aspects des choses ont du poids quand nous décidons que faire, c'est évident. Ils peuvent aussi entrer dans la balance en influençant des attitudes, telles que l'admiration ou le mépris, ou des émotions telles que la crainte ou l'espoir. Lisant une œuvre de fiction, par exemple, je peux être révulsé par un personnage : autrement dit, tel qu'il est décrit, il me pèse. Je peux aussi admirer les vertus du héros ou exécrer les vices du méchant.

Quand nous avons des préoccupations, les aspects des choses auxquelles nous sommes sensibles peuvent être décrits comme nos *raisons* de choisir une chose ou une autre, d'afficher une attitude ou d'éprouver une émotion. Ma raison de couper l'herbe est qu'elle en a besoin. La raison d'Annie pour quitter Bertie est que sa carrière l'oblige à déménager. Nos raisons, en ce sens, sont les aspects d'une situation qui ont du poids quand nous réfléchissons à ce qu'il faut faire, à la manière de prendre une chose. En un sens un peu plus large, nos raisons peuvent l'emporter sur ce qui nous vient à l'esprit quand nous délibérons. Elles peuvent comporter des aspects des situations qui nous affectent, quand bien même nous sommes inconscients ou à demi conscients de ce qui se passe. En ce sens élargi, la raison qu'a Annie de plaquer Bertie est qu'il la rase, quand bien même elle ne veut pas se l'avouer.

Quand nous parlons des raisons qui motivent les autres, il est des distinctions importantes qui s'imposent. Nous pouvons parler en termes *descriptifs* ou *normatifs*. Autrement dit, nous pouvons décrire ce qui, dans une situation, les motive. Ou nous pouvons dire que ce qui les préoccupe est ou n'est pas *vraiment* une raison, exprimant ainsi notre approbation ou notre rejet de ladite préoccupation. Il importe de ne pas perdre de vue cette distinction. Si nous disons qu'Annie n'avait aucune raison de quitter Bertie, nous pouvons faire une remarque (probablement fausse) sur la psychologie d'Annie : qu'elle a agi uniquement sous l'effet d'une impulsion, sans réflexion, sans considération des désirs ou des préoccupations qu'elle cherchait à satisfaire. Ou, plus probablement, *rejetons*-nous les préoccupations qui l'ont réellement motivée : elle est partie pour les besoins de sa carrière dans le ballet, mais dans ces conditions c'était une ambition sotte ou une chose qui n'aurait pas dû la retenir. Quand nous parlons d'un point de vue normatif, nous devrions signaler que nous le faisons par des mots comme « devrait » ou « bon ». Mais parfois, au lieu de dire « elle n'avait pas de *bonne* raison », nous disons des choses du style « elle n'avait aucune raison », ce qui peut prêter à confusion.

En apparence, nos préoccupations peuvent être de toutes sortes. La mort d'un ennemi, la poursuite d'une carrière, l'état de l'herbe, le bien-être de la famille et des amis sont des types de préoccupations courantes, comme beaucoup d'autres : que vous ayez fait une promesse, que quelqu'un a fait autrefois quelque chose pour vous, que vous soyez un époux, un médecin ou un avocat. Les gens ont des préoccupations différentes – il y en a autant que de gens différents et d'espèces de gens différentes. Et nous avons déjà repoussé une tentative pour réduire cette diversité à une forme d'unité qui essayait de nous faire croire que nous sommes toujours et exclusivement préoccupés de nos propres états d'esprit (soucieux d'être soulagés de la tension induite par notre préoccupation). Mais c'était une erreur qui foule aux pieds la distinction entre les soucis auxquels nous nous identifions et ceux que nous pouvons mettre à distance et dont nous pouvons souhaiter nous défaire.

LA VOIX INTÉRIEURE

Bien des préoccupations sont privées et à option. Supposez que je m'intéresse aux machines à vapeur. J'attache de l'importance au fait qu'à tel endroit passent des locomotives à vapeur. C'est une raison, à mes yeux, d'aller là-bas. Elle ne pèse pas forcément pour vous. Et cela ne doit pas nécessairement me tracasser. Je pourrais même m'en féliciter puisque j'y vois mieux quand la foule est clairsemée.

En revanche, il est d'autres préoccupations que nous nous *attendons* à trouver chez les gens. En d'autres termes, l'un de nos soucis est que ces choses doivent les tracasser d'une certaine façon. Il est des aspects dont nous comptons qu'ils influencent leurs décisions et leurs attitudes : le fait que faire quelque chose serait tromper quelqu'un, manquer à une promesse, se conduire malhonnêtement ou manipuler, etc. De même, nous comptons que soit pris en considération le fait que telle ligne d'action suscite la détresse. Dans le cas contraire, nous serions surpris ou même choqués. Ce qui nous amène au domaine traditionnel de l'éthique. Quelles sont les préoccupations que nous pouvons attendre les uns des autres ?

Nous pouvons distinguer deux manières d'aborder cette question. L'une demande quelles sont les préoccupations qui font une vie idéale. Comment vivre ? Les différentes traditions éthiques y répondent différemment. La vie idéale d'un héros homérique est fondée sur le souci de son honneur, de son rang et de sa réussite au combat. La vie idéale du saint chrétien est fondée sur le souci de l'amour de Dieu, l'étouffement de l'orgueil et l'amour fraternel sous diverses formes. Selon le confucianisme, la vie idéale passe largement par le respect des traditions. Tous ces idéaux peuvent être habillés et peints en couleurs plus ou moins attrayantes. Mais il y a en eux quelque chose de gênant, ne serait-ce que parce qu'on n'a guère de raison d'imaginer qu'existe quelque chose comme *la* vie idéale. Puisque les gens ont des goûts et des intérêts différents, et que les cultures encouragent des préoccupations différentes, probablement toute « vie idéale » sera fortement contextualisée : idéale pour telle personne dans ces circonstances, peut-être, mais pas beaucoup plus. Même les composantes d'une bonne vie, plutôt qu'une vie « idéale », ne sont pas évidentes. Certaines sont fort peu contestées. La plupart inscriront la santé (et les moyens de l'obtenir), le bonheur (mais le vrai, pas celui que l'on connaît au paradis des dupes), les réalisations (là encore, uniquement les bonnes : non pas l'accomplissement d'ambitions vaines ou insensées), la dignité, les amis, l'amour, la famille. Au-delà, des choses comme la richesse ou le loisir seraient controversées, tandis que certaines variétés mêmes du noyau dur peuvent faire figure de malédiction, plutôt que de bénédiction. Une personne aurait pu avoir une meilleure vie si, par exemple, elle n'avait été comblée d'une santé si robuste qu'elle était incapable de compatir aux petites misères des autres.

Mais si nous abordons autrement la question de ce que nous attendons les uns des autres, apparaît quelque chose de plus rigide. Il s'agit alors de savoir quelles sont les limites d'une conduite. En ce sens, qui n'est pas à la hauteur des attentes a fait quelque chose de *mal*. Ayant laissé à désirer, nous sommes exposés à divers types de reproches possibles. Les gens attendent les uns des autres qu'ils soient honnêtes, secourables, sensibles aux besoins d'autrui, justes, bien intentionnés, et ainsi de suite ; y manque-t-on qu'on peut s'attirer un blâme. D'autres ont des doléances à notre sujet ; ils se préoccupent : nous ne devrions pas être ainsi.

On pourrait bien s'en irriter, essayer d'écarter d'un haussement d'épaules la mauvaise opinion des autres. Pourquoi s'en inquiéter ? Pourquoi ne pas être un esprit libre, allègrement indifférent à ce qu'un vain peuple pense ? Dans certains cas, il y a là quelque chose d'admirable : le visionnaire, le saint ou le héros pourraient bien devoir faire fi de l'opinion du monde qu'ils cherchent à changer, peut-être en mieux. Mais la question sera de savoir pourquoi nous attirons la mauvaise opinion du monde. Si tel est le cas parce que nous n'avons cure de tenir nos promesses ou que nous mettons sans vergogne la main sur l'argent d'autrui, il peut être plus difficile d'oublier la censure des autres. Agir ainsi – pouvoir les regarder dans les yeux et dire qu'on ne voit pas de quoi ils se plaignent – requiert non seulement qu'on se fiche des promesses ou de l'honnêteté, mais aussi qu'on n'ait aucun égard pour les soucis des autres en la matière. C'est *là* un degré d'insensibilité qu'on trouve rarement chez les gens ordinaires. C'est une chose que de jouer les vulgaires vilains et de dire : « Je vous ai fait du tort en manquant à ma parole et en vous détroussant, et après ? » C'en est une autre que d'atteindre ce sommet assez extraordinaire de méchanceté qui consiste à dire : « Je n'admets même pas que vous ayez le moindre grief. » Le défi est une posture généralement plus facile à adopter que confortable, bien que la morale sexuelle offre des domaines où, parfois, des gens qui se sont mal conduits ne voient pas quel motif l'autre à de se plaindre – ce qui ne fait qu'aggraver les choses. Une société où tous seraient incapables de reconnaître que les autres aient des griefs, quoi qu'ils fassent, serait une société sans éthique, mais pour cette raison même il serait difficile d'y reconnaître une société.

Les penseurs ont essayé de formuler ces idées de diverses manières. « Intérioriser » un ensemble de valeurs, c'est, en un sens, intérioriser le regard et la voix d'autrui. Reconnaître qu'ils vous en veulent, c'est reconnaître que vous n'avez pas été à la hauteur à leurs yeux ; avoir intériorisé leur voix signifie constater qu'elle compte pour vous. Le malaise se manifeste sous la forme des reproches dont on s'accable, ou d'émotions comme la honte ou la culpabilité. La plupart des systèmes éthiques ont, non loin de leur cœur, quelque version de la Règle d'or : « Ne fais pas aux autres ce que tu ne voudrais pas qu'ils te fassent. » Certains penseurs soulignent l'émergence d'un « point de vue commun » ; d'autres, la sympathie ou l'empathie par laquelle notre vision de nous-mêmes s'accorde avec la vision des autres telle que nous la percevons. Pour montrer avec quelle facilité et quel naturel nous intégrons les vues des autres à nos préoccupations, Hume donne ce magnifique exemple : « Vous blesserez l'homme à qui vous direz qu'il a l'haleine offensive ; pourtant il n'en souffre évidemment lui-même aucun ennui. » Nous nous voyons dans le regard des autres, et nous pouvons être du coup à l'aise ou bien gêné.

Pour décrire cet aspect de nos psychologies, nous pouvons dire que nous embrassons les raisons les uns des autres. S'il y a un piano sur votre pied, l'une de vos préoccupations est de l'en retirer rapidement. Si je le sais, je partagerai naturellement ce souci – sans quoi je ne serai pas à la hauteur. Je n'ai pas la même place dans cette situation, car après tout c'est vous que le piano blesse, pas moi. Mais on attend de moi que je compatisse, que j'embrasse votre souci, vous aide et considère que votre problème est aussi le mien. Ce qui est pour vous une raison d'agir devient pour moi une raison d'aider. Certains philosophes de la morale aiment à penser qu'il y a ici une sorte d'impératif de la raison. Ils estiment que quelque chose pécherait dans ma rationalité, ou dans mon entendement, si je ne faisais pas mien votre souci. Je ne recommande pas cette façon de voir les choses. La personne qui est indifférente dans cette situation est certainement mauvaise. Et il peut y avoir des choses qui ne vont pas dans ses raisonnements et ses façons de comprendre le monde. Il peut s'agir d'un psychopathe, incapable de comprendre la réalité des autres. Ou elle peut faire un calcul déficient, sur la question de savoir s'il est bénéfique pour vous à la longue de souffrir. Mais dans le cas le plus courant où la personne détourne le regard, ou passe de l'autre côté, sa compréhension du monde et ses raisonnements ne laissent pas nécessairement à désirer. Elle a le cœur froid, non pas le cerveau mal fait. C'est tout aussi mal, ou pire. Mais situer le défaut au bon endroit montre ce qu'il faut pour l'améliorer : une sorte d'éducation des sentiments plutôt qu'une forme d'aperçu supplémentaire de la structure des raisons.

VÉRITÉ ET BONTÉ

Il est cependant ici un problème qui divise les penseurs en deux camps.

Soit l'équation :

> L'un des soucis de X est de viser/promouvoir/approuver ϕ ; = X pense que ϕ est bon/pense que ϕ est une raison d'agir.

La division oppose les penseurs qui lisent l'équation « de gauche à droite » et ceux qui la lisent de « droite à gauche ». Autrement dit, il y a les penseurs qui supposent que la bonne direction de l'explication est celle qui part des préoccupations, supposées comprises, pour arriver à « voir quelque chose comme une raison », qui se trouve ainsi expliqué. Et il y a ceux pour qui la bonne direction est à l'opposé : on part d'une chose tenue pour une raison, ce qui est une pure croyance, et on arrive aux préoccupations, qui se trouvent ce faisant expliquées.

Pour désigner cette différence, on parle parfois de « non-cognitivisme » et de « cognitivisme » dans la théorie de l'éthique. L'idée est que, si l'équation se lit de gauche à droite, dire d'une chose qu'elle est bonne, ou qu'elle est une raison d'agir, est une sorte de reflet d'un état d'esprit motivationnel : le fait que quelque chose vous importe. Cet état d'esprit n'est pas une simple croyance. Il n'est pas la représentation d'un aspect du monde. Il est une *réaction* aux représentations des faits concrets. Il n'en sélectionne pas un aspect. Aussi n'est-il pas à rigoureusement parler un état d'esprit qui soit vrai ou faux, pas plus qu'un désir de café est vrai ou faux. Saint Augustin a bien exprimé l'orientation non cognitiviste :

> *Il y a un poids de la volonté et de l'amour, où il apparaît combien et comment il faut peser telle ou telle chose en la désirant, en l'évitant, en l'estimant plus, en l'estimant moins.*

Si on lit l'équation dans l'autre sens, de droite à gauche, il y a alors au fondement une croyance : que ϕ est une raison d'agir. C'est une forme de croyance particulière, parce qu'elle sélectionne ou représente des *raisons*. Mais c'est une croyance porteuse d'une préoccupation. On dit souvent qu'Aristote croyait à ce sens de l'explication : sa devise est que désirer une chose, c'est la juger bonne. Tout se passe comme si le désir répondait à une vérité perçue.

Le problème, en l'occurrence, importe à de nombreux penseurs, surtout du côté cognitiviste. Ils craignent que, sans l'épine dorsale injectée par le cognitivisme, tout ce que nous ayons, dans le raisonnement pratique, ce soient de « simples » préoccupations, des désirs, des attitudes. Tandis que si, d'une manière ou d'une autre, nous plaçons tout sous la houlette de la Vérité, nous avons une sorte de base aux prétentions de l'éthique. Les préoccupations qui correspondent de la bonne manière à ces vérités sont les bonnes ; elles méritent l'autorité sur les autres.

Pour ma part, je crois que c'est l'un des domaines où l'avantage est nettement d'un côté : le côté non cognitiviste.

La raison principale en est qu'il y a forcément autre chose que des croyances ou des cognitions – des représentations d'aspects des choses – dans le mélange. Il y a aussi le « poids de la volonté et de l'amour ». La personne qui a une préoccupation est quelqu'un pour qui un trait d'une situation importe dans les raisonnements pratiques. Le poids qui s'y attache se mesure en force de motivation : dans sa propension à la faire changer d'actions ou d'attitudes. « Voir que ϕ est une raison d'agir » peut-il avoir du poids ?

Il est diverses suggestions possibles concernant

ce qui est vu ou connu. L'une serait que c'est un fait purement naturel. Par exemple, « voir que le piano est sur votre pied est une raison de l'écarter » pourrait être interprété comme « voir que le piano est sur votre pied vous fait mal ». L'ennui, en l'occurrence, est que l'importance pour l'agent est manifestement *contingente*. Et s'il a le cœur froid ? Et si c'est un ennemi ? Et s'il a un sens de l'humour trop robuste ? Ça pourrait bien ne pas le toucher du tout. Ce n'est donc équivalent ni au fait d'avoir la motivation, ni au fait d'avoir la préoccupation, qui par définition a un poids. G.E. Moore a résumé la situation en disant que, quels que soient les traits naturels des choses que nous discernons, le sens auquel nous tenons qu'ils sont des raisons d'agir est toujours une « question ouverte ». Tenir qu'ils le sont, c'est faire un pas – le pas même qui nous introduit de prime abord dans le domaine de la pratique.

Une autre piste suggérerait que ce qui est connu est un fait particulier, non naturel, « normatif ». Tel était le point de vue de Moore, et il aurait pu être celui de Platon. Tout se passe comme si nous avions un aperçu d'autre chose que les traits empiriques ou scientifiques ordinaires des choses. Nous avons un aperçu de l'ordre normatif.

Tout cela a l'air fort mystérieux. L'équation lue de droite à gauche, si c'est bien ce qui se trouve à droite, est vraiment une étrange chose. Supposez que l'ordre normatif en question soit conçu sur le modèle des lois humaines. Tout se passe comme si vous étiez tombé sur une loi disant qu'il faut retirer les pianos des pieds des gens. L'ennui est qu'il nous appartient toujours à nous d'apprécier que faire de cette loi, comme pour bien d'autres choses. Je pourrais, en principe, feindre d'ignorer la loi. Je pourrais la rejeter carrément. Il n'y a pas de lien nécessaire entre le fait de tomber sur une loi et le fait qu'elle ait du poids pour moi. Il n'est donc pas très évident que s'engager dans cette direction nous donne la moindre explication. Il en va de même, soit dit au passage, si la loi porte le label « loi de Dieu ». Cela peut m'être bien égal. Si tel n'est pas le cas, l'arme traditionnelle pour me faire obtempérer est la Peur de la Colère de Dieu. Mais le cognitiviste ne veut pas en appeler à un état émotionnel contingent de cette nature, car c'est sortir le problème du domaine de la raison. Pour lui, ce qui est discerné doit être nécessairement motivant, nécessairement magnétique.

Face à cette situation, un cognitiviste pourrait paniquer. Il pourrait réagir en contestant l'équation dont nous sommes partis : « Fort bien. Je reconnais qu'il y a une brèche entre la véritable perception de l'ordre normatif et la motivation. Mais c'est parfait : il faut de la bonne volonté ou un bon cœur pour être motivé à faire ce que, dans votre esprit, vous avez raison de faire. » Si je parle ici de panique, c'est que cela permet au cognitiviste de préserver son cher attachement à l'idée de Vérité – mais uniquement en *sortant* sa force de motivation du domaine de la vérité. Car dans cette optique, ce qui ne va pas chez les gens qui manquent de bonne volonté ou de cœur, ce n'est pas qu'ils voient les fausses vérités. Or tout le propos du cognitivisme était de mettre le raisonnement pratique *dans* le champ de la vérité, nous permettant de dire que la personne avec de mauvaises ou de sales préoccupations va contre la raison, semant le désordre dans le monde. Si le cognitiviste ne peut tenir ce langage en fin de course, il ne rime à rien de gagner des batailles individuelles en le concédant.

Mon idée est que tous ces problèmes disparaissent si nous lisons l'équation dans l'autre sens. Quand les gens ont des préoccupations, ils s'expriment en parlant de raisons et en qualifiant les traits qui leur importent de désirables ou de bons. Ils le font sous le « poids de la volonté et de l'amour ». Je crois que nous inventons les propositions normatives (« c'est bien » ; « voilà une raison d'agir » ; « tu devrais faire cela ») afin de réfléchir aux préoccupations qu'on attend de nous et des autres. Nous parlons en ces termes afin d'éclairer nos états de motivation, les livrer à l'admiration et à la critique, les améliorer. Il n'existe pas de mystérieux ordre normatif auquel nous serions connectés.

Un ensemble de préoccupations vaut-il jamais mieux qu'un autre ? Bien sûr que si, mais la supériorité ne tient pas à la conformité avec un ordre normatif indépendant. Elle est dans les modes de vie qui leur donnent corps. Un ensemble qui débouche sur une vie de loyauté et d'amitié, de reconnaissance, de prudence, de sympathie et d'équité est assurément supérieur à un ensemble qui inspire une vie de traîtrise, de soupçons, de malveillance, de négligence, d'insensibilité et d'injustice. La vie est plus belle quand on peut en donner la première description, plutôt que la seconde. Et nous devrions être soucieux de vivre mieux.

QU'IL EST BON DE SE SENTIR MAL

De nombreux textes sur l'éthique abordent le sujet assez différemment et introduisent un dualisme. D'un côté, la masse bouillonnante du désir. De l'autre, au-dessus et à part, les principes souverains de l'éthique, qui existent pour la maîtriser. Je crois qu'un tel tableau ne sème que confusion. Les principes souverains de l'éthique semblent totalement mystérieux : des choses qui peut-être requièrent une origine divine ou une sorte d'aptitude platonicienne à résonner en harmonie avec la Nature des Choses. J'y substitue un modèle dans lequel il n'y a que pluralité de préoccupations. Mais, parmi celles-ci, figurent celles qui ont le genre de statut qui nous conduisent à parler de vice et de vertu, de devoir et d'obligation. Ce sont les préoccupations que nous attendons les uns des autres, si bien que si nous ne les partageons pas, ou ne les pesons pas correctement, nous sommes jugés insuffisants. Nous pouvons dire habituellement que, dans cet ordre de préoccupations, les gens sont redevables les uns aux autres. Si quelqu'un me gratifie d'une grande bonté, je lui *dois* un sentiment de gratitude : c'est son *dû* et c'est mon *devoir* de l'éprouver ou de l'exprimer. Si je suis dur ou négligent, je manque à mes devoirs. Les autres me retireront leur admiration et, si j'ai une voix intérieure qui fait écho à celle des autres, je n'en mènerai pas large. Sinon, cela peut devenir en soi une cause de censure, parfois même plus importante que le manquement initial. Si quelqu'un néglige une dette de reconnaissance, ce peut être mal. Mais si, quand on le lui fait remarquer, il se contente d'un haussement d'épaules et ne voit pas pourquoi on en fait toute une histoire, sa réaction peut être plus révoltante que la faute initiale. D'où l'importance que nous attachons à la contrition et, dans des cas sérieux, à la repentance. Il est bon de se sentir mal.

Il est temps de revenir au grief adressé plus haut à l'obsession contemporaine de la « thérapie ». Dans notre exemple, Annie se préoccupait de sa carrière, et Bertie ne répondait pas à ce souci ou ne le partageait pas, au point de faire de cette préoccupation elle-même le problème. Sur le plan moral, la situation est identique. La mauvaise idée qu'on a de soi ou de sa conduite est bel et bien désagréable. On peut vouloir s'en défaire. Mais, dans les cas où elle est justifiée, vouloir s'en défaire implique une aliénation volontaire, ce qui n'est pas la même réponse. Supposez qu'Annie sache qu'elle a blessé Bertie, qu'elle l'a fait souffrir. Elle pourrait savoir gré à un thérapeute de lui dire qu'il y a une manière bien précise de se débarrasser de sa culpabilité. Mais doit-elle vraiment lui en être reconnaissante ? Ce n'est pas si clair. En premier lieu, son souci est d'arranger les choses avec Bertie ; de s'excuser, de faire amende honorable, ou de lui dire combien c'est important, etc. Mais elle pourrait aussi s'inquiéter de la perversité de son caractère ou de sa conduite, à laquelle elle voudrait remédier. Toutefois, ce n'est pas de ces préoccupations elles-mêmes qu'elle se soucie. Et si le thérapeute pouvait lui donner un comprimé qui l'en débarrassait, ça ne ferait pas nécessairement son affaire. Ça n'arrange rien avec Bertie, pas plus que ça n'améliore le caractère d'Annie. En réalité, il fait d'elle le genre de personne exposée à un degré supplémentaire de censure, non seulement pour s'être mal conduite, mais aussi pour n'avoir pas eu conscience de le faire. Annie se trouve ainsi coupée de la conscience de ce qu'elle a fait et de son désir de ne pas l'avoir fait.

Bien entendu, le moment venu ou en jouant de malchance, il est des cas où le remords s'ulcère. Il ne fait aucun bien, il tourne à l'obsession. Annie voudrait bien s'en défaire. Mais le problème, c'est que le cas n'est ni typique ni direct. C'est un cas où l'on a perdu le contrôle de la situation. Quand on a les choses en main, en revanche, le problème n'est pas la culpabilité ou la honte, mais les actions qui les ont suscitées.

Nos soucis nous pèsent (c'est une tautologie, c'est bien pourquoi ce sont des soucis). Mais leurs poids sont susceptibles de changer, et ce qui les change parfois, ce sont les discussions, les arguments et la conscience que d'autres préoccupations tirent dans un autre sens. D'où le raisonnement pratique : on se demande alors que faire, quels principes approuver, quels traits de caractère admirer ou rejeter. Comment aborder la question ?

RAISONNEMENT PRATIQUE

Au début du chapitre, il a été question des raisonnements techniques : on a un objectif, et le problème est de trouver le moyen de l'atteindre. Mais, bien entendu, le raisonnement pratique se préoccupe souvent d'altérer les objectifs des autres. Nous cherchons à présenter la situation sous un jour différent, afin que les autres en viennent à partager les buts que nous approuvons, ou à abandonner ceux que nous réprouvons.

Un raisonnement de ce type relève largement de la persuasion pure. Ses arts sont ceux du vendeur ou du publicitaire. Nous recourons à la rhétorique pour exciter les émotions des gens et les canaliser comme on le souhaite. Le prédicateur dépeignant le horreurs de l'Enfer ou le politicien chantant les vertus de son parti et les vices du parti adverse ne cherchent pas vraiment à améliorer l'intelligence de quoi que ce soit. Nous pourrions dire que le souci, en l'occurrence, est de manipuler plutôt que d'instruire. Leur but est d'attacher une charge émotionnelle à diverses lignes d'action, histoire d'entraîner les gens dans la direction souhaitée. Au niveau le plus bas, cela pourrait consister à assortir les différents choix de conduite de pénalités ou de menaces, plutôt que de recourir à d'autres formes moins voyantes de pressions persuasives.

Quand nous recourons à ces pratiques les uns envers les autres, nous traitons autrui comme un moyen au service de nos fins. Pour quelque raison, nous voulons qu'ils aient un but. Nous voulons les voir acheter notre produit, voter pour nous, fréquenter notre église. Si nous sommes disposés à poursuivre une ligne d'action, nous pouvons réfléchir au moyen de les amener à le faire. Comme disait Kant, nous les traitons comme de « simples moyens » au service de nos fins. En les manipulant – ce qui pourrait inclure la tromperie aussi bien que d'autres arts de persuasion –, nous espérons les détourner de leurs objectifs, tout comme nous pourrions espérer écarter tout autre obstacle à nos buts.

Sans doute la vie ressemble-t-elle souvent à cela, mais ce ne sont pas ses meilleurs côtés. Car nous pouvons adopter les uns vis-à-vis des autres une attitude plus coopérative et respectueuse. Si je suis convaincu que vous êtes sur une mauvais pente, je peux ne pas vouloir vous manipuler pour vous en détourner par les bonnes vieilles recettes. Si j'avais une injection magique qui vous oriente dans la direction que je désire, à la différence du vendeur ou du prédicateur, je me garderais bien de vous l'administrer. Agir ainsi serait vous manquer de respect, ne respecter ni votre point de vue ni vous-même. Je souhaite, pour ma part, que vous partagiez la vision que j'ai de votre situation, mais que vous le fassiez de la *bonne* manière, non pas à grand renfort de manipulation, de subterfuge, de menaces ou d'usage de la force. Quelle est donc la manière juste ?

Grosso modo, ce sera celle qui prendra en considération votre point de vue. À l'évidence, cela exclut certaines choses – la tromperie et la manipulation – mais en inclut d'autres : une meilleure intelligence de la situation, par exemple. Si je sais ce qu'il en est, mais pas vous, je coopère avec vous tout en cherchant à vous changer si je partage cette intelligence avec vous.

On pourrait croire que les choses s'arrêtent là. Que le travail de la raison, par opposition à la rhétorique, doit être uniquement de mettre en relief les éléments de la situation. Un argument en ce sens aurait cette forme. Supposez que nous comprenions chacun la situation telle qu'elle est, et de la même façon. Puis supposez que j'aie un ensemble de préoccupations qui, au bout du compte, nourrissent en moi un but. Comment pouvez-vous essayer de me changer sinon par la persuasion ou la manipulation ? Si porté que vous soyez à la coopération, ne sommes-nous véritablement en conflit, puisque mes préoccupations définissent ma façon d'aborder les choses, et que vous souhaitez me détacher de l'une d'elles. Vous ne pouvez m'amener à changer en *traitant* ces préoccupations, puisque le postulat était qu'elles mènent dans la direction qui ne vous agrée pas.

Par chance, il y a deux failles dans ce raisonnement. La première, c'est que nos soucis ne sont pas toujours clairs à nos yeux. Donc votre façon de prendre les choses ne reflète peut-être pas convenablement tout ce qui en fait vous importe. Quand nous « retournons les choses » dans notre tête, nous sommes à l'affût, pour ainsi dire, de choses que nous n'aurions pas vues et qui auraient une incidence sur nos motivations. Dans le même temps, nous cherchons à voir s'il n'y a pas à l'œuvre des forces passées inaperçues : si nous ne nous préoccupons pas plus ou moins d'une chose que nous ne voulons bien l'admettre. Nous pouvons être aveugle à notre propre nature, aussi bien qu'à des aspects du monde qui nous entoure. Une conversation qui s'efforce de faire apparaître des motivations refoulées ou négligées tient de la coopération, non pas de la manipulation.

En second lieu, quand bien même vous comprenez bien la situation et que vos soucis vous sont assez transparents, je ne suis pas forcément un manipulateur, pas plus que je ne cherche nécessairement à vous persuader, si je vous invite à considérer ma façon de prendre les choses. Prenons un cas comportant une dimension morale. Vous êtes engagé sur une voie qui, à mon sens, ne reflète pas correctement le devoir de gratitude ou de loyauté qui vous lie à une tierce partie. Je vous le dis. Je mets mes cartes sur la table : il n'y a là ni manipulation ni tromperie. Je peux vous changer, car si vous avez suffisamment de respect pour moi, ma bonne opinion importe, et si vous risquez de perdre mon estime en vous obstinant, c'est un facteur que vous devez connaître.

Ce second mécanisme est, en un sens, une façon de vous présenter un autre facteur de votre situation, à savoir que votre ligne de conduite suscite ma réprobation. Mais, bien entendu, cela ne doit pas s'arrêter là. Sans quoi mon désaveu fonctionnerait comme un « objet » : un simple obstacle à votre ligne préférée, à prendre en considération dans une analyse coût-avantage. Or tel n'est pas le but recherché. Dans une discussion morale coopérative, il s'agit de trouver un terrain d'entente, et donc approbation et désapprobation communes. Je mets sur la table mon désaveu : à vous de le partager ou de le battre en brèche ; dans l'un et l'autre cas, il vous appartient de le faire dans l'optique qui est la vôtre. Sans quoi, il y aurait réification, comme dans le cas d'Annie et du souci qu'elle a de sa carrière.

La discussion tourne donc autour de cette question : mon insistance sur le devoir de gratitude ou de loyauté doit-elle être respectée ou représente-t-elle autre chose – un fétiche, peut-être, qu'il convient d'ignorer ou d'écarter ? Pour répondre à cette question, il nous faut examiner d'*autres* choses encore qui, pour nous, pèsent d'un certain poids. Par exemple, nous pourrions faire intervenir des considérations de ce style : que le monde serait bien, ou mal, sans personnes animées de telles préoccupations. Ou nous pourrions vouloir y rattacher d'autres choses qui comptent pour nous, comme l'amitié et la franchise.

Au fondement de la méthode, il y aura ici un autre souci fondamental : que nos attitudes pratiques soient *cohérentes*. Et peut-être devraient-elles être d'autres choses encore : par exemple, imaginatives et objectives.

COHÉRENCE, OBJECTIVITÉ, IMAGINATION

Le raisonnement pratique procède bien souvent en examinant les traits généraux qui nous importent. Quand nous avançons, entre nous, une raison ou une justification, nous essayons de montrer sous quelle lumière favorable est apparue l'action ou l'attitude. Certains auteurs se méfient de l'idée que cette démarche devrait être systématique ou ordonnée. Ils entendent contester que la vie pratique soit affaire de « règles » ou de « principes ». Elle pourrait bien ressembler davantage à l'esthétique. Nous pouvons regarder un tableau et nous prononcer en dehors de tout principe général articulé que nous invoquerions pour défendre notre verdict. Nous pourrions aussi rappeler l'exemple du chapitre 1 concernant notre faculté de reconnaître des choses et celle de certifier la valeur grammaticale d'une phrase – toutes deux s'accordant avec notre usage de principes ou de règles générales, tout au moins consciemment.

Mais, en règle générale, le raisonnement pratique ne se présente pas ainsi. Et cela parce que nous avons besoin de *savoir où nous sommes.* La contrainte, ici, est la même qu'avec un système de loi. Il ne servirait à rien d'avoir un système de loi refusant de définir des règles et des principes généraux, mais insistant pour « traiter chaque cas suivant ses mérites ». Si l'on ne pouvait prévoir à l'avance ce qui *compterait* effectivement comme mérites, nous ne saurions régler nos vies en accord avec un tel « système ». Il n'y aurait strictement aucune loi. De même, en éthique. Nous avons besoin de savoir où nous sommes : être à même de discerner les traits d'une situation ou d'un scénario qui militent pour ou contre des décisions ou des attitudes pratiques. Autrement dit, nos désirs et nos souhaits peuvent être aussi inconstants qu'on le veut : les préoccupations que nous attendons les uns des autres ne sauraient l'être. Elles doivent entrer dans un système défendable.

On a vu, au chapitre 6, que la logique prise plus que tout la cohérence. Il doit exister une façon dont nos croyances peuvent être vraies. Dans la vie pratique, la vertu équivalente est qu'il doit exister une manière de mettre en œuvre toutes nos valeurs. Un système de lois est inconséquent s'il est impossible d'obéir à ses contraintes (imaginez qu'il interdise la consommation d'alcool le dimanche, mais oblige d'aller à la messe, où l'on est censé avaler du vin). La vie grouille de cas d'incohérence apparente entre valeurs simples. Dire toujours la vérité ; ne jamais blesser personne. Mais il arrive que la vérité blesse. Toujours respecter la propriété ; ne jamais mettre l'état en danger. Et voici que la protection de l'État oblige de réquisitionner la propriété de quelqu'un. La pensée pratique consiste donc bien souvent à ajuster les obligations et limites simples que nous sommes en mesure d'exiger les uns des autres, à nous accommoder des heurts et des complexités et à nous faire une idée des ajustements qui contribuent le mieux à un système de vie complet et cohérent. Ce n'est pas chose facile. Bien souvent, les résultats sont hésitants et provisoires, à la merci de cas et de problèmes nouveaux.

Par bonheur, nous avons des moyens qui nous aident. L'un est l'histoire, conçue en termes de survie du plus apte. Les ajustements et solutions incarnés dans la forme de vie dont nous avons hérité ont ceci pour eux qu'ils ont survécu à l'épreuve du temps. Nous devons nous méfier du genre de culte conservateur des formes héréditaires associé à des penseurs comme Edmund Burke (1729-1797). Mais il est beaucoup moins intelligent de faire une embardée et de croire, à l'autre extrême, que le temps ne prouve rien. Au moins nous donne-t-il un point d'appui pour réfléchir au changement. Un autre instrument susceptible de nous aider est l'imagination. Nul n'est besoin d'attendre que surviennent des crises quand la fiction et l'imagination et la simple résolution de *passer en revue* nos valeurs et leur importance relative sont à notre portée plus ou moins gratuitement. Et cette réflexion peut être menée quand nous avons une vision relativement objective de notre situation – nous pouvons nous voir tels que d'autres nous voient –, alors que c'est beaucoup plus difficile dans le feu de la passion ou de l'action. Avec ce genre de réflexion, nous pouvons glaner quelque intelligence de nos idéologies et de nos masques.

RELATIVISME

Au bout du compte, n'y a-t-il « rien que nous » ? Nos impératifs moraux et nos valeurs tant vantés se réduisent-ils à un ensemble contingent, situé, peut-être variable de préoccupations, que, de fait, nous attendons les uns des autres ?

Eh bien, il y a nous, certes, mais peut-être bien pas « rien que » nous. Le « rien que » laisse entendre que d'autres solutions sont également bonnes, ou également « valables » ou précieuses. Dans des cas particuliers, nous pouvons bien voir les choses ainsi. Les Britanniques roulent à gauche, les Américains à droite. Les uns et les autres ont trouvé une solution tout aussi bonne au problème de la circulation. « Nous seuls » conduisons d'un côté. Mais nous ne sommes pas les seuls à conduire exclusivement d'un côté ou de l'autre. Conduire au hasard ou au milieu n'est pas une solution également bonne – ce n'est pas une solution du tout – au problème de la coordination du trafic.

Dès qu'une solution nous apparaît comme une solution parmi d'autres, tout aussi bonnes, à un problème, nous voyons bien que c'est « simplement la nôtre ». Et nous ne sommes plus tentés d'infliger des leçons de morale aux autres. Les différentes langues ont des mots différents pour des choses différentes, des grammaires différentes, un ordre des mots différent, mais toutes servent aussi bien les besoins de la communication. Les différences d'usages, de rites, d'observances, d'organisations sociales en tous genres peuvent passer pour des solutions différentes aux problèmes d'expression publique, de coordination et de communication. Nous n'avons pas à instaurer de hiérarchie. À Rome, fais comme les Romains.

Et si une société résout ses problèmes de manières qui nous blessent dans nos préoccupations ? Imaginez, comme les talibans en Afghanistan, qu'elle refuse toute éducation aux femmes. Ou imaginez que les siècles ont laissé en héritage un système de castes qui refuse l'égalité des chances en matière de santé, d'éducation ou même d'alimentation à des classes entières de gens du seul fait de leur naissance. Ou un système dans lequel certains en possèdent d'autres corps et âme. Ces systèmes sont une forme de solution aux problèmes de la vie. Mais nous ne sommes pas tenus de les juger également bons (« juste différents ») ni même tolérables. Nous pouvons légitimement estimer qu'ils violent les limites qui nous importent. Ils bafouent les frontières de la sollicitude et du respect qu'il convient pour nous de protéger. Il est ici naturel d'invoquer le langage des « droits » : il est bel et bon que les gens fassent montre de sollicitude et de respect, mais s'ils ne le font pas les parties lésées sont en droit d'en éprouver du ressentiment et d'appeler le monde à redresser leur situation.

En tenant ce langage nous exprimons nos sympathies, nos soucis, nos valeurs. Mais telle est la vocation du raisonnement pratique. Il n'y a aucune raison de s'en sentir coupable, comme s'il nous fallait un certificat de Dieu, ou de la Vérité normative (les Formes de Platon) pour avoir le droit d'afficher nos opinions. Le modèle du bateau de Neurath (chapitre 1) est une bonne manière d'envisager nos soucis éthiques. Nous devons en examiner chaque pièce, et nous devons le faire en nous appuyant sur les autres pièces. Mais, pour peu que nous fassions preuve de cohérence et d'imagination, le résultat de l'inspection peut être en parfait état de prendre la mer. Et si, fort de cela, nous nous trouvons en conflit avec d'autres navires qui font voile dans d'autres directions, nous n'avons aucune raison de déplorer de n'être pas assis à sec sur quelque rocher, certifié par la Raison ou par Dieu. Au demeurant, ils ne sont dans aucun endroit de ce genre.

ADIEU

J'ai essayé dans ce livre d'aborder quelques grands thèmes, d'exposer ce qu'il faut en penser, ce que d'autres en ont pensé. Je n'ai pas essayé d'imposer de force un ensemble de doctrines ou de points de vue. De fait, le lecteur perspicace aura sans doute observé que les arguments débouchent souvent sur une forme de pessimisme. L'harmonie entre nos pensées et le monde, le pont que nous jetons entre le passé et le futur, le sentiment que nous avons de ce que le monde contient et de la place qu'y occupe notre esprit sont autant de thèmes sur lesquels les meilleurs penseurs se sont rués, pour se retrouver finalement dépités. On a toujours l'impression qu'existent de meilleurs mots, juste à l'horizon. Si seulement on pouvait les trouver.

On pourrait jouer les cyniques à ce propos (et des philosophes de métier ne s'en sont pas privés), comme si la défense de la réflexion critique que j'ai esquissée dans l'introduction s'était révélée creuse. Serait-ce justifié ? Je ne le pense pas. Je crois que comprendre les problèmes est en soi une bonne entreprise. S'il en résulte ce que Hume appelait un « scepticisme mitigé », un sentiment de l'honnête modestie qui est de mise dans nos spéculations intellectuelles, ce n'est sûrement pas une mauvaise chose. Le monde regorge d'idées. Un sentiment convenable de leur force et de leur difficulté, de leurs fragilités et de leur faillibilité n'est certainement pas la chose la moins nécessaire.

Notes

Introduction

1. *Hamlet*, III, 2. (*N.d.T.*)

Connaissance

2. Descartes, *Méditations métaphysiques*, p. 19-20.
3. *Méditations métaphysiques*, p. 23.
4. *Méditations métaphysiques*, p. 25.
5. *Méditations métaphysiques*, p. 27-28.
6. *Méditations métaphysiques*, p. 30-31.
7. *Méditations métaphysiques*, p. 34.
8. L'expérience de pensée du « cerveau dans une cuve » est due à Hilary Putnam, *Raison, vérité et histoire*, chap. 1.
9. Cité par J.P. Stern, *Lichtenberg : A Doctrine of Scattered Occasions*, p. 270.
10. Cf. Lichtenberg, *Le Miroir de l'homme*, trad. Ch. Le Blanc, Paris, José Corti, 1997, K 76, p. 491. (*N.d.T.*)
11. L'argument de la « marque de fabrique » est exposé dans les *Méditations*, III, p. 46 *sq.*
12. Descartes, lettre à Marin Mersenne, 27 mai 1630, in Descartes, *Œuvres et lettres*, p. 938.
13. Pour l'objection d'Arnaud, cf. « Quatrièmes objections », in Descartes, *Œuvres et lettres*, p. 420 *sq.*

14. Hume, *Enquête sur l'entendement humain*, XII, 1, p. 231-232.
15. Cf. Neurath, *Anti-Spengler.*
16. Cf. Bertrand, Russell, *An Outline of Philosophy*, p. 171-172.
17. Sur la question de la probabilité et de l'entropie, cf. Huw Price, *Time's Arrow and Archimedes' Point*, chap. 2.

Esprit

18. Descartes, *Méditations métaphysiques*, Sixième Méditation, p. 73 *sq.*
19. Ryle a employé cette expression dans *La Notion d'esprit.* Il faut ajouter que Descartes lui-même niait que, dans son approche, l'âme fût logée dans le corps « comme un pilote dans un navire ». Les spécialistes débattent pour savoir s'il tendait vers un point de vue plus élaboré.
20. Ludwig Wittgenstein, *Investigations*, n° 293, p. 223.
21. John Locke, *Essai philosophique concernant l'entendement humain*, II, VIII, 13, p. 91.
22. G. W. Leibniz, *Nouveaux Essais sur l'entendement humain*, II, VIII, 13-15, p. 102-103.
23. Locke, *Essai philosophique concernant l'entendement humain*, IV, X, 16, p. 521.
24. Pour le prudent regain actuel des techniques d'analyse, cf. Jackson, *From Metaphysics to Ethics.*
25. Ludwig Wittgenstein, *Investigations*, 2e partie, XI, p. 340.
26. La meilleure source pour la science des couleurs est C.L. Hardin, *Color for Philosophers.*

Libre arbitre

27. Lucrèce, *De rerum natura* (*De la nature*), II, l. 251-257, vol. 1, p. 51.
28. Arthur Schopenhauer, *Essai sur le libre arbitre*, p. 79-80.

29. Lucrèce, *De rerum natura,* II, l. 290 *sq.*, p. 52.
30. *De rerum natura,* III, l. 216-217, p. 94.
31. Emmanuel Kant, *Critique de la raison pratique*, 1985.
32. B. Spinoza, *Éthique*, 4e partie, p. 277, et 5e partie, p. 291 *sq*.
33. Aristote, *Éthique de Nicomaque*, III, 5 (1114a4).
34. Peter Strawson, « Freedom and Resentment ».
35. Conte soufi adapté d'Idries Shah, *Contes derviches*.
36. Ludwig Wittgenstein, *Remarques mêlées*, p. 21.

Le moi

37. Hume, *Traité de la nature humaine*, I, IV, 6, p. 343-344.
38. Reid, *Essays on the Intellectual Powers of Man*, p. 202.
39. Locke, *Essai philosophique concernant l'entendement humain*, II, XXVII, 4, p. 260.
40. *Ibid.*, 12, p. 267.
41. Kant, *Critique de la raison pure,* A 363-364, p. 1440.
42. Reid, *Essays on the Intellectual Powers of Man*, p. 213.
43. Locke, *Essai philosophique concernant l'entendement humain*, II, XXVII, 20, p. 271-272.
44. Wittgenstein, *Le Cahier bleu et le cahier brun*, p. 125.
45. *Ibid.*, p. 128.
46. Les passages centraux de la *Critique de la raison pure* figurent dans la section intitulée « De la déduction des concepts purs de l'entendement », B130-B170.

Dieu

47. Anselme de Cantorbéry, *Proslogion. Allocution sur l'existence de Dieu*, II, p. 41-42.
48. Hume, *Dialogues sur la religion naturelle*, 9e partie, p. 166-167.
49. *Ibid.*, p. 167-168.
50. *Ibid.*, 2e partie, p. 94-95.
51. *Ibid.*, p. 102.
52. *Ibid.*, 7e partie, p. 146.

53. *Ibid.*, p. 150-151.
54. *Ibid.*, 5e partie, p. 133-134.
55. *Ibid.*, 10e partie, p. 181-182.
56. *Ibid.*, 11e partie, p. 202.
57. Wittgenstein, *Investigations*, no 304, p. 226.
58. Hume, *Dialogues sur la religion naturelle*, 12e partie, p. 226-227.
59. Hume, *Enquête sur l'entendement humain*, sect. X, 1re partie, p. 186-187.
60. *Ibid.*, p. 187.
61. *Ibid.*, p. 189-190.
62. *Ibid.*, sect. X, 2e partie, p. 201.
63. *Ibid.*, p. 191.
64. *Ibid.*, p. 195-196.
65. Le pari est exposé dans la pensée no 418 ; cf. Blaise Pascal, *Pensées*, in *Œuvres complètes*, p. 550.
66. *Ibid.*
67. *Ibid.*, p. 551.
68. John Stuart Mill, *De la liberté*, trad. L. Lenglet, Paris, Gallimard, Folio, 1990, p. 111.
69. *Ibid.*, p. 113-114.
70. W. K. Clifford fait cette comparaison dans « The Ethics of Belief », in *Lectures and Essays*, Londres, Macmillan, 1886, p. 346.
71. Samuel Taylor Coleridge, *Aids to Reflexion*, aphorisme XV, p. 107.

Bibliographie

Anselme de Cantorbéry, *Proslogion. Allocution sur l'existence de Dieu*, (suivi de sa réfutation par Gaunilon et de la réponse d'Anselme), trad. B. Pautrat, Paris, GF-Flammarion, 1993.

Aristote, *Éthique de Nicomaque*, trad. J. Voilquin, Paris, GF-Flammarion, 1965.

Augustin, *La Genèse au sens littéral*, 2 vol., trad. P. Agaësse et A. Solignac, Paris, Desclée de Brouwer, 1972.

Berkeley, George, *Three Dialogues*, éd. Robert Merrihew Adams, Indianapolis, Hackett, 1979 ; en français, cf. *Trois Dialogues entre Hylas et Philonous*, in G. Berkeley, *Œuvres II*, trad. J.-M. Beyssade, Paris, PUF, 1987, p. 19-149.

Blackburn, Simon, *Ruling Passions*, Oxford, Oxford University Press, 1998.

Burke, Edmund, *Réflexions sur la Révolution en France*, trad. P. Andler, Paris, Hachette, 1989.

Clifford, W.K., *Lectures and Essays*, Londres, Macmillan, 1886.

Coleridge, Samuel Taylor, *Aids to Reflexion*, éd. John Beer, Princeton, Princeton University Press, 1993.

Descartes, *Méditations métaphysiques*, trad. Duc de Luynes, Paris Vrin, 1970.

— *Œuvres et lettres*, éd. A. Bridoux, Paris, Gallimard, Bibliothèque de la Pléiade, 1953.

Faraday, Michael, « A Speculation Touching Electrical Conduction and the Nature of Matter », in *Experimental Researches in Electricity*, vol. 2, Londres, Richard and John Edward Taylor, 1844.

Frege, Gottlob, « *Begriffsschrift,* A Formula Language, Modeled upon that of Arithmetic, for Pure Thought », in J. Van Heijenoort, éd., *From Frege to Gödel : A Sourcebook in Mathematical Logic, 1879-1931*, Cambridge, Mass., Harvard University Press, 1967.

Galilée (Galileo Galilei), *Discoveries and Opinions of Galileo*, trad. Stillman Drake, New York, Doubleday, 1957.

Grice, Paul, *Studies in the Way of Words*, Cambridge, Mass., Harvard University Press, 1989.

Hardin, C.L., *Color for Philosophers*, Indianapolis, Hackett, 1988.

Hume, David, *Dialogues sur la religion naturelle*, introd., trad. et notes M. Malherbe, Paris, Vrin, 1997.

— *Enquête sur l'entendement humain*, trad. A. Leroy, éd. M. Beyssade, Paris, GF-Flammarion, 1983.

— *Traité de la nature humaine*, trad. A. Leroy, Paris, Aubier, 1983.

Jackson, Frank, *From Metaphysics to Ethics*, Oxford, Oxford University Press, 1998.

Kant, Emmanuel, *Critique de la raison pure,* trad. A. J.-L. Delamarre et Fr. Marty, in Kant, *Œuvres philosophiques*, vol. 1, Paris, Gallimard, Bibliothèque de la Pléiade, 1980.

— *Critique de la raison pratique*, trad. L. Ferry et H. Wismann, in Kant, *Œuvres philosophiques*, vol. 2, Paris, Gallimard, Bibliothèque de la Pléiade, 1985.

— *Fondements de la métaphysique des mœurs*, trad. V. Delbos et F. Alquié, in Kant, *Œuvres philoso-*

phiques, vol. 2, Paris, Gallimard, Bibliothèque de la Pléiade, 1985.

Kemp Smith, Norman, *The Philosophy of David Hume*, Londres, Macmillan, 1941.

Kuhn, Thomas, *La Structure des révolutions scientifiques*, Paris, Flammarion, 1972.

Langton, Rae, *Kantian Humility*, Oxford, Oxford University Press, 1998.

Leibniz, G.W., *Nouveaux Essais sur l'entendement humain*, éd. J. Brunschwig, Paris, GF-Flammarion, 1990.

Locke, John, *Essai philosophique concernant l'entendement humain*, trad. M. Coste, Paris, Vrin, 1994.

Lucrèce, *De Rerum Natura (De la Nature)*, éd. A. Ernout, Paris, Les Belles Lettres, 1984.

Mill, John Stuart, *De la liberté*, trad. L. Lenglet, Paris, Gallimard/Folio, 1990.

Moore, G. E., *Principia Ethica*, trad. M. Gouverneur et R. Ogien, Paris, PUF, 1998.

Neurath, Otto, *Anti-Spengler,* Munich, G.D.W. Callwey, 1921.

Pascal, Blaise, *Pensées*, in *Œuvres complètes*, éd. Lafuma, Paris, Seuil/L'Intégrale, 1963.

Price, Huw, *Time's Arrow and Archimedes' Point*, New York, Oxford University Press, 1996.

Putnam, Hilary, *Raison, vérité et histoire*, trad. A. Gerschenfeld, Paris, Minuit, 1981.

Reid, Thomas, *Essays on the Intellectual Powers of Man*, éd. A.D. Woozley, Londres, Macmillan, 1941.

Russell, Bertrand, *An Outline of Philosophy*, Londres, George Allen & Unwin, 1927, également publié aux États-Unis sous le titre *Philosophy*, New York, Norton, 1927.

— *The Problems of Philosophy*, Buffalo, N.Y., Prometheus Books, 1988.

Ryle, Gilbert, *La Notion d'esprit : pour une critique*

des concepts mentaux, trad. S. Stern-Gillet, Paris, Payot, 1978.

Schopenhauer, Arthur, *Essai sur le libre arbitre*, trad. S. Reinach et D. Raymond, Paris, Rivages, 1992.

Shah, Idries, *Contes derviches*, trad. L. Voy, Paris, Le Courrier du Livre, 1979.

Spinoza, B., *Éthique*, trad. R. Misrahi, Paris, PUF, 1990.

Stern, J.P., *Lichtenberg : A Doctrine of Scattered Occasions*, Bloomington, Indiana University Press, 1959.

Strawson, Peter, « Freedom and Resentment », in Gary Watson, éd., *Free Will*, Oxford, Oxford University Press, 1982.

Wittgenstein, Ludwig, *Le Cahier bleu et le cahier brun*, trad. M. Goldberg et J. Sackur, Paris, Gallimard, 1996.

— *Tractatus logico-philosophicus*, suivi de *Investigations philosophiques*, trad. P. Klossowski, Paris, Gallimard, 1961.

— *Remarques mêlées*, trad. G. Granel, Mauvezin, Trans-Europ-Express, 1994.

Index

Table

Composition et mise en page

NORD COMPO
multimédia

08/08/139998-VIII-2008 – Impr. MAURY Imprimeur, 45330 Malesherbes.
N° d'édition LO1EHQN000313N001. – Août 2008. – Printed in France.